시코쿠를 걷는 여자

시코쿠를 걷는 여자

同行 二人

글·사진
최상희

푸른향기
Prinjood PuBlishing Co.

살아 있다는 건 누군가에게 빚을 지는 것
살아간다는 건 그 빚을 갚아가는 것
누군가에게 빚을 졌다면 누군가에게 갚아야죠.
그렇게 누군가에게 받았듯이 그렇게 누군가에게 주어요.

살아 있다는 건 누군가와 손을 잡는 것
맞잡은 손의 온기를 잊지 않는 것
만나고 사랑하고 그러다 이별을 맞이했을 때
그때에 후회하지 않도록 오늘을 내일을 살아요.
사람은 혼자서 살아갈 순 없지요.
누구도 혼자서 걸어갈 순 없지요.

- 에이 로루스케 「살아 있다는 것」 중에서

삶의 의미를 알려주고 별이 된 나의 가장 오랜 일본 친구
후지타 테루히토 씨에게 이 책을 바칩니다.

삶의 늪에서 빠져나와 한 걸음 내딛다

하얗게 꺼진 눈가, 움푹 팬 뺨, 창백한 낯빛, 구부정한 어깨….

어느 날 거울을 보았다. 내 얼굴이 다른 사람인 것처럼 낯설었다. 세상의 모든 슬픔을 머금은 모습이었다. 30대 중반 무렵 우울증이 감당할 수 없는 무게로 자리 잡았다. 급작스런 사고로 아버지께서 돌아가셨고, 이듬해 운영하던 가게가 망했다. 전 재산에 가까운 돈을 빌려준 지인은 갑자기 사라졌고, 지극정성을 다했던 남자친구에게는 배신을 당했다.

엎친 데 덮친 격으로 불행이 연이어 찾아오자 당혹스럽고 비참했다. 꾸역꾸역 버티느라 몸과 마음은 상할 대로 상했다. 좋아하던 운동도 더 이상 하지 않고, 허기진 마음을 음식으로 채우느라 체중은 고도비만에 가까워지고 있었다. 무언가를 해보겠다는 의욕은 무너졌고 방 안에서 홀로 지내는 시간이 늘어갔다. 늪과 같은 시간들이었다. 벗어나기 위해 허우적거릴수록 점점 더 깊이 빠져들었다. 내 자신이 점점 쓸모없는 인간처럼 느껴지고 있을 때였다.

"좀 걷지 않을래? 바람 좀 쐬고 오자."

나를 안쓰럽게 여긴 친구가 제주도에 잠시 다녀오자고 했다. 친구의 제안으로 서른네 번째 생일에 제주 올레길을 걸었다. 3박 4일의 짧은 일정이었지만 길을 걸으면서 한 걸음 한 걸음 내딛는 도보여행이 주는 치유가 어떤 것인지를 어렴풋이 깨달았다. 그날 이후, 걷는 것에 대한 열망과 생의 의지가 되살아나기 시작했다. 나는 지난날의 슬픔을 극복하고 상처를 치유하기 위해 조금 더 천천히 걷기로 결심했다. 걷기는 나에게 마지막으로 남은 절실함, 그 자체였다.

걷기에 대한 열망으로 오래 걸을 수 있는 도보 여행지를 찾던 중 시코쿠를 알게 되었다. 일본열도를 이루는 네 개의 주요 섬 중에서 가장 면적이 작은 섬 시코쿠. 하지만 그 섬에는 1,200년 전부터 이어져 온 1,200km의 장대한 순례길이 있었다. 일본 불교 진언종의 창시자인 헤이안시대의 승려 코보대사가 불교의 가르침을 전하며 수행했던 발자취가 88개의 사찰을 원형으로 도는 지금의 순례길이 되었다고 한다. 조금 더 자세한 정보를 찾고 싶어 서점과 도서관에서 자료들을 샅샅이 찾아보았다.

하지만 바로 난관에 부딪히고 말았다. 2008년 그 당시에 시코쿠 순례와 관련된 책이 국내에는 단 한 권도 발간되지 않았다. 시코쿠와 관련된 책은 「센과 치히로의 행방불명」의 배경이 된 도고 온천, 나쓰메 소세키의 소설 「도련님」의 배경이 된 마츠야마의 봇짱열차, 「세상의 중심에서 사랑을 외치다」촬영지 등 주요 관광정보만 언급한 책들뿐이었다. 포기를 해야 하나 고민도 했지만 이렇게 뒷걸음질만 치다가는 늪 같은 생활이 다시 이어질 것 같았다.

'내 두 발로 직접 걸으면서 온몸으로 부딪혀보자.'

그렇게 생각하는 순간 더 도전하고 싶은 의욕이 솟아났다. 일단 시코쿠 순례지도를 구하는 것이 가장 시급했다. 여러 방편으로 찾아보다가 헨로미치(遍路道 순례자가 걷는 길) 보존협력회 홈페이지를 알게 되었고, 일본인 친구의 도움으로 한글판 '시코쿠 88개소 순례여행 안내지도'를 구하게 되었다. 그러나 지도만 구했다고 무작정 떠날 수는 없는 노릇이었다. 낯선 땅을 홀로 걷는다는 것은 용기와 결단이 필요한 일이었다. 두 달을 걷기 위해 지금 하고 있는 일을 과감히 정리해야만 했고, 치솟는 엔화로 여행경비도 부담스러웠다. 무엇보다 급격히 떨어진 체력으로 그 먼 길을 걷는 것이 가능한지 스스로에게 질문할수록 두려움만 커졌다. 그렇게 아무런 결정도 하지 못한 채 시간은 흘러가고 있었다.

'우물쭈물하다가 내 이럴 줄 알았지.'

아일랜드의 유명한 극작가 버나드 쇼의 묘비명이 떠올랐다. 우물쭈물하다가 걷기는커녕 다시 방 안에 틀어박히는 일상으로 되돌아가지는 않을까. 우울한 생각이 스멀스멀 올라오기 시작했다. 그렇게 8개월의 시간을 흘려보내다가 시코쿠 순례에 관한 여행 책이 국내에 출간되었다는 소식을 접했다. 그 책은 나에게 떠날 수 있는 용기와 열정을 불어넣어 주었다. 그리고 다시 결심했다. 바로 지금이라고.

12월 31일, 그동안 운영하던 가게를 접었다. 그리고 떠나기 위해 본격적으로 준비하기 시작했다. 도보여행인 만큼 몸을 단단하게 단련하기로 했다. 하지만 남산 한번 올라갔다가 며칠을 앓아눕고, 덕유산에 다녀온 후에는 일주일을 넘게 앓아누웠다. 심지어 덕유산은 케이블카를 타고 거의 산 정상 근처까지 가서 내려오는 코스였다. 나의 저질 체력은 쉽사리 바뀌지 않았다. 시간이 날 때마다 한강을 걷기도 했지만, '진짜 이런 몸으로 도보여행이 가능할까?' 의심만 더해질 뿐 자신할 수가 없었다. 그러나 일도 그만둔 마당에 이번에 포기하면 더 이상 나에게 희망이라는 것은 존재하지 않을 것만 같았다.

그렇게 생애 최악의 순간에 마지막 지푸라기라도 잡는 심정으로 순례를 떠났다. 시코쿠로 향하던 날, 3월 초인데도 불구하고 느닷없이 폭설이 내렸다. 불안했지만 결항이 되지 않은 것만으로도 다행이었다. 비행기 창가에 비친 내 얼굴을 바라보는데 만감이 교차했다. 간절한 질문들이 마음을 일렁이게 했다.

'돌아오는 비행기 안에서 나는 얼마만큼 변해 있을까? 어둡고 무거운 시간을 털고 올 수 있을까? 부디 돌아올 때는 지금의 나와 다르기를.'

시코쿠

　일본 열도를 구성하는 네 개의 주요 섬으로는 홋카이도(北海道), 혼슈(本州), 규슈(九州), 시코쿠(四國)가 있는데, 그 중에 가장 작은 섬. 그러나 시코쿠는 제주도의 10배 넓이로 북으로는 일본의 지중해라 불리는 세토내해에 포근히 둘러 싸여 있고, 남으로는 태평양과 맞닿아 있는 섬이다. 시코쿠에는 도쿠시마현(德島縣), 고치현(高知縣), 에히메현(愛媛縣), 가가와현(香

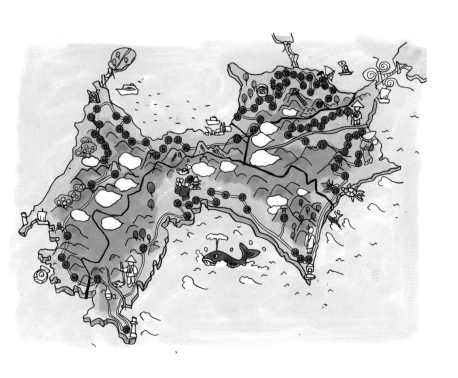

川縣), 네 개의 현이 있으며, 바다와 산을 끼고 1번부터 88번까지 88개의 절
을 도는 1,200km의 불교성지 순례길이 있다. 시코쿠에서 태어나 깨달음을
얻은 홍법대사(코보대사 774년–835년)의 발걸음을 좇는 순례길로, 1,200년
동안 이어져온 아름다운 순례길이다.

006   프롤로그 | 삶의 늪에서 빠져나와 한 걸음 내딛다

제1장 도쿠시마, 처음의 마음으로(발심의 도장)

020   첫 오셋다이, 뜻밖의 순간

025   애도의 걸음들

032   내 짐을 대신 지고 가는 사람

037   하룻밤이 열흘 같았던, 가모노유 젠콘야도

043   악명 높은 위험천만, 헨로 고로가시

050   죽을 각오, 수의를 미리 준비하는 삶

056   자신의 호흡대로 걷는다는 것

061   '에로 9단' 이노우에상과 '트러블 메이커' 최상

066   휴직계를 내고 걷는 다카하시상

071   눈물 젖은 오셋다이와 마중

078   "악!" "윽!" "와!" 변화무쌍한 순례길

083   노숙 센세(先生), 슈상

제2장 고치, 걷고 걷고 또 걷고(수행의 도장)

090 해녀와 순례자

095 고치가, 무뚝뚝하지만 속정 깊은 사람들

099 일생에 단 한번의 만남

102 공동묘지에서의 오싹한 밤

107 이름도 몰라요 성도 몰라, 건배상

111 슈상과 함께 생애 첫 노숙

115 이러다 공중부양할지도 몰라!

119 노숙의 달인, 사케의 재발견!

123 『남자한테 차여서 시코쿠라니』 지영 씨와의 만남

129 니나가와상과 지영 씨 한 · 일 특별한 우정

134 노부부 오헨로상, 그리고 내 힘의 원천!

138 반가운 이들이 모인 최남단, 아시즈리곶

143 효녀 심청, 아키코상

제3장 에히메, 나에게로 더 가까이(보리의 도장)

150 누군가를 위해 걷는 순례자들

155 네덜란드 오헨로상과 타누키

161 열흘 밤 다리, 하룻밤 노숙

167 한밤중의 SOS

172 울트라 파워 도보, 걷기의 달인

176 보리밭 사잇길로

182 오헨로상들의 마돈나

187 센과 치히로를 찾아서 떠나는 시간여행

192 오셋다이 풍년, 예술의 경지, 쇼진요리

198 친절을 가장한 성추행

제4장 가가와, 행복에 이르는 길(열반의 도장)

206   순례길의 빛과 그림자

211   타코야끼 집에서의 목욕 오셋다이

215   다음에는 맛집 투어, 우동순례를

220   독단선생, 스크루지 슈상

225   42일간의 1,200km 순례 끝에 결원

230   스미다상 부부와의 마지막 밤 파티

235   고야산에서 순례를 마치며

238   결원의 축하, 눈물의 편지

242   코보대사의 선물

245   시간이 흐른 뒤, 순례 친구들

249 에필로그 | 아름다운 세상을 위하여

253 책을 쓰는 데 도움을 주신 분들께

254 시코쿠에서 만난 인연들

257 **부록** 시코쿠 순례길의 역사, 순례의 방법과 소요기간, 순례의 장비, 절에서의
      참배법, 용어 정리, 숙박 시설

280 **FAQ**

291 **숙박업소 정보**

제1장 도쿠시마,

처음의 마음으로(발심의 도장)

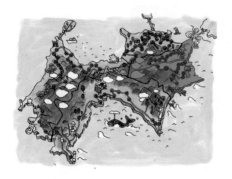

1일째 ① 靈山寺 료젠지 ② 極楽寺 고쿠라쿠지 ③ 金泉寺 콘센지 ④ 大日寺 다이니치지
⑤ 地蔵寺 지죠지

2일째 ⑥ 安楽寺 안라쿠지 ⑦ 十楽寺 쥬라쿠지 ⑧ 熊谷寺 쿠마다니지 ⑨ 法輪寺 호린지
⑩ 切幡寺 키리하타지 ⑪ 藤井寺 후지이데라

3일째 ⑫ 焼山寺 쇼산지

4일째 ⑬ 大日寺 다이니치지 ⑭ 常楽寺 죠라쿠지 ⑮ 國分寺 코쿠분지
⑯ 観音寺 칸온지

5일째 ⑰ 井戸寺 이도지 ⑱ 恩山寺 온잔지 ⑲ 立江寺 타츠에지

6일째 ⑳ 鶴林寺 카쿠린지 ㉑ 太龍寺 타이류지 ㉒ 平等寺 뵤도지

7일째 ㉓ 薬王寺 야쿠오지

8일째 ✦ 가이후

번외사찰 1 大山寺 타이산지 2 童学寺 도가쿠지 3 慈眼寺 지겐지

첫 오셋다이, 뜻밖의 순간

'천리 길도 한 걸음부터. 한 걸음 한 걸음 무사히 내딛게 해주세요.'

한국에서 시코쿠로 직행하는 비행기도 있었지만, 오사카에 도착해서 버스를 갈아타고 가는 여정을 선택했다. 먼저 순례의 성지로 알려진 오사카의 고야산(高野山)에 들러 참배를 한 후 떠나고 싶었기 때문이다. 몸과 마음을 다지는 참배를 마친 후 도쿠시마역으로 향했다. 버스를 타고 가는데 갑자기 비가 내리기 시작했다. 비행기 타던 날 폭설에 이어 순례 첫날에는 비가 오다니…. 순조롭지 않은 출발이었다. 도쿠시마역에 도착했을 때 또한번의 당황스러운 순간을 맞았다.

'저 사람의 진짜 정체는 뭘까?'

역 앞에 서있는 어느 오헨로상(お遍路さん 순례자)을 보았다. 그는 두 손모아 탁발을 하고 있었다. 책에서 오헨로상을 가장한 홈리스가 종종 있다는 글을 읽은 적이 있는데 혹시 저분도? 아니면 정말 급박한 상황이 생겨 잠시 도움의 손길을 구하는 것일까? 자세한 사정을 알 수는 없지만 시코쿠

에 도착해서 보게 된 첫 오헨로상이 탁발을 하고 있다니…. 어쩐지 마음이 심란했다. 우비를 꺼내 입고 1번 절 료젠지(靈山寺)로 가기 위해 반도역으로 이동하는 전차를 탔다. 전차 안에는 순례복을 입은 오헨로상들이 여럿 보였다. 나이도 이름도 모르지만 모두들 순례를 한다는 사실만으로 왠지 모를 친근감이 들었다. 한편 무언가 비장해 보이는 모습이 역에서 봤던 오헨로상과는 다른 인상이었다.

'다들 어떤 사연으로 이 길을 걷는 것일까?'

오래 전부터 시코쿠 순례길은 길에서 죽어도 좋다는 마음으로, 그만큼 절박한 순례자들이 걷는 길이었다고 한다. 종교적인 이유로 걷는 사람도 있지만, 가족을 잃었거나 사업에 실패하는 등 어려운 고비를 맞은 사람들이 새로운 결의를 다지기 위해 이 길을 통과의례처럼 걷는 전통이 이어지고 있었다. 오헨로상들의 다양한 사연을 떠올리고 있다 보니 어느덧 전차는 반도역에 도착했다. 막상 발을 내딛기 시작하자 길도 낯설어 과연 내가 얼마만큼 걸을 수 있을지 막막했다. 계속 비가 내리고 있었다. 나는 우산 대신 배낭에서 우비를 꺼내 입었다. 15분 정도 걸으면 료젠지에 도착할 수 있다고 하는데 한참을 걸어도 절은 보이지 않았다. 순례길의 방향을 알려주는 표식들을 따라 계속 걸었지만 방향 표지판도 더 이상 보이지 않았다.

"우리, 함께 걷지 않을래요?"

갈림길에서 잠시 헤매고 있을 때 한 남자 오헨로상이 말을 걸어왔다. 내가 서툰 일본어로 인사를 하니 어디에서 왔냐고 물었다. 한국에서 왔다고 하자 무척 반가워하며 1번 절까지 함께 걷자고 했다. 그의 이름은 아가타상. 날렵한 몸매에 짙은 눈썹, 입꼬리가 올라간 얼굴. 40대 후반쯤 되어 보이는데 65세라고 하며 자신의 딸과 내가 비슷한 나이라고 했다. 그도 나처럼 시코쿠의 88개 절을 모두 걸어서 순례할 예정이라고 했다. 그는 초행길이 아닌 듯 좁은 골목길의 바닥에 표시된 녹색 선을 따라 성큼성큼 걸었고, 나는 그의 옆을 따라 걸었다. 곧 큰길이 나왔고, 건너편에 료젠지가 눈에 들어왔다. 절의 산문 왼쪽에는 순례 복장을 완벽히 갖춘 여성 마네킹이 비 오는 거리를 내려다보며 서 있었다. 료젠지 산문(山門)에 들어서니 아담한 금빛 아기동자들이 맞이해주었다. 순례길의 첫 출발점에 서 있으니 가슴이 두근두근 뛰기 시작했다. 쵸즈야(手水屋 절이나 신사(神社)에서 참배인이 손이나 입을 씻는 곳) 앞에 있던 아가타상이 나를 불렀다.

"물바가지로 왼손을 먼저 씻으세요. 그 다음에 오른손을 씻고, 마지막으로 입을 헹군 후에 제자리에 놓으면 된답니다."

고야산에서 참배를 한번 해봤기 때문에 방법을 알고 있었지만, 외국인에 대한 배려를 아끼지 않는 그의 모습에 모르는 척 따라 했다. 아가타상이 가르쳐 주는 방식으로 참배를 마쳤더니, 그가 활짝 웃었다. 덩달아 나도 웃었다. 아가타상이 참배와 독경을 하러 간 사이 나는 순례에 필요한 물품들을 구입하기로 했다. 순례용품은 각 절마다 판매하지만 순례의 첫 시작인 료젠지에서 준비해 다음 걸음을 옮기고 싶었다. 다양한 순례용품이 있었지만 모두 구입하려면 비용이 만만치가 않았다. 평상복 차림으로 순례를 할 수도 있지만, 순례복을 입고 있으면 길에서 순례자로 알아보고 급한 일이 생길 때 도움을 받을 수도 있다는 조언에 몇 가지는 마련하는 게 좋을 것 같았다. 무엇보다 순례복을 입음으로써 몸과 마음을 새롭게 다지고 싶었다. 고심 끝에 백의, 삿갓, 지팡이, 납경장(納経帳 각 사찰의 본존의 이름과 절의 이름의 도장과 묵서를 받는 공책), 오사메후다(納札 순례자의 이름, 순례일, 소원 등을 써서 각 절의 본당과 대사당에 봉납하거나 접대[오셋다이]를 받았을 때 감사의 뜻으로 드린다. 그 외에 순례자들끼리 명함을 대신해 교환하기도 한다)를 구입했는데, 이 순례용품들이 담고 있는 뜻이 의미심장했다. 만약 길에서 순례자가 죽을 경우에 삿갓으로 관 뚜껑을 대신하고, 백의는 수의로, 지팡이는 묘비로 쓴다고 한다. 계산대에 물건을 놓고 지갑을 꺼내는데, 비구니 스님이 다가왔다.

"한국에서 오셨나 봐요. 한글판 지도를 들고 계시네요!"

고개를 끄덕이니 스님은 내가 고른 백의를 다시 물품진열대에 올려놓고, 계산대 안쪽에 있던 다른 백의를 꺼내오셨다.

"오헨로상, 받으세요. 백의는 제가 드리고 싶어요. 오셋다이입니다."

오셋다이는 일종의 보시와 같은 것으로, 주민들이 순례자에게 베푸는 선물이다. 책에서 글로만 보았던 오셋다이를 처음 순례를 시작하는 절에서 스님으로부터 받게 되다니! 전혀 상상하지 못한 일이었다.

"부디 몸 건강하게 다녀오세요. 저는 법회가 있어서 이만 실례할게요."

어떻게 고마움을 표현해야 하지 몰라 머뭇거리던 나에게 스님은 짧은 말만 남기고는 종종걸음으로 사라지셨다. 혹시 이 절에서는 모든 순례자들에게 오셋다이를 주는 건 아닐까. 한참 동안 다른 순례자들을 지켜보았지만, 백의를 선뜻 오셋다이로 건네는 사람은 아무도 없었다.

'스님은 왜 갑자기 나타나 나에게 친절을 베풀었을까?'

스님으로부터 갑작스런 오셋다이를 받게 되자 비에 젖어 서늘해진 몸과 마음이 따뜻하게 덥혀지는 것 같았다. 나는 본당에 서서 두 손을 모아 감사함을 전하며 이번 여행에서 이루고 싶은 것을 빌었다. 발원의 절이기도 한 료젠지는 부처나 고보대사에게 소원을 비는 발원을 하고 88개의 사찰을 모두 순례하면 결원(結願 88개 절의 참배를 모두 끝내는 것)을 하게 된다. 그리고 결원을 하고 나면 마침내 소원 한 가지가 이루어진다고 한다. 나는 돌아가신 아버지를 떠올리며 명복을 빌었다. 본당에서 나오니 망자들의 명복을 비는 13개의 불상이 있었다. 한층 숙연해진 마음으로 2번 절 고쿠라쿠지(極樂寺)를 향해 발걸음을 내디뎠다.

애도의 걸음들

한때 「비포 선라이즈」와 같은 영화 속 로맨스를 꿈꾼 적이 있다. 낯선 여행지에서 만나는 운명적인 사랑. 하지만 시코쿠에서는 아주 먼 일처럼 느껴졌다. 대부분의 사람들이 무거운 사연을 품고 남다른 각오로 걷는 순례길. 이곳은 휴양지가 아니었다. 그렇지만 로맨틱한 순간은 아니더라도 낯선 타인을 만나 한번쯤 함께 걸으면 좋겠다는 생각이 들었다.

"I like to feel his eyes on me when I look away."

(내가 딴 곳을 볼 때 날 쳐다보는 시선이 너무 좋아.)

「비포 선라이즈」에서 가장 좋아하는 대사가 시코쿠에서는 전혀 이입이 되지 않았다. 2번 절로 가는 길에서 표지판을 계속 놓치고 발을 동동 구르게 되었다. 첫날이라 길을 안내하는 표지판이 눈에 들어오지 않았고, 지도를 읽는 방법도 잘 몰랐다. 지나가는 오헨로상이나 주민이 있으면 길을 물어볼 텐데, 인적 드문 길이 계속 나타났다.

'나를 쳐다보지 않아도 좋으니, 제발 누군가 내 시선 안으로 들어왔으

면….'

 조바심에 안절부절못하고 있는데 어느 오헨로상의 모습이 보였다. 안도감을 느끼고 그의 뒤를 따라 재빨리 걸어 겨우 고쿠라쿠지에 도착할 수 있었다. 3번 절 곤센지(金泉寺)에도 무사히 도착했지만 오늘밤 어디서 자야 되나 걱정이었다. 그때 누군가 다가오며 말을 걸었다.

 "숙소는 정했어요?"

 1번 절로 가는 길에 만났던 아가타상이었다. 하루 동안 얼마만큼 걸을 수 있을지 가늠이 안 되어 숙소 예약을 못하고 있었는데, 마치 그가 내 마음을 들여다보고 있는 것 같았다.

 "나는 오늘 5번 절까지 가려고 하는데, 희상은 어디까지 걸을 예정이에요?"

 "7번 절까지 가려고 해요. 갈 수 있을지 잘 모르겠지만."

 "빗길에 거기까진 아무래도 무리일 것 같은데, 5번 절 근처에 숙소를 예약하는 게 어떨까요? 모리모토야 민슈쿠(民宿 민박)에 방이 남아 있는지 내가 전화해 볼게요!"

다행히 빈방이 있다고 했다. 아침, 저녁을 포함해 6천 엔. 조금 부담스러운 가격에 망설였지만 첫날은 안전한 곳에서 편히 쉬는 게 좋을 것 같아서 아가타상이 머무는 숙소로 나도 예약을 했다.

"이것도 인연인데 오늘 함께 걸을래요?"

모리모토야 민슈쿠를 찾는 것도 일이기에 아가타상의 도움을 받고 함께 걷기로 했다. 혼자 걸을 때는 길을 헤매지 않을까 긴장되고 불안했는데, 두 사람이 함께 걷기 시작하니 든든했다. 아가타상은 이번 순례길에서 첫 번째 만난 사람이 한국인이라는 것에 무척 반가워했다. 4번 절 다이니치지(大日寺)로 향하는 걸음이 한결 가벼웠다. 1번 절에서 3번 절까지는 계속 현도 12번 도로 옆으로 걷다 4번 절로 향하는 길에서야 오솔길로 들어섰다. 비에 젖은 흙길 속으로 발은 푹푹 빠져 들었지만, 우거진 숲속을 걷다 보니 마음이 편안해졌다. 절에 도착했을 때 간단히 묵념만 하는 나와는 달리 아가타상은 참배 순서에 맞게 꼼꼼히 정성을 다해 반야심경을 독경했다. 때때로 그의 목소리가 떨리다 멈추곤 했다. 그의 모습에서 무언가 비장함이 감돌았다.

'그는 무슨 사연으로 이 길을 걷고 있는 것일까?'

납경을 마친 후 긴장이 풀리면서 갑자기 배가 고파왔다. 아침만 먹고 하루 종일 굶은 상태였다. 내 마음을 알아차리기라도 한 듯 아가타상이 가방에서 초코바와 사탕 한 봉지를 꺼냈다.

"오셋다이에요. 체력이 떨어질 때마다 챙겨먹도록 해요."

세심하게 챙겨주는 아가타상을 보면서 돌아가신 아버지의 얼굴이 언뜻 겹쳤다.

5번 절 지죠지(地藏寺)에서 납경을 마치고 나왔을 때는 해가 저물기 시작했다. 순례자들도 하나 둘 사라지더니 경내에는 800년 된 커다란 은행나무만이 외롭게 서 있었다. 아직 이른 봄이라 앙상한 가지를 드러내고 있었지만, 계절이 바뀌고 황금 옷을 입게 되면 여왕의 기품이 느껴질 것 같았다. 아가타상과 나는 은행나무의 배웅을 받으며 숙소로 향했다. 오늘 아가타상이 아니었으면 아마도 문 닫힌 6번 절 안라쿠지(安樂寺) 앞에서 숙소를 찾아 헤매고 있었을지도 모른다. 어리바리 헤매던 순례 첫날, 그를 만난 것은 행운이었다. 그리고 아가타상과의 인연이 내 인생을 바꾸게 할 줄은 그때는 전혀 알지 못했다.

민슈쿠에 도착했더니 모리모토야상이 우리를 맞이해주며 들고 있던 지팡이 아래 부분을 물로 깨끗이 씻어서 돌려주었다. 방의 테이블 위에는 녹차와 과자가 있었고, 보송보송하고 두툼한 이불이 정갈하게 바닥에 펴져 있었고, 욕조에는 뜨거운 물이 가득 받아져 있었다. 주인의 세심한 마음씀씀이가 보였다.

"오늘 많이 피곤했을 텐데, 희상 먼저 목욕하세요."

우리나라와 달리 목욕물을 여러 사람이 함께 사용하는 일본의 목욕문화가 낯설었는데, 아가타상은 나를 배려해 나에게 먼저 양보한 것이었다. 목욕을 마친 아가타상과 식당에서 만났을 때, 그의 모습이 낯설어보였다. 삿갓을 쓰고 있을 때는 몰랐는데, 그의 머리는 삭발을 한 상태였다.

"오늘 정말 수고 많았어요, 희상! 내일은 어디까지 걸을 예정이에요?"

"11번 절 가는 도중에 가모노유(鴨の湯) 온천 젠콘야도(善根宿 순례자를 위해 제공하는 무료, 또는 저렴한 숙소)가 있다고 하는데, 거기 가보려고요."

"나도 거긴 아직 가본 적이 없는데, 괜찮으면 내일도 함께 걸을래요?"

마침 내일도 함께 걸으면 좋겠다고 생각하고 있었는데, 아가타상은 내 마음을 훤히 들여다보고 있는 것 같았다.

"식사 다했으면 딸기 먹고 잘래요?"

아가타상은 절 근처에서 산 딸기를 깨끗하게 씻어 꼭지까지 말끔히 정리한 뒤에 먹으라고 건네주었다. 사려 깊은 그의 보살핌에 하루 동안의 피곤이 눈 녹듯 녹아 내렸다.

"아가타상은 시코쿠가 처음인가요?"

"세 번째예요. 혼자 걷기도 했고 아내와 함께 걷기도 했는데, 두 번째 순례부터는 매년 봄마다 아내와 함께 걸었어요. 2005년 봄에는 여동생도 함께 셋이서 걸었어요."

그는 사진 한 장을 꺼내 보여주었다.

"왼쪽이 내 동생, 그리고 오른쪽이 아내예요. 그때 함께 걸었던 사진이랍니다."

사진을 보던 아가타상의 목소리가 조금씩 떨리기 시작하더니, 어느새 그의 눈시울이 뜨거워졌다.

"작년에 여동생이 병으로 세상을 떠났어요. 그래서 죽은 동생을 위해 이번 순례 여행을 계획했어요."

갑자기 아가타상의 눈에서 눈물이 하염없이 흘러내렸다. 뭐라 위로의 말을 전해야 할지 몰라 당황해 하다가 나는 내 방으로 건너갔다. 그리곤 납경장을 꺼내 들고 와서 그에게 보여주었다.

"우리 아빠예요. 아빠도 4년 전에 돌아가셨어요. 저도 이번 여행에서 아버지를 잘 보내드리고 싶었어요. 사실 아가타상을 처음 만났을 때 아버지가 보낸 분이 아닌가 하는 생각을 했었어요. 낯선 땅을 헤매고 있는 내가 무사히 여행을 마칠 수 있도록 아빠가 보낸 사람 같았어요."

"아, 나도 희상 보면서 여동생이 보낸 사람이 아닌가, 그런 생각을 했는데…."

우리는 한동안 말없이 앉아 있다가, 서로의 얼굴에 흘러내리는 눈물을 닦아주었다.

"이건 동생의 유골인데, 여동생이 순례길에서 가장 좋아했던 산에 가서 묻어주려고요."

간병일을 하고 있는 아가타상은 회사에서 이번 여행을 할 수 있도록 두 달간의 휴가를 내준 덕분에 이곳에 올 수 있었다고 했다. 우리가 서로의 아픔을 나누는 동안 어느덧 밤이 깊어가고 있었다. 하루 종일 비가 내려서 그런 걸까. 이불을 머리끝까지 당겨 덮고 눈을 감았지만 방안엔 냉기가 흘렀고, 좀처럼 잠은 오지 않았다. 미닫이로 된 얇은 벽 너머로 조용히 흐느끼는 소리가 들렸다.

시코쿠 순례를 하는 사람 중 대부분은 쉽게 말할 수 없는 고난과 아픔을 품고 있다고 한다. 이 길에서 그들의 상처는 치유될 수 있을까. 낯선 땅으로 건너온 나는 이 시간들을 잘 헤쳐 나갈 수 있을까.

'아가타상이 부디 이번 순례길에서 동생을 잘 보낼 수 있기를….'

* 일본의 목욕(お風呂) 문화 – 일본에서는 매일 욕조에 물을 받아 목욕을
한다. 그 물은 한 사람만 쓰는 것이 아니라 온 가족이 모두 사용한다. 순례
를 할 때 민박 또는 료칸에 묵으면 욕조에 물이 받아져 있는데, 그 물로 손
님들 모두가 몸을 담근다. 주로 먼저 도착한 손님부터 목욕을 할 수 있는
데, 큰 숙박 시설의 경우는 남녀 별도로 목욕탕이 있지만, 작은 숙박 시설
에서는 남녀가 같은 목욕탕을 순서대로 사용한다. 공동 욕조를 사용하고
싶지 않을 경우에는 샤워만 해도 된다.

내 짐을 대신 지고 가는 사람

새벽 5시 50분. 알람이 울리기 전에 저절로 눈이 떠졌다. 한국에서 야행성이었던 나에게 하루 만에 놀라운 변화였다. 어제 복잡한 마음에 거의 뜬눈으로 밤을 지샜는데, 아가타상이 잤던 옆방에서도 인기척이 들렸다. 옷을 갈아입고 배낭 정리를 마친 후에 아침식사가 준비된 식당으로 갔다. 다행히 아가타상도 어젯밤과 다르게 마음의 평정을 되찾은 표정이었다. 서로 힘든 밤을 나누고 마주앉아 함께 먹는 아침이 문득 감사했다.

5번 절 지조지에서 6번 절 안라쿠지까지는 5.3km. 현도 12번 도로 안쪽으로 주택가와 상점가가 있는 일반도로를 1시간 정도 걷다가 헨로코야(遍路小屋 순례자들을 위한 원두막 모양의 휴게소)에 앉아 잠시 쉬었다. 의자 위에 방명록이 놓여 있어 읽어보았다. 이곳에서 쉬고 간 수많은 오헨로상들이 남긴 글로 빼곡했다. 11월 19일에는 23살의 어느 한국인이 이곳에서 노숙을 했다는 기록도 있었다. 방명록의 글들을 읽어 내려가며 나만 힘든 게 아니구나, 그들 역시 이 힘든 길을 걸어내며 한 발짝씩 앞으로 나아가고 있구

나 생각하니 다시 힘이 솟는 것 같았다.

"나랑 가방 바꿔서 메고 갈까요?"

15kg이나 되는 내 배낭을 들어보던 아가타상이 갑작스러운 제안을 했다. 순간 너무 고마웠지만 당혹스러웠다. 이 길에서는 자신이 감당할 수 있는 만큼의 무게를 짊어져야 하는데, 나는 그 이상의 무게로 타인이 대신 그 짐을 짊어지게 만든 것이다. 하지만 '헨로 고로가시(遍路ころがし 순례길 중 험한 오르막길을 이르는 말로 순례자를 굴러 떨어뜨린다는 뜻)'라 불리는 산길을 걷게 될 내일 일정을 생각했을 때, 오늘은 무리하지 않는 게 좋을 것 같았다.

무엇보다 나에게 아가타상은 나이 많은 할아버지, 혹은 나이의 서열로 맺어지는 수직적인 관계가 아니었다. 이 길을 함께 걷는 동료였다. 오헨로상이라는 낱말 저 너머에는 나이, 성별, 국적과 같은 것들은 그리 중요하지 않다는 뜻을 포함하고 있었다. 그가 순례길을 나보다 먼저 걸었던 오헨로상 동료로서 내게 도움을 주고 싶어 한다면, 그에 감사할 줄도 알아야 할 것 같았다. 나는 못 이기는 척하며 아가타상의 조금 덜 무거운 배낭과

바꿔 멨다. 하지만 무거운 내 배낭을 메고 있는 아가타상이 자꾸만 신경이
쓰였다.

"난 하나도 힘들지 않아요. 희상과 걸으니 딸과 함께 여행하는 것 같아서
너무 행복할 뿐이에요!"

그는 내가 불편한 마음을 갖지 않게 더 깊은 배려를 해주었다. 알뜰살뜰
나를 챙겨주는 그 마음이 애틋했다. 6번 안라쿠지는 무척이나 잘 꾸며진
정원과 다보탑 등 볼거리가 가득했다. 정원에는 사냥꾼이 잘못 쏜 화살을
대신 맞았다는 전설이 있는 소나무가 눈에 들어왔다. 천천히 경내를 모두
둘러보고 화장실에 갔다. 그런데 문제가 생겼다. 볼일을 보고 화장실을 나
오려고 손잡이를 돌렸는데 문이 열리지 않는 것이다. 아무리 힘을 주고 돌
려도 꿈쩍하지 않았다. 졸지에 화장실 안에 꼼짝 없이 갇히게 된 것이다.

"아가타상~ 아가타상~ 도와주세요! 아가타상~ 아가타상~~."

목청이 찢어져라 큰 소리로 SOS를 청했다. 몇 번을 더 불렀을 때 아가타
상의 목소리가 화장실 문 앞에서 들려왔다.

"희상! 도대체 무슨 일이에요? 화장실 문 앞에 '사용금지'라고 적혀있는
데 못 봤어요?"

화장실에 들어가기 전에 문 앞에 한자가 적힌 종이를 보았었는데, 한자

가 서툰 나는 대수롭지 않게 여겼던 것이 화근이었다. 화장실 밖에서 손잡이를 돌리니 문이 쉽게 열렸다. 홍당무처럼 얼굴이 빨개진 나를 보고 아가타상이 아이처럼 웃기 시작했다. 무식한 게 죄라고, 이 어이없는 상황에 나 역시 덩달아 웃고 말았다. 고장 난 화장실 문 덕분에 우리는 눈물이 나도록 웃었다.

1.2km 떨어진 7번 절 쥬라쿠지(十樂寺)로 향하는 길에는 꽃망울을 막 터트리기 시작한 벚꽃나무가 가득했다. 절에 도착해 산문을 지나가니 미즈코(유산한 아이) 공양의 지장보살 70체가 나란히 있었다. 왠지 측은한 마음이 들어 오랫동안 합장을 하며 들어섰다. 이곳은 인간이 가진 여덟 가지의 고난을 넘어 열 가지의 즐거움(극락정토, 괴로움이 없는 이상향에 있는 10종의 쾌락)을 얻을 수 있도록 절의 이름을 쥬라쿠지로 했다고 한다. 먼저 간 동생을 위해 정성을 다해 반야심경을 독경하는 아가타상을 보는데, 마음이 짠했다.

8번 절 구마다니지(熊谷寺)로 향하는 길에서는 난생 처음 레몬나무를 보았다.

"몇 개 따줄까?"

내가 고개를 끄덕이자 아가타상은 레몬나무 주인집으로 가서 양해를 구하고 돌아왔다. 레몬나무에는 의외로 가시가 많아서 따는 것이 쉽지 않았는데, 아가타상이 가방에서 장갑을 꺼내어 끼고 레몬 두 개를 따서 주었다. 어려운 상황을 만날 때마다 뭐든지 척척 도와주는 아가타상이 정말 아버지처럼 느껴졌다.

어제처럼 폭우는 아니었지만 오늘도 간간히 비가 내렸는데, 신기하게도 경내에 있을 때는 비가 내리다가 다시 이동할 때는 멈추곤 했다. 덕분에 번

거로운 우비를 입지 않고 걸을 수 있었다. 비가 내리지 않는다는 것만으로 이렇게 감사한 생각이 들 수 있다니! 발걸음이 더욱 가벼워져서 아가타상과 다시 배낭을 바꿔 메기로 했다. 오전 내내 신세를 져서 너무 미안하고 고마웠다. 9번 절 호린지(法輪寺) 앞 가게에서 점심을 먹고 다시 이동하기로 했다.

"희상, 오늘 수고 많았는데 내가 오셋다이로 점심을 사줄게요!"

아가타상은 가케우동(かけうどん 맑은 장국을 부어 만든 우동)을, 나는 다라이우동(たらいうどん 세숫대야 냉면처럼 커다란 그릇에 담긴 우동. 보통 우동보다 양이 두세 배 많다)을 주문해 기다리고 있는데, 아가타상이 가게에서 파는 군고구마까지 사서 건네주었다. 나도 언젠가 아가타상에게 제대로 보답할 수 있는 날이 오길.

하룻밤이 열흘 같았던, 가모노유 젠콘야도

"우와! 이게 뭐예요~?"

10번 절인 기리하타지(切幡寺)로 걸어가는 길에 오헨로상들을 위한 셋다이쇼(接待所 오셋다이를 제공하는 곳)를 발견했다. 급격한 피로를 느낄 때 비상식으로 찾게 되는 간식과 음료들이 놓여있었다. 길을 걸을 때마다 오헨로상들의 사연도 궁금했지만, 오헨로상들을 위해 오셋다이를 선뜻 나누는 분들은 어떤 분일까 궁금했다. 아가타상과 나는 사탕 한 개씩을 입에 넣고 다시 길을 나섰다.

"오헨로상, 짐은 여기 두고 다녀오세요!"

10번 절은 경내로 진입하기 위해 공포의 333개 계단을 올라가야 한다. 다행히 10번 절 초입에 있는 상점가에서 배낭을 맡아주신다고 했다. 올라가는 계단 구석에는 1엔 동전이 가득 놓여 있었다. 일본에서는 남자 나이 42세, 여자 나이 33세에 대액이 낀다고 믿는데, 액막이 풍습으로 절의 계단에 동전을 올려놓는다고 한다.

    심장 뛰는 소리를 들으며 숨이 턱에 차오르도록 333개의 계단을 모두 오르니 산자락이 아득하게 펼쳐져 있었다. 내일은 저 높은 산자락을 두 개나 넘어야 12번 절에 도달할 수 있다고 한다. 마음을 단단히 먹지 않으면 안 되었다. 참배를 마치고 배낭을 맡긴 가게로 돌아온 우리에게 상점 여직원이 수고했다며 따뜻한 차와 과자를 건넸다. 가는 길마다 베풀어주는 오셋다이 덕분에 다음 여정을 위한 힘을 또 낼 수 있었다.

    가모노유 젠콘야도에 가기 위해서는 호린지에서 2시간 30분을 걸어야 했다. 가와시마교 위를 걷는데 빗방울이 떨어졌다. 배낭의 무게도 점점 무겁게 느껴졌다. 그러다가 나도 모르게 다리 위에
서 지팡이를 짚으며 걷고 말았다.

"희상! 즈에! 다리 아래에는 코보대사가 잠들
어 있다는 전설이 오래 전부터 전해지고 있어.
힘들더라도 다리를 건널 때는 지팡이를 짚으면
안 돼."

아가타상의 주의에 나는 머리를 긁적였다. 하지만 습관이 안 되어 자꾸
실수를 하게 되었다. 다리 너머로 벚꽃이 한창 피어있는 가모지마 공원이
보였다.

"희상, 저기 보여? 가모야!"

"가모? 가모가 오리예요?"

"응, 오늘 우리가 묵는 가모지마의 '가모'가 오리라는 뜻이야."

아가타상 덕분에 내 일본어도 조금씩 늘고 있었다. 한편 숙소에 가까워질
수록 점점 불안해지기 시작했다. 오늘밤 어떻게 자야 할지 막막했다. 침낭
조차 없었기 때문이다. 젠콘야도에는 과연 이불이 있을까. 숙소로 가기 전
에 아가타상이 마트에서 오늘 저녁과 내일 아침, 점심거리를 미리 사자고
했다. 내일은 하루 종일 산길이 이어지기 때문에 음식을 사먹을 곳이 없어
미리 준비해야 된다고 알려주었다.

'아가타상이 아니었으면 내일 하루 종일 굶을 뻔했구나.'

오후 6시 40분쯤 가모노유 젠콘야도에 도착했다. 체력이 바닥나서 쓰러
지기 직전이었다. 반면에 아가타상은 끄떡없었다. 그동안 걸으면서 아가
타상은 나에게 지친다고 말한 적이 단 한 번도 없었다. 오히려 항상 웃으며
나를 먼저 살피고 챙겨주었다. 나는 아가타상이 오셋다이로 사준 저녁 도

시락을 꺼냈다.

"저녁 잘 먹을게요! 그런데 계속 받기만 하니 미안한 마음이 들어요."

"아니야. 오늘 이곳에 와서 숙박비를 엄청 줄였잖아! 괜찮아."

너무 부담스러워하면 아가타상 역시 불편해할 것 같아 기쁜 표정으로 씩씩하게 도시락을 먹었다. 저녁을 먹고 목욕용품을 챙겨서 가모노유 온천으로 갔다. 온천 카운터로 먼저 들어가 하룻밤 젠콘야도 신세를 부탁드렸더니, 우리 일행 외에 남자 한 분이 더 있다고 했다. 그런데 문제가 생겼다. 이불이 없단다. 그래도 숙박비가 비싼 일본에서 무료로 잘 수 있다는 것이 얼마나 감사한 일인지!

"희상, 오늘밤 많이 추울 텐데, 뜨거운 물에 몸을 푹 담그고 나와요."

목욕을 하고 돌아오니 아가타상이 옆방에 있던 방석들을 전부 가져다주었다. 침낭도 없이 자게 될 나를 꽤 걱정하는 눈치였다. 혹여 체온이 많이 떨어질까 봐 바지를 두 개나 껴입고, 잠바를 걸치고, 모자까지 쓰고 잠을 청했다. 그럼에도 불구하고 잠은 오지 않았다. 피곤해서 쓰러져 잘 법도 한데, 이가 덜덜 떨릴 정도로 추웠다. 시코쿠는 원래 제주도만큼 따뜻한 곳인데, 이상기온으로 매서운 바람이 불면서 강추위가 몰려왔다. 게다가 한국에서는 온돌방에서만 자다가 냉기가 올라오는 다다미방에서 자려니 도통 잠이 오지 않는 것이었다. 삼시세끼 밥 먹을 수 있고 따뜻한 집에서 잠잘 수 있는 일상이 얼마나 감사한 일인지 새삼 깨닫게 되었다. 추위에 부들부들 떨면서 시계를 보았다. 30분쯤 흘렀을까. 아니었다. 겨우 10분이 지났을 뿐이었다. 사람의 체온이 절실했다. 오늘 따라 밤은 왜 이리도 길기만 한지…. 푹 자지 않으면 내일 일정을 모두 망칠 것만 같았다.

'남자 방으로 건너가서 잠을 잘까.'

얼마나 추웠던지 급기야 이런 생각이 들었다. 여행을 오기 전에 읽었던 책의 한 구절이 떠올랐다. 코보대사도 수행 길을 다니던 중에 다리 아래에서 하룻밤을 보낸 적이 있는데, 그 하룻밤이 마치 열흘과 같은 느낌이었다고 한다. 혹독한 수행을 많이 한 코보대사도 힘겨워했다는 추운 밤. 오늘밤 나 역시 코보대사의 그날처럼 하룻밤이 열흘처럼 느껴졌다.

"추워…. 춥다…. 추워서 죽을 것 같아…."

혼잣말이 절로 나왔다. 입에서는 하얀 입김이 나왔다. 몇 시간이 흘렀을까. 갑자기 방문이 열리더니, 어둠 속에서 희미한 실루엣이 보였다. 아가타상이었다.

"희상, 미안해. 이거라도 덮으면 좋을 것 같아서…."

아가타상은 자신의 텐트를 건네주었다. 텐트를 둘둘 말아 이불처럼 덮었더니 한기가 조금 가시는 것 같았다. 아가타상도 나를 걱정하느라 제대로 잠을 이루지 못하는 듯했다. 새벽 3시가 가까워지고 있었다. 조금이라도 잠을 자두어야 한다. 이를 악물고 잠을 청해보았지만, 결국 한숨도 못 자고 뜬눈으로 날을 새고 말았다. 어슴푸레한 새벽 나는 방을 뛰쳐나와 주차장으로 갔다.

"으~~아악~!"

미친 듯이 주차장을 몇 바퀴나 달렸다. 추위와 싸우기 위해서였다. 이렇게 해서라도 몸에 열을 내지 않으면 정말 죽을 것만 같았다. 한참을 달리고 있는데 숙소에서 아가타상이 나왔다. 혼자서만 따뜻하게 잔 것이 미안한지 머리를 긁적였다. 어느덧 7시 20분. 힘든 산행을 앞두고 서둘러 길을 나서기로 했다.

악명 높은 위험천만, 헨로 고로가시

"오늘 어디까지 가십니까?"

11번 절 후지이데라(藤井寺) 경내를 한참 둘러보고 있는데 스님 한 분이 다가왔다.

"12번 절 쇼산지(燒山寺)까지 가려고 해요."

"배낭이 무거워 보이는데 괜찮겠어요? 여기서부터 거기까지가 '헨로 고로가시(순례자를 굴러 떨어지게 하는 험한 길)'라는 것은 알고 있죠?"

책으로 읽어서 그 악명 높은 길을 알고 있었지만, 걱정스러운 스님의 눈빛과 그 길을 바로 앞에 두고 있자니 두려웠다.

"몇 년 전쯤 이런 일이 있었습니다. 100kg 정도 되는 거구의 남자가 이곳을 돌기 위해 왔었죠. 보기에도 위태로워 보이던 남자였어요. 그냥 올라가게 했다가는 분명히 그 사람이 중도에 포기하겠다 싶더라고요. 그래서 그에게 순례를 마치고 싶다면, 11번 절에서 12번 절로 가는 것보다 12번 절을 빼고 우회해서 13번 절로 가라고 했죠. 그리고 시코쿠를 전부 돌고 나서 마지막으로 12번 절에 다시 도전해 보라고 했어요."

그 후로 몇 달 뒤에 스님은 그 사람으로부터 엽서 한 장을 받았다고 했다. 덕분에 무사히 88번 절까지 돌고 마지막에 12번 절도 잘 다녀왔다고. 그리고 사랑하는 여자와 결혼을 앞두고 있다며 반가운 소식을 전해왔다고 했다.

"부디 조심해서 무사히 결원하시길 빌게요."

스님과 인사를 나눈 후 복잡한 생각이 들었다. 15kg 배낭도 문제지만, 급격히 살이 붙은 지금은 나 자신의 몸조차 버거운 상태로 그 험한 길을 잘 걸을 수 있을까? 하지만 운명에게 맡겨보기로 했다. 이 길을 걸을 자격이 없는 사람은 헨로 고로가시에서 굴러 떨어지게 만들어 더 이상 나아갈 수 없도록 한다고 하니까. 이번 기회에 코보대사에게 내가 이 길을 걸을 자격이 있는 사람인지를 물어볼 수 있는 절호의 기회가 될 수도 있겠다는 생각이 들었다.

역시 초입부터 급경사의 오르막길이었다. 추운 날씨에도 땀이 비 오듯 흘러내렸다. 목은 바싹 타오르고 숨이 턱턱 막혔다. 500ml 생수를 벌컥벌컥 마셨다. 이런 식으로 물을 마셨다가는 산을 다 넘을 때까지 버티지 못할 텐데 큰일이었다. 아가타상과는 동행을 하기로 했지만, 워낙 힘든 코스인 만큼 각자의 페이스대로 걷기로 했다. 30분쯤 걷다 보니 11번 절 후지이데라에서 1.5km 떨어진 하시야마 휴게소에서 아가타상이 기다리고 있었다. 시계를 보니 아침 일찍 서두른다고 했는데도 이미 9시가 넘었다. 몸은 천근만근 무거웠지만 휴게소 앞으로 펼쳐지는 요시노가와시의 풍경은 평화롭기만 했다. 어제 슈퍼에서 구입한 도시락을 아가타상과 함께 먹으며 오늘 묵을 숙소에 대해 상의했다.

　주변 숙소에 전화를 걸어보니 이미 예약이 모두 끝났고, 전통 료칸(旅館일본의 전통적인 숙박시설)인 '사쿠라'만 예약이 가능한 상황이었다. 그런데 이곳은 혼자 묵으면 추가요금이 발생한다고 했다. 한참을 고민하던 아가타 상은 둘이 숙박하면 요금이 절약된다면서 자신도 료칸에 묵겠다고 했다. 7,500엔. 다소 비싼 금액이지만 나도 흔쾌히 예약을 하겠다고 했다. 언제 비싼 료칸에 묵어보겠는가! 이것도 다 경험이라는 생각으로 다시 길을 나섰다.

　산행을 다시 시작하면서 아가타상과의 거리가 멀어졌다. 그럴 때면 묵묵히 홀로 길을 걸었다. 한참을 걷다가 휴식을 취하며 나를 기다리고 있는 아가타상을 발견했다. 탈수현상으로 혼수상태인 것처럼 흐린 내 시선도 저 멀리 아가타상이 보이기 시작하면 다시 또렷하게 돌아오곤 했다. 신기한 일이었다. 아가타상은 내가 도착하면 우선 내 몸 상태가 괜찮은지 물어본 후에 또 다시 길을 나섰다.

　"절대 무리하지 말고 천천히 와요. 내가 항상 기다리고 있으니까."

낯선 곳에서 한 발 먼저 간 누군가가 뒤따라오는 나를 기다리고 있다는 사실에 나는 가슴이 뭉클했다.

생수병의 물이 다 떨어졌을 무렵 약수터가 보였다. 배낭 무게 때문에 작은 생수병을 한 개밖에 준비하지 못했는데, 정말 다행이었다. 바가지로 물을 벌컥벌컥 들이켠 후에 빈 병에 다시 물을 채워 길을 나섰다. 10시 20분. 드디어 죠도안(長戶庵) 암자에 도착했다. 11번 절에서 고작 3.2km를 걸었을 뿐인데, 시간이 엄청 흘렀다. 이 속도로 걷다가는 12번 절 쇼산지(燒山寺)에 5시까지 도착하지 못할 것 같았다.

"납경을 받을 수 있는 시간이 5시까지인 것 알고 있지? 혹시 그 시간까지 희상이 도착하지 못하면 내가 먼저 도착해서 희상 납경장에 대신 받고 기다릴게."

아가타상의 배려에 힘을 받고 다시 마음을 가다듬었다.

죠도안에서 십여 분 더 걸으니 오헨로상을 위한 휴게소가 보였다. 배낭을 내려놓고 잠시 숨을 골랐다. 빨리 가기 위해서는 적당한 휴식도 중요하다는 생각이 들었다. 무엇이든 무리하면 탈이 생기는 법. 하지만 또 다시 급경사를 혼자 오를 때면 쓰러질 것처럼 고통스러웠다. 그럴 때마다 나를 일으켜 세운 것은 다름 아닌, 나뭇가지에 매달린 응원의 메시지들이었다.

'헨로미치, 동행이인, 간바로(순례길, 혼자가 아니야, 힘내)!'

누군가 적어놓은 글귀들을 볼 때마다 지친 걸음을 잊곤 했다. 후지이데라에서 3시간을 걸어 류스이안(流水庵)에 도착하니 아가타상이 보였다. 그는 반야심경을 외고 있었다. 고된 산행에도 흐트러짐이 전혀 없는 모습이었다. 참배를 마친 아가타상과 다시 동행해 점심을 먹고 한 시간 정도의 산행 끝에 죠렌안(淨蓮庵)에 도착했다. 산문이 있는 계단을 올라서는 순간 나는

목이 메었다.

'여기까지 오느라 수고 많았어요. 정말 고생했어요.'

누군가 나에게 말을 거는 것 같았다. 사람 키를 훌쩍 넘는 코보대사의 동상이었다. 동상 뒤로는 높이가 15m 정도 되어 보이는 오래된 삼나무 한 그루가 있었다. 삼나무 앞에 서있는 코보대사 동상은 마치 고행 길을 걷고 있는 오헨로상들의 마음을 헤아리고 맞이하는 것처럼 성스러운 기운이 가득했다. 동행이인(同行二人). 나는 혼자 걸어 왔다고 생각했지만 혼자 걸은 것이 아니었다. 헨로 길을 만든 코보대사와 함께한 것이었다. 울창한 나무들로 인해 볕이 잘 들지 않아 4월에도 웅덩이에 고인 물이 꽁꽁 어는 깊은 산중이었는데도, 이 순간만은 온몸을 따뜻하게 품어주는 것 같았다.

"희상, 희소식이야! 조금 더 가면 스다치 젠콘야도가 있대. 우리 오늘 그곳에서 묵을까?"

배낭을 내려놓고 잠시 휴식을 취하던 아가타상이 다른 오헨로상으로부터 귀한 숙소 정보를 들었다며 들뜬 목소리로 외쳤다. 그리고는 사쿠라 료칸에 전화해서 거리가 멀어 도저히 오늘 못 갈 것 같다며 양해를 구했다. 다행히 패널티 없이 취소를 할 수 있었다. 아가타상은 전화를 끊은 뒤 멋쩍은 듯 혓바닥을 귀엽게 쏙 내밀며 웃었다. 숙소가 저렴한 곳으로 해결되었다고 하니, 통증도 사라지고 발걸음도 가벼워졌다.

죠렌안에서 내리막길을 가다가 또 다시 급격한 오르막 산길이 보였다. 오르막 산길을 오를 때면 아가타상과의 거리도 점점 멀어져 갔다. 홀로 거의 기다시피 걷고 있는데, 산자락 아래에서 갑자기 개들이 무섭게 짖으며 올라오는 소리가 들렸다.

'멧돼지라도 나타난 것일까? 멧돼지를 만나면 죽은 척이라도 해야 되나?'

갑자기 소름이 돋으면서 등골이 서늘해졌다. 혹시라도 위험한 상황이 생기면 소리를 질러도 도와주러 올 사람 없는 깊은 산속이었다. 극한 공포에 휩싸이면서 초인적인 힘으로 미친 듯이 산을 뛰기 시작했다. 15kg 배낭을 메고 뛰느라 숨이 가빠오며 심장은 터질 것만 같았다. 어떻게 왔는지 기억

이 나지 않을 정도로 정신없이 뛰다 보니, 드디어 포장도로가 나타났다. 차량을 이용한 오헨로상들의 모습도 보였다. 12번 절 쇼산지에 거의 다 온 듯했다. 첫 번째 관문인 헨로 고로가시를 무사히 넘어온 것이다.

죽을 각오, 수의를 미리 준비하는 삶

'최초의 오헨로상은 누구일까. 그리고 왜 걷기 시작한 것일까?'

쇼산지에 오기까지 몇 번의 고비를 맞을 때마다 궁금했었다. 이렇게 힘든 순례길을 처음 걷기 시작한 오헨로상은 누굴까. 시코쿠로 떠나기 전의 내 마음 같았을까. 쇼산지에서 아래로 내려가니 대사당과 함께 그 옆에 최초의 오헨로상이라고 할 수 있는 '에몬 사부로(衛門三郎)'의 전설이 담긴 동상이 보였다. 쇼산지는 시코쿠 사찰 중에서 가장 힘든 코스인 만큼 유명한 전설이 전해오고 있었다.

오래 전, 탐욕스런 부호인 에몬 사부로가 살고 있었다고 한다. 그 당시 코보대사는 시코쿠를 돌며 수행을 하고 있었는데, 불가의 전통에 따라 탁발로 먹을거리를 해결하고 있었다. 그러던 어느 날, 코보대사는 에몬 사부로의 집에 가서 시주를 부탁하게 되었는데, 에몬 사부로는 시주를 하기는커녕 빗자루로 코보대사를 쳐서 내쫓아 버렸다. 그 다음날부터 에몬 사부로의 여덟 명의 자식이 한 명, 두 명 죽기 시작했고, 결국 모두 죽게 되었다.

그제야 자신의 과오를 후회하게 된 그는 코보대사에게 사죄하고 자신의 악업을 씻기 위해 순례를 떠났다. 하지만 시코쿠를 20번이나 돌았는데도 코보대사를 만날 수 없었다.

에몬 사부로는 '혹시 반대 방향으로 돌면 코보대사를 만날 수 있지 않을까?' 마지막 희망을 안고 21번째 순례를 떠나게 되었다. 그렇게 역방향으로 걷다가 12번 절 쇼산지에서 그만 병에 걸려 죽음을 맞게 되었는데, 그 순간 홀연히 나타난 코보대사가 그의 죄를 용서해주며 길가의 작은 돌에 '에몬 사부로의 재래'라고 써서 그의 왼손에 쥐어주었다. 결국 에몬 사부로는 편안히 눈을 감았다. 그 다음 해, 영주인 야스토시의 집에 남자아이가 태어나게 되었는데, 그 아이는 태어날 때부터 왼손이 펴지지 않았다. 부친은 51번 절 안요지의 주지스님에게 아이의 기도를 부탁했고, 주지스님이 기도를 하자 아이의 손이 펴지면서 그 손 안에서 '에몬 사부로의 재래(衛門三郎再来)'

라고 쓰인 작은 돌이 떨어졌다. 그때부터 51번 절 안요지(安養寺)를 이시테지(石手寺)라고 고쳐 불렀다고 전해진다. 이 이야기는 바로 시코쿠 순례의 시작이기도 하며, 최초의 사카우치(逆打ち 역방향으로 순례하는 형식)에 관한 것이기도 하다.

쇼산지에 무사히 도착했지만 오늘 일정이 완전히 끝난 것은 아니었다. 숙소로 정한 스다치 젠콘야도까지 다시 3km 하산길이 기다리고 있었기 때문이다. 이 길도 결코 만만한 길은 아니었다. 산길을 내려갈수록 오른쪽 두 번째 발톱이 계속 신발에 부딪혀 통증이 점점 커져갔다. 엄지발가락보다 둘째발가락이 길어 자꾸만 신발에 발가락이 쓸린 것이다. 진물이 나고 피가 났지만 쉬지 않고 1시간 정도 걸어 스다치 젠콘야도에 도착했다.

"와~ 이불이다!!"

이곳에는 이불이 있었다. 추워서 잠 못 이룬 지난밤을 떠올리니 이불만 보아도 감동이었다. 짐을 풀고 근처 가미야마 온천에 갔다. 바지를 벗었더니 긴 산행으로 허벅지가 바지에 쓸려 붉게 발진이 나 있었다. 뜨거운 물에 몸을 담갔더니 하루의 피곤이 모두 녹아 내렸다. 온천을 마치고 저녁식사가 준비되어 있는 스다치칸(최소한의 식사비만 받고 비영리로 운영하는 젠콘야도)으로 다시 향했다.

도착하니 다른 오헨로상들이 저녁을 먹고 있었다. 그런데 그 중에 어느 오헨로상이 한국말을 건네왔다. 40대 초반인 그는 재일교포 최상이었다. 그의 통역 덕분에 다른 오헨로상들과도 깊은 이야기를 나눌 수 있었다.

"예전에 108개의 절을 모두 순례했

어요. 88개 절과 20개 번외사찰을 합하면, 108개가 되는데 108번뇌를 의미하기도 해요. 불교에서 이것을 마친 사람은 번뇌를 끊고 해탈할 수 있다고 해요."

무라이상은 108개 절을 순례한 후 손수 책을 만들어 지인들에게 나누어 주기까지 했다고 한다. 백의에 납경을 받은 아케이상은 무려 75세였다. 왜 시코쿠를 걷게 되었느냐는 질문에 아케이상이 비장하게 대답했다.

"난 이 길을 죽을 각오를 하고 걷고 있어. 내 백의에 찍힌 묵서와 도장 보이지? 이것은 바로 최고의 수의이기도 해. 만약 내가 길에서 죽게 된다면 코보대사가 내 영혼을 지켜줄 거야."

자신의 수의를 미리 준비하는 그의 이야기를 들으면서 삶과 죽음이 공존하는 이곳 시코쿠가 더 성스럽게 느껴졌다.

"희상, 내일은 어디서 묵을 예정이에요?"

"사카에 택시 젠콘야도에 묵을까 생각 중이에요."

"희상과 최상, 나이도 비슷하고 말도 통하니까 내일 둘이 함께 걸으면 어때요?"

오헨로상들의 갑작스런 제안으로 최상과 나는 사카에 택시 젠콘야도까지 함께 하기로 했다. 사실 낯선 그곳을 혼자 잘 찾아갈 수 있을지 걱정이었는데 다행이었다. 아가타상은 17번 절까지 가서 주위 공원에 텐트를 치고 노숙할 거라고 했다. 아쉬웠지만 내일은 각자 따로 출발하기로 했다. 맥주를 한 잔씩 마시며 한참 이야기를 나누고 있는데, 갑자기 다들 한국 노래를 불러 보라고 했다. 부끄러워서 할 줄 아는 노래가 없다고 사양했더니 일본 오헨로상 한 분이 한국 노래를 선창했다.

"어쩌다 생각이 나겠지~ 냉정한 사람이지만 그렇게 사랑했던 기억을 잊을 수는 없을 거야~"

　패티 김의 '어쩌다 생각이 나겠지'였다. 손뼉을 치고 노래를 따라 부르며 우리는 힘겨운 헨로 고로가시를 무사히 마친 것에 감사하고 서로를 다독여 주었다.

　저녁을 먹고 숙소에 들어와 이불을 깔았다. 혹시 오늘 고된 산행의 여파로 내일 아플까봐 근육이완제 한 알을 먹고 다리에 파스를 바른 뒤 잠자리에 누웠다. 날씨는 언제쯤이면 따뜻해질까? 산행하느라 몰랐는데 오늘도 꽤 추운 날이었다. 두꺼운 이불을 바닥에 깔고, 이불을 여러 장 덮고 있는데도 여전히 한기가 느껴졌다. 한국의 온돌방이 그리웠다. 나도 모르게 눈물이 흘렀다. 괜찮아. 잘 해낼 수 있을 거야.

자신의 호흡대로 걷는다는 것

오늘은 5시 30분에 일어나 아침을 먹고 일찍 길을 나서기로 했다. 걸음이 느린 내가 남들과 비슷한 거리를 걷기 위해서는 무조건 아침은 남들보다 일찍 시작해야만 했다. 스다치 젠콘야도에서 13번 절 다이니치지(大日寺)로 가는 초입은 산길과 도로길, 두 가지가 있었다. 경사진 산길이 더 힘들기는 하지만 운치 있는 길을 걷고 싶어서 산길에 도전하기로 했다. 오르막을 기다시피 오르고 있을 때 재일교포 최상이 뒤를 쫓아왔다.

"힘들어 보이는데 괜찮아?"

"원래 오르막길은 빨리 못 걸어서 그렇지, 괜찮아요. 헥헥."

최상과는 각자의 페이스대로 따로 걷다가 13번 절에서 만나기로 했다. 오르막길을 천천히 걷다 보니 숙소에서 나보다 늦게 출발한 사람들이 하나 둘씩 나를 앞질러 갔다.

'괜찮아. 각자의 페이스가 있는 거니깐. 조바심내지 말고 천천히 걷자.'

　어깨를 짓누르는 무거운 배낭을 벗고 조금 쉬었으면 좋겠다는 생각이 들무렵 휴게소가 보였다. 휴게소에는 귤이 가득 담긴 바구니가 있었다. 오헨로상들을 위해 근처 주민들이 무료로 준비해 놓은 것이다. 귤을 한 개 까서먹고 있는데 아가타상이 오는 것이 보였다. 아가타상보다 30분이나 일찍출발했는데 벌써 나를 따라 잡다니! 아가타상과 다시 동행하게 되었다. 아가타상은 꽃이나 식물에 관해 해박한 지식을 갖고 있어 길을 걸을 때마다만나는 꽃들의 이름을 알려주었다. 아가타상 덕분에 나는 점점 자연과 동화되어 걷는 즐거움을 느끼게 되었다. 오로지 완주하는 것에 급급해 빨리걸었더라면 시코쿠 여행이 황폐하게 느껴졌을지도 모른다.

　걷다 보니 배꼽시계가 울렸다. 때마침 12시였다. 가미야마히사기 중학교앞 도로에 배낭을 내려놓고 아가타상과 빵을 먹고 있는데 바로 앞으로 오헨로상 한 분이 지나갔다.

　"오헨로상~ 잠시 같이 드시고 가세요!"

　그는 가던 길을 멈추고 우리가 건넨 빵 한 조각을 먹었다. 그의 이름은 다카하시상이었다.

　점심을 먹은 후에 각자의 페이스대로 따로 걸었다. 첫날부터 계속 아가타상이 나보다 걸음이 빨랐지만, 오늘은 내가 처음으로 아가타상보다 빨리걸었다. 그런데 한참 앞질러 가다가 문득 길이 이상하단 생각이 들었다. 드

문드문 보이던 오헨로 이정표가 하나도 보이지 않았다. 길을 잘못 들어선 것이다. 그동안은 아가타상 덕분에 길을 헤매지 않고 다녔는데, 막상 혼자가 되자 길을 헤매고 말았다. 날이 어둑어둑해지고 비까지 내리니 조금 불안해졌다.

"오헨로상, 어디까지 가세요? 비도 오는데, 다이니치지로 가는 거라면 제가 태워 드릴게요!"

배낭에 레인커버를 씌우고 있는데, 한 아주머니가 차를 세우고 나에게로 다가왔다. 이번 여행은 모두 걸어서 해내고 싶었지만, 아주머니가 너무 간곡하게 권유해서 차마 거절할 수가 없었다. 첫 자동차 오셋다이니 한번쯤 경험해도 좋을 것 같아 2km 되는 거리를 자동차로 이동했다. 5분도 안되어 금방 13번 절 다이니치지에 닿았다. 최상이 먼저 도착해 의자에서 쉬고 있었다.

"다이니치지의 주지스님이 한국인 묘선스님인 거 알아?"

묘선스님은 한국 중요무형문화재 제27호 승무 전승자이자 인간문화재 이매방 선생의 수제자라고 했다. 그런데 아쉽게도 묘선스님은 용무가 있어 외출 중이라 만날 수 없었다. 경내에는 합장을 한 거대한 손 안에 행복 관음상이 있었다. 이 관음상 앞에서 소원을 빌면 행복한 일이 일어난다고 하는데….

아쉬운 마음에 손을 모아 빌었더니 만나고 싶었던 그분이 나타났다. 바로 묘선스님이었다. 어딘가로 이동 중에 잠시 볼 일이 있어 절에 들렀다고 하셨다. 스님은 최근에 시코쿠 순례가 알려지면서 한국 사람들이 종종 찾아온다며 반가워하셨다. 짧은 인사만 나누었지만 낯선 시코쿠에서 잠시라도 뵐 수 있어 행운이었다. 생각해보니 자동차 오셋다이 덕분에 묘선스님

을 뵐 수 있었는데, 그때 갑자기 비가 온 것도 신기하고, 괜찮다는 나를 굳이 차에 태워 주신 아주머니도 신기하고, 이 모든 일들이 묘선스님을 만나게 해주기 위해 일어난 것처럼 느껴졌다. 삶은 예측한 대로 흐르지 않지만, 그러기에 길 위의 인연과 기회들이 더없이 소중하게 다가왔다. 산문을 보니 이제 막 도착해서 경내로 들어오는 아가타상이 보였다.

"아가타상, 나~ 묘선스님 만났어요!"

'에로 9단' 이노우에상과 '트러블 메이커' 최상

　최상은 경보선수마냥 재빠른 걸음으로 걸었다. 사진을 찍거나 풍경을 전혀 감상하지 않고, 오직 앞만 보며 질주하듯 걸었다. 내가 사진을 찍거나 이야기를 나누며 걸을 때, 그는 아무런 반응도 하지 않았다. 절에서 반야심경을 읽지 않는 것에 대해서도 못마땅해 하는 눈치였다. 처음에는 그와 페이스를 맞추어 걷다가 이내 포기하고 천천히 뒤를 따라 걸어 14번 절 죠라쿠지(常樂寺)에 도착했다.

　참배를 마친 후에 오늘 숙소로 예약한 사카에 택시 젠콘야도로 갔다. 사카에 택시 젠콘야도는 택시 회사 사무소 2층에 위치해 있었다. 젠콘야도 주인인 이노우에상이 우리를 맞아주며 잘 때 문단속 하는 방법을 알려주었다. 그리고는 근처 카페에 함께 가서 커피를 마시며 최상의 도움을 받아 궁금한 것들을 물어보았다.

　"그동안 젠콘야도를 방문한 순례자 중에 가장 기억에 남는 사람은 누구예요?"

"음, 예전에 요코하마에 사는 29살 처녀가 왔었는데…."

갑자기 아저씨가 말끝을 흐렸다. 그리곤 웃으면서 이야기를 이어갔다.

"그 처녀가 글쎄, 첫 경험을 하고 싶어서 이곳에 온 거 있지! 결국 그 여자는 고치를 돌다가 독일 남자를 만났어. 순례를 모두 마친 후 두 사람이 우리 젠콘야도에 와서 사랑을 나누었지."

통역을 해주는 최상은 적나라한 표현들을 순화해서 통역해주느라 무척 곤혹스러운 표정을 지었다.

"젠콘야도를 운영하면서 안 좋은 일도 있었나요?"

"택시 매상을 훔쳐 사라진 사람도 있었고, 또 어떤 사람은 이곳에서 자면 죽는다고 적어놓고 간 사람도 있었어. 순례자도 별의별 사람들이 다 있어. 그래서 아내는 내가 젠콘야도를 운영하는 걸 그다지 달가워하지 않아."

"희상은 혼자 여행하는 거 무섭지 않아?"

"저요? 저 검도 2단이에요!"

"별로 안 무서운 걸. 난 말이지. 에로 9단인 걸!"

능글맞게 웃으며 이야기하는 이노우에상을 최상은 몹시 못마땅해 했다. 차를 마신 후 최상과 단둘이 저녁을 먹는데, 그는 잔뜩 찌푸린 얼굴로 불평을 쏟아냈다.

　"아무래도 여기 젠콘야도는 여자 혼자서는 절대 머무르면 안 될 곳이야!"

　"아저씨가 야한 농담을 좋아해서 그렇지, 나쁜 사람 같지는 않던데요."

　이노우에상은 택시 손님들에게 여행 정보를 더 알려주기 위해 시코쿠 관광안내 자격시험까지 볼 정도로 일에 대한 프로의식이 강한 사람이기도 했다. 반면에 최상은 이노우에상이 계속 의심스럽다고 했다. 오헨로상을 위해 무료로 운영하는 젠콘야도라면 뭔가 봉사정신이 투철한 사람이어야 되지 않느냐며, 이노우에상은 자신이 상상하던 것과 정반대의 사람이라고 했다.

　"미안해요. 나 때문에 이곳에 묵게 되었는데, 마음을 불편하게 만들었어요."

"어젯밤에 만난 오헨로상들이 나에게 널 부탁했을 때 왠지 책임감이 들어 동행한 것 뿐이야. 그뿐이야."

나는 최상에게 나를 책임질 필요가 전혀 없다고 했다. 각자 여행을 하는 건데 내가 짐이 되는 것은 원치 않았다. 일본어 소통이 서툴 뿐이지 혼자서 얼마든지 걸을 수 있다고 이야기했다. 그랬더니 그가 정색하며 말을 이어갔다.

"시코쿠는 관광하듯 여행하는 곳이 절대 아니야. 코보대사가 수행했던 모습처럼 걸어야 되는 곳이라고! 희상은 절에서 반야심경도 전혀 읽지 않잖아!"

그의 눈에 나는 단순히 관광하는 사람처럼 보이는 듯했다. 그와 단 하루 함께 했을 뿐인데, 짧은 시간으로 나를 판단하고 결론을 내리는 모습에 화가 났다.

"어떤 사람이든 처음에는 서툴고 어설플 수 있어요. 그리고 이 길이 꼭 불교신자가 되어 코보대사의 뜻을 따라서만 걸어야 되는 건 아니라고 생각해요. 저는 이 길을 걸은 지 겨우 4일 되었을 뿐이에요. 앞으로 제가 어떻게 변화할지 저 자신도 모르는데, 그렇게 함부로 단정 짓고 말씀하실 수 있는 거죠?"

나를 마치 귀찮은 짐처럼 여기는 그의 모습에 화가 좀처럼 가시지 않았다. 결국 서로 언성을 높이는 꼴이 되고 말았다. 잠시 어색한 침묵이 흐를 때 이노우에상이 방으로 올라왔다.

"희상, 잠깐 나올 수 있어? 소개시켜 줄 사람을 데리고 왔는데."

"미안해요. 너무 피곤해서 지금 그냥 잤으면 좋겠어요."

잠깐이라도 시간을 내어줄 수 없냐는 그의 청을 단번에 거절했다. 이노우에상에 대해 부정적인 시각을 갖고 있는 최상 때문에 나도 모르게 거짓말을 하고 말았다. 미안한 마음에 아래 쪽 계단을 슬그머니 내려다보니 어떤 일본인 여성이 나를 만나고 싶어 온 듯했다. 당연히 남자를 데리고 온 줄 알았는데, 여자였다.

　'아차, 나도 어느새 이노우에상에 대해 부정적인 생각으로 경계하고 있구나.'

　최상이 말한 것처럼 이노우에상은 정말 안 좋은 사람일까? 아니면 내가 언어가 서툴러 올바르게 판단하지 못한 것일까? 복잡한 마음에 우울했다. 방으로 돌아와 이곳을 다녀간 수많은 오헨로상들이 이노우에상에게 남긴 감사의 메시지들을 보면서 그가 정말 나쁜 사람이라면 이런 오셋다이가 가능한 것일까 하는 의문이 들었다. 나는 이곳 젠콘야도에 하룻밤 신세를 지러 온 여행객일 뿐인데, 내가 무슨 자격으로 그를 함부로 평가할 수 있단 말인가? 낯선 땅에 와서 같은 동포끼리 왜 서로에게 상처 주는 말을 주고받아야만 할까? 이부자리를 펴고 누웠는데 갑자기 눈물이 왈칵 쏟아졌다. 생채기 난 가슴은 하루 종일 고단했던 다리의 통증보다 훨씬 큰 아픔으로 다가왔다.

　'이 밤이 지나면 고통에서 조금은 벗어날 수 있기를….'

휴직계를 내고 걷는 다카하시상

새벽 5시 30분쯤 일어났다. 어제 일이 신경 쓰여서 결국 한숨도 자지 못했다. 최상이 자고 있는 옆방에는 아직 인기척이 없었다. 짐을 챙기고 아래로 내려가 씻고 올라오니 최상도 일어나 가방을 챙기고 있었다. 둘 사이에 어색하고 무거운 공기가 흘렀다. 먼저 출발하겠다고 인사한 뒤에 아래로 향했다.

1층 계단을 내려가는데 이노우에상이 사각팬티 차림으로 나타났다. 누가 에로 9단 아니랄까봐, 옷 좀 제대로 챙겨 입고 나오시지…. 민망해서 얼굴을 제대로 쳐다볼 수가 없었다. 이런 행동들이 자꾸만 쌓여 아마도 오해를 하게 만드는 것 같았다.

"희상, 벌써 출발하는 거야? 아침이라도 먹고 나가지? 내가 사줄게!"

"아니에요. 오늘 갈 길이 멀어서요. 신세 많이 지고 갑니다."

도망치듯 나왔다. 그의 마음도 몰라주고 매몰차게 나온 것은 아닌지 조금 미안한 생각이 들었다. 젠콘야도 근처 자판기에서 따뜻한 캔 커피를 뽑아

마시며 쓸쓸한 마음을 달랬다. 7시 정각에 17번 절 이도지(井戶寺)에 도착했다. 경내를 둘러보고 있는데 최상이 산문으로 들어오는 모습이 보였다. 어색한 공기를 피하려고 서둘러 배낭을 메고 경내 밖으로 빠져나왔다. 18번 절 온잔지(恩山寺)에 거의 다 왔을 무렵 뭔가 좀 이상했다. 산으로 좀 더 올라가다 이정표를 다시 보니… 이럴 수가! 지금 가고 있는 방향은 19번 절 다츠에지(立江寺)였다. 갈림길이 있었는데 순간 이정표를 놓치고 19번 방향으로 온 것이었다. 그나마 더 많이 가지 않은 것을 다행이라 여기며 왔던 길을 다시 내려갔다. 갈림길로 다시 내려와 18번 절로 향하고 있는데 맞은편에서 오고 있던 오헨로상이 말을 건넸다.

"안녕! 나 모르겠어?"

"우리가 만난 적이… 있었나요?"

그는 쇼산지 근처에서 나를 처음 만났다며 아가타상까지 기억하고 있었다. 그제야 기억이 났다. 빵 한 조각을 나눠 먹은 다카하시상이었다. 하루에도 수십 명의 오헨로상들을 스치고 지나가서 얼굴을 기억하기가 쉽지 않았다.

"희상, 오늘 숙소는 정한 거야?"

"아직이요. 후나노사토 민슈쿠에 예약할까 생각 중인데, 빈 방이 있을지 모르겠어요."

다카하시상은 오늘 숙소를 그곳으로 미리 예약해 두었다며, 나를 위해 숙소에 전화를 걸어주었다. 다행히 빈 방이 있다고 해서 예약을 해주었다.

"어떻게 할까? 여기서 내가 기다릴까?"

"아니에요. 길에서 너무 오래 기다리셔야 될 텐데, 그냥 19번 절에서 만나요!"

다카하시상은 19번 절로, 나는 18번 절로 향했다. 다카하시상이 너무 오랫동안 기다리지 않게 부지런히 걸음을 서둘렀다. 18번 절에 도착해 참배를 마치고 납경장을 꺼냈는데…. 비닐커버에 넣어둔 아빠 사진이 보이지 않았다. 나는 얼굴이 하얘졌다. 어딘가 떨어뜨린 것 같아 경내 안을 샅샅이 살펴보았지만 사진은 보이지 않았다. 순간 다리에 힘이 풀려 가방을 놓아둔 의자에 앉으려고 다가갔다가 깜짝 놀랐다. 의자 위에 아빠 사진이 놓여 있었던 것이다.

"휴, 고맙습니다! 정말 고맙습니다!!"

너무 기뻐서 허공에 대고 절을 했다. 아빠 사진이 왜 하필 그곳에 떨어져 있었을까? 신기한 일이었다. 사진이 다시 떨어지지 않도록 테이프를 꺼내 단단히 붙여놓았다.

18번 절에서 19번 절까지는 4km. 시간은 어느덧 오후 3시 30분. 5시까지 도착해야 되기 때문에 걸음을 재촉했다. 무엇보다 다카하시상이 기다리고 있을 텐데 마음이 조급해졌다. 다행히 4시 40분에 19번 절 다츠에지에 도착했다. 그런데 다카하시상이 보이지 않았다. 아무래도 기다리다가 먼저 숙소로 간 듯했다. 지금까지 나를 기다렸다면 너무 미안했을 텐데, 오히려 먼저 숙소로 가서 미안한 마음이 조금은 덜했다.

숙소에 도착하니 다카하시상이 잘 찾아오는 건지 걱정하고 있었다며 나를 반갑게 맞아주었다. 식탁에는 푸짐한 저녁이 준비되어 있었다. 화로에 구운 표고버섯의 맛과 향이 일품이었다. 일반 식탁이 아니라 화롯불에 둘러 앉아 먹는 식탁의 분위기가 운치를 더해주었다. 저녁을 먹으면서 다카하시상은 왜 시코쿠를 걷게 되었는지 머뭇거리다가 입을 열었다.

"나는 초등학교 교사인데 휴직을 냈어. 아이들과 지내는 것은 좋았는데,

학부모들과의 교육상담이나 지나친 간섭으로 그동안 피로감에 쭉 시달렸
어. 그런데 스트레스를 풀지 못하고 고스란히 꾹꾹 담고만 있다 보니, 불면
증도 생기고 급기야 심장까지 나빠졌어. 교사라는 직업에 회의가 생기더라
고. 그래서 1년 동안 휴직계를 내고 순례를 하고 있어. 지푸라기라도 잡는
절박한 심정으로 걷는 거야."

밝은 모습 뒤에 숨겨진 아픔을 들으니 마음이 짠했다. 저녁 9시가 넘자,
다카하시상이 일찍 자라고 조언했다.

"내일 22번 절까지 가려면 31km 정도는 걸어야 될 거야. 5시에 일어나 아
침 먹고 6시가 되기 전에 출발하도록 하자. 마음 단단히 먹어!"

눈물 젖은 오셋다이와 마중

5시 정각에 알람도 없이 저절로 눈이 떠졌다. 점점 부지런해지는 스스로에게 놀랐다. 아침을 먹고 다카하시상과 함께 길을 나섰다. 다카하시상은 가끔 노래도 불러주고 휘파람 소리도 들려주며 걷는 내내 활기찬 기운을 전해주었다.

"한국에도 시코쿠처럼 순례길이 있어?"

"종교적인 순례길은 아니지만 제주도에 올레길이 있어요. 3년 전에 그곳을 다녀온 후에 걷는 여행의 즐거움에 빠져 이 길도 걷게 되었어요. 제주 올레길도 시코쿠 순례길처럼 원형으로 섬을 따라 도는 아름다운 곳이에요."

여행을 하는 동안 오헨로상들에게 제주도의 길에 대해 많이 알려주고 싶었다. 시코쿠처럼 긴 역사를 가지고 있지는 않지만, 제주의 올레길도 무한한 가능성을 품고 세계적으로 알려지면 좋겠다는 생각이 들었다.

1시 30분이 되어서야 21번 다이류지(太龍寺)에 도착했다. 다이류지 순례길은 험하기로 유명했다. 1992년에 2,775m를 운행하는 케이블카가 개통되어 편리해졌지만, 도보 순례자인 다카하시상과 나는 오로지 두 발로 걸었다. 참배를 마치고 나오니 어느덧 2시 30분. 22번 절 뵤도지(平等寺)까지는 11km를 걸어야 했다. 각자의 페이스대로 걷기로 하고 다카하시상이 서둘러 앞으로 먼저 걸어갔다. 한참 가고 있는데 갑자기 뒤에서 다카하시상이 걸어오는 것이었다. 분명히 나보다 훨씬 앞질러 갔는데…?

"이정표를 놓쳤어. 반대 방향으로 가다가 이상해서 되돌아오는 길이야. 오늘 나도 5시까지 도착하기는 무리겠어."

결국 우리는 함께 걷게 되었다. 하지만 31km는 내게 너무 버거웠다. 어느새 다카하시상이 다시 앞질러 갔고, 나는 점점 처지기 시작했다. 급기야 지팡이에 몸을 기대어 패잔병처럼 겨우 한 발 한 발 내디뎠다. 저녁 6시 15분이 되어서야 22번 절 뵤도지에 가까스로 도착했다. 날은 어두워지고 사람은 아무도 보이지 않았다. 힘겨운 걸음 끝에 쓸쓸한 풍경을 마주해서일까. 눈물이 복받쳐 올랐다. 터벅터벅 걷고 있는데 저 멀리서 누군가, 나를 기다리고 있는 듯했다. 자세히 살펴보니 다카하시상이었다.

"희상, 축하해! 무사히 도착했구나! 고생 많았어!"

"나를 줄곧 기다리고 있었던 거예요?"

"응!"

다카하시상은 늦은 시간까지 오지 않는 나를 걱정하고 있었던 것이다. 나는 순간 가슴이 벅차올라 그에게 한걸음에 달려갔다. 길에서 엄마를 잃어버린 아이가 다시 엄마를 만난 것처럼 서럽게 안겼다. 피곤했을 텐데 숙소로 가지 않고 혼자 힘들게 기다렸을 그의 마음이 너무 고마워서 눈물이 자꾸만 흘러내렸다.

시코쿠를 걷는 여자

"희상이 오늘 묵을 젠콘야도가 안전한지 살펴보고, 나는 민슈쿠로 이동할게."

심장이 약한 다카하시상은 따뜻한 곳에서 자지 않으면 다음 일정에 무리가 있어 민슈쿠로 가야만 했다. 그런데 우리가 살펴본 젠콘야도에는 이미 다른 남자 오헨로상이 있었다. 방은 남녀 구분이 되어있지 않고 하나였다. 다카하시상은 걱정스러운 마음에 젠콘야도 주인아저씨를 우선 만나러 가자고 했다. 근처에서 잡화점을 하고 계시는 주인아저씨께 다카하시상이 양해를 구했다.

"안녕하세요. 이 여성은 한국에서 혼자 왔는데 오늘 키쿠야 젠콘야도에서 신세를 졌으면 해서요. 그런데 남자 오헨로상 한 분이 계셔서 좀 걱정이 됩니다."

주인아저씨도 불안한지 잠시 기다려 보라며 어딘가로 전화를 걸어 내 사정을 이야기하는 듯했다. 전화를 끊더니 고맙게도 여기 말고 다른 곳으로 옮기도록 도와주신다고 했다. 잠시 후에 키가 작고 마른 나이든 어르신이 왔다. 그가 이끈 곳은 묘도지 근처에 있는 집이었다.

"이불은 여기에 있고, 커피포트도 있으니까 차나 라면 같은 것 해 먹어요. 그리고 밖에서 안이 보이지 않게 커튼은 꼭 치고 자도록 해요."

할아버지께서는 직접 이불을 바닥에 깔아주시고, 커피포트에 물을 담아 스위치까지 켜주셨다. 이불 안에는 조그마한 보온 열기구까지 넣어주셨다.

"저녁은 어떻게…?"

"주먹밥 먹으려고 해요."

"날씨도 추운데 주먹밥을 먹으면 쓰나? 따뜻한 것을 먹어야 될 텐데…. 스시는 먹을 줄 알고?"

물어보신 후 방을 급하게 떠나셨다. 오늘 31km 여정에 완전히 탈진해 짐을 풀자마자 목욕부터 했다. 잠시 후 방문이 열리는 소리가 들리더니 밖에서 할아버지가 나를 찾는 소리가 들렸다.

"저 목욕하고 있어요! 들어오시면 안 돼요!"

혹시 욕실 문을 열고 들어오는 것은 아닌지, 결국 나를 해하기 위해서 도움 주시는 척했구나. 어떻게 나를 방어해야 되지? 아, 낯선 사람의 집에 오는 게 아니었는데…. 각종 범죄사건이 떠오르면서 잔뜩 긴장한 채 두려움에 떨고 있었다. 그런데 나의 예상을 깨는 한마디를 던지셨다.

"씻고 푹 자요. 내일 보자고."

다시 현관문을 닫고 나가는 소리를 듣곤 안도했다. 목욕을 끝내고 방으로 돌아오니 방바닥에 검은 봉지가 눈에 들어왔다. 봉지 안을 들여다보니 김치 사발면, 연어와 명란 삼각김밥이 하나씩 있었다. 한국에서 왔다고 하니까 일부러 김치 사발면까지 사다 주신 것이었다. 잘 공간을 내어준 것만으로도 감사한데 손수 이것저것 챙겨주시다니. 닭똥 같은 눈물이 바닥에 뚝뚝 떨어졌다.

어느 때보다 힘든 날이었는데 할아버지의 자상함에 모든 시름을 잊어버렸다. 가방에 있던 주먹밥은 이미 돌처럼 딱딱하게 변해서 먹을 수 없는 상태였다. 할아버지는 어떻게 알고 저녁을 사다 놓고 가신 것일까? 연어초밥은 내일 아침으로 먹기로 하고, 김치 사발면과 명란 삼각김밥을 흐르는 눈물과 함께 먹었다. 저녁을 먹고 잠을 자기 위해 불을 끄고 누웠는데 갑자기 핸드폰 벨이 울렸다. 낯선 번호. 받아보니 최상이었다.

"희상, 내일은 어디서 묵을 거야? 23번 절 근처에 하시모토 젠콘야도는 절대 가지 마."

"무슨 말이에요? 거기 다녀온 여성이 쓴 책을 보니 엄청 좋은 곳이라고 하던데."

"그런 걸 무턱대고 믿으면 안 돼. 오헨로들 사이에서 소문이 아주 안 좋아."

최상은 하시모토상이 젠콘야도에 묵은 여성에게 성추행을 해서 그 여성이 울면서 나왔다는 소문을 들었다고 했다. 머릿속이 복잡했다. 이번 여행에서 하시모토상은 꼭 만나보고 싶은 사람이었는데…. 또 다시 마음이 무거워지는 밤이었다.

"악!" "윽!" "와!" 변화무쌍한 순례길

아침 6시 30분에 눈을 떴다. 오늘은 조금 늦은 시간까지 잠을 잤다. 어제 저녁 6시 넘어 도착해 납경을 못 받았기에 절이 문을 여는 7시에 가서 납경을 받기로 했다. 오셋다이로 받은 연어 삼각김밥을 커피믹스와 함께 아침으로 먹었다. 단출한 아침이었는데도 할아버지의 마음이 느껴져 속이 든든

했다. 이부자리를 정리하고 가방 정리를 마칠 때쯤 할아버지께서 아침인사를 건네며 들어오셨다. 할아버지께 조그마한 오미야게(御土産 선물)라도 드리고 싶어 한국에서 가져간 곰돌이 핸드폰 고리를 드렸다. 그랬더니 갑자기 자판기 앞으로 가셔서 나를 부르셨다. 할아버지는 따뜻한 음료 마시고 힘내서 가라며 커피 한 잔을 뽑아주셨다. 떠나는 마지막까지 챙겨주시는 마음 씀씀이가 고마웠다.

할아버지와 헤어지고 뵤도지로 향하는데, 최상이 보였다.

"희상, 하시모토 젠콘야도에는 절대 가지 마. 알았지?"

"정말 그곳이 그렇게 위험하단 말이야?"

"그렇다니깐. 희상은 왜 이렇게 쓸데없이 고집이 센 거야? 사람들을 귀찮게 하고 말이야. 아가타상도 말은 안했지만 줄곧 너를 불편해 했을 거야."

최상은 내가 남들에게 걱정만 끼치는 사람이라며, 위험하게 다닐 거라면 그냥 한국으로 돌아가라는 말도 서슴지 않았다. 뵤도지 산문에 이르니 인왕상이 보였다. 여행 초반에 인왕상을 가리키면서 아가타상이 해주었던 말이 문득 생각났다.

"희상, 여기 인왕상 보이지? 하나는 악! 소리 지르는 듯한 모습이고, 또 하나는 윽! 하고 참고 있는 듯한 모습. 힘든 일이 있을 때는 악! 소리 질러 보기도 하고, 윽! 이를 악물고 참아보기도 하고. 그러다 보면 어떤 일이든 견뎌낼 수 있을 거야. 힘내!"

아가타상에게 묻고 싶었다. 이럴 때는 어떻게 해야 할까요? 이를 악물고 견뎌야 할까요? 아니면 답답한 마음을 터뜨리며 소리를 질러야 할까요? 오늘 따라 아가타상이 더 보고 싶어졌다. 본당에서 참배를 하면서 코보대사에게 간절히 빌었다.

'최상을 만날 때마다 마음이 너무 무거워요. 그가 나를 위해 충고한다는 것은 알지만, 제 마음의 그릇이 작아서인지 자꾸만 상처를 받아요. 그 사람을 미워하게 될까 두렵습니다. 부디 그와 더 이상 마주치지 않게 도와주세요.

그것이 서로를 위해 더 좋을 듯해요.'

참배를 마친 후 계단을 내려가는 발걸음이 무겁기만 했다. 그래도 떠나기 전에 어젯밤 도움을 주신 키쿠야 젠콘야도 아저씨께 감사인사를 한 번 더 전하는 게 좋을 것 같아 아저씨가 계시는 잡화점으로 향했다. 아저씨께 한국에서 가져온 오미야게를 드렸더니 지칠 때 먹으라며 가게에서 파는 사탕 한 봉지를 오셋다이로 주셨다. 그리고 민슈쿠보다 저렴한 비즈니스호텔 예약을 도와주셨다.

하시모토 젠콘야도에 묵지 않게 된 것은 정말 아쉬웠다. 하지만 최상이 밤에 이어 아침까지 신신당부를 한 것이 왠지 꺼림칙해서 가지 않는 게 좋을 것 같았다. 책에서 젠콘야도나 노숙할 때는 특히 조심해야 된다는 주의 문구를 보았기 때문에 군이 고집을 피워 갈 필요는 없다는 판단이 들었다. 아침부터 어깨가 축 처진 상태로 걷고 있는데, 지나가던 차 한 대가 멈춰 서더니 여성 운전자가 밖으로 나와 기다리고 있었다.

"오헨로상~ 이거 드시고 힘내서 가세요!"

피로회복제였다. 좁은 일차선 도로에 차를 일부러 세워놓고, 빈 병은 자신이 들고 가서 버려주겠다며 내가 다 마실 때까지 기다렸다가 병을 다시 받아갔다. 배려를 아끼지 않는 그녀의 모습에 지쳐있던 마음도 금세 활력을 되찾았다. 내가 지칠 때면 어떻게 알았는지, 어김없이 도움을 주는 사람들이 나타났다. 내가 이 길을 온전히 걸을 수 있었던 것은 그분들 덕택이었다.

다시 어깨를 활짝 펴고 이정표를 보며 걸었다. 최상에게 들었던 기분 나쁜 이야기는 그만 잊고, 나 자신을 좀 더 믿고 좋은 생각만 하기로 했다. 나의 걸음을 응원해준 분들의 얼굴을 떠올렸다. 오늘의 순례길은 몇 개의 터널을 지나가게 되었다. 터널 안은 걸어서 다니는 사람들을 위해 조그마한 보행도로가 따로 마련되어 있었다. 어두컴컴한 터널을 지나자 내 마음도 다시 밝아졌다.

아침에 "악!", "윽!" 소리 내었던 나는 이제 "와!"를 외치게 되었다. 시코쿠 순례길은 이렇듯 항상 예측불허였다. 길은 절대 한 단면만 보여주지 않았다. 나는 어느덧 변화무쌍한 길 위에서 슬픔과 기쁨을 함께 품고 끌어안

는 사람이 되어가고 있었다.

22번 뵤도지에서 23번 야쿠오지까지 가는 길은 두 갈래 길이 있었다. 포장도로를 따라 걷는 길과 해안선을 따라 걷는 도로. 나는 시간이 더 걸리지만 바다를 보며 천천히 걷고 싶어 해안선을 따라 걸었다. 바람에 실려 오는 청명하고 짭조름한 바다 내음에 기분이 상쾌해졌다. 시코쿠에서 처음 만나는 바다였다. 평온해 보이는 어촌 마을에는 윈드서핑을 하러 나온 젊은 청년도 보였다. 해안길에서 산길로 들어가는 길목에서 조금 더 걸으니 논길이 나타났다. 논길이 발바닥에 쿠션과 비슷한 역할을 해서 걸음이 포근하고 가벼웠다. 길가에 핀 꽃들을 열심히 들여다보며 사진을 찍고 있는데, 등 뒤에서 낯선 남자의 목소리가 들려왔다.

"꽃을 좋아하시는 거예요? 아니면 사진 찍는 것을 좋아하시는 거예요?"

노숙 센세(先生), 슈상

뒤를 돌아보니 까무잡잡한 중년의 남자가 웃으며 나를 쳐다보고 있었다.

"음, 둘 다 좋아해요."

"그럼 내가 꽃이랑 함께 사진 찍어줄게요."

그는 어젯밤 친구 집에서 잠을 자고 오늘부터 걷기 시작했다고 했다. 커다란 가방에 예비 신발까지 야무지게 준비한 모습에서 순례길의 연륜이 느껴졌다. 카메라를 가방에 다시 넣고 23번 절 야쿠오지(藥王寺) 산문에 도착했다. 이곳은 본당에 가기 위해서 산문을 지나 계단을 많이 올라가야 하기 때문에 미즈야가 있는 곳에 배낭을 잠시 내려놓고 올라가기로 했다.

"배낭을 그렇게 놓고 가도 될까요?"

어느 오헨로상이 걱정스러운 눈빛으로 물었다. 사실 다른 절에서도 늘 계단이 많은 곳에서는 초입에 배낭을 놓고 경내를 돌아다녔다. 종종 오헨로상을 노리는 전문 소매치기가 배낭을 갖고 도망치기도 한다고 하니 주의해야 할 필요는 있었다. 하지만 잃어버리면 어쩔 수 없다는 마음으로 믿었더

니, 다행히 한번도 사고가 생기지 않았다. 불안을 속에 안고 있으면 때로는 그 불안이 더 화를 키우기도 하니까.

'지금쯤 아가타상은 어디까지 갔을까? 전화라도 해볼까.'

짐이 있는 곳으로 내려가며 아가타상을 그리워하고 있었는데, 저 멀리 반가운 사람이 보였다. 아가타상이었다! 너무 기뻐서 손을 흔들고 소리를 지르며 뛰어갔다. 이렇게 갑자기 나타나다니 신기한 일이었다.

"아가타상, 정말 보고 싶었어요! 그런데 그동안 내가 불편했어요?"

"무슨 소리야? 희상과 함께할 때마다 얼마나 행복했는데."

"최상이 저에게 그랬어요. 아가타상이 말은 못했지만 그동안 나를 귀찮아했을 거라고…."

아가타상을 오랜만에 만나니 나도 모르게 불쑥 투정이 나왔다. 마치 아버지에게 이해받고 싶어 투정부리는 딸 같은 모습이었다. 아가타상은 웃으면서 머리를 쓰다듬어주었다.

"나는 오늘 고요소 민슈쿠 예약했는데, 우리 내일은 같은 곳에 예약할까? 하루에 어느 정도 걷는 것이 좋은 것 같아?"

"25km~28km 정도가 적당한 것 같아요."

"그럼 우리 내일은 민슈쿠 가이후에서 같이 묵자. 거기가 28km 정도 거리거든."

다시 힘을 받고 아가타상과는 내일 숙소에서 보자고 하며 헤어졌다. 오늘 예약한 비즈니스호텔을 찾기 위해 히와시역 부근을 걷고 있는데 저 멀리 누군가 손짓하며 인사했다. 나에게 꽃을 좋아하냐고 물었던 사람이었다.

"내 이름은 시라이라고 해. 그냥 편하게 슈상이라고 해도 좋아."

슈상은 자신이 갖고 있는 안내 책자를 보여주었다. 그 책에는 여러 가지 노숙 장소와 주의사항들이 꼼꼼하게 가득 적혀 있었다. 히와시역 주변은 지붕과 칸막이가 있어 노숙하기에 좋은 곳이었다. 거기다 발의 피로를 풀 수 있는 족탕까지 마련되어 있었다. 그는 오늘 이곳에서 노숙할 거라고 했다.

"희상은 오늘 저녁 어떻게 할 거야? 괜찮으면 같이 먹을까? 오코노미야끼(御好み焼 일본식 부침개) 좋아해? 내가 오셋다이로 사줄게."

"좋아요!"

대답은 씩씩하게 했지만 마음이 쓰였다. 노숙으로 여행하는 사람들은 그만큼 여행 경비를 절약하려고 애쓰는데, 이렇게 얻어먹어도 되는 것인지….

"내 고향은 히로시마야. 부모님은 원폭 피해자시고. 슬픈 역사지. 나이는 좀 많아. 59살. 대학생 딸이 하나 있고. 이번 순례는 네 번째야."

슈상은 대부분 노숙을 하지만 가끔 츠야도나 비즈니스호텔에서도 잔다고 했다. 하지만 민슈쿠는 사람들과 어울리는 것이 불편해서 좋아하지 않는다고 했다. 낯을 많이 가리는데 왜 나에게는 먼저 호감을 보인 것일까 궁금했다. 저녁을 먹고 나오니 빗방울이 떨어지며 꽤 쌀쌀했다. 나 혼자만 숙소로 향하는 발걸음이 잘 떨어지지가 않았다. 슈상은 정말 괜찮을까? 방에 있는 모포라도 가져다줄까? 순간 고민했지만 여행의 방식은 각자가 선택한 길이고, 스스로가 헤쳐 나가는 일도 중요하다는 생각이 들어 섣부르게 손길을 내밀어서는 안 될 것 같았다. 최상이 나를 위한다는 행동들이 정작 당사자인 나에게는 얼마나 괴로운 일이었는지, 돌이켜보면 마찬가지가 아닐까 하는 생각이 들었다.

'슈상, 잘 자요.'

제2장 고치,
걷고 걷고 또 걷고(수행의 도장)

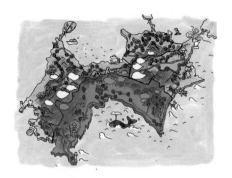

9 일째 🏠 이쿠미 민박

10일째 🏠 롯지 오자키 민박

11일째 ㉔ 最御崎寺 호츠미사키지   ㉕ 津照寺 신쇼지

12일째 ㉖ 金剛頂寺 콘고쵸지   ㉗ 神峯寺 코노미네지

13일째 ㉘ 大日寺 다이니치지

14일째 ㉙ 国分寺 코쿠분지   ㉚ 善楽寺 젠라쿠지   ㉛ 竹林寺 치쿠린지   ㉜ 禅師峰寺 젠지부지

15일째 ㉝ 雪蹊寺 셋케이지   ㉞ 種間寺 타네마지   ㉟ 清滝寺 키요타키지

16일째 ㊱ 青龍寺 쇼류지   ✦ 스사키

17일째 ㊲ 岩本寺 이와모토지

18일째 ✦ 토사가미카와구치

19일째 🏠 안슈쿠 민박

20일째 ㊳ 金剛福寺 콘고후쿠지   🏠 구모모 민박

21일째 ㊴ 延光寺 엔코지

번외사찰 4 鯖大師 사바다이시   5 大善寺 다이젠지

해녀와 순례자

"반가워요! 저보다 훨씬 앞서 걸어가셨는데 여기에서 뵙다니!"

"발 상태가 좋지 않아서 일정을 좀 수정했어. 시시쿠이 옆 호텔에서 온천욕을 하고 나오는 길이야."

바닷길을 따라 걷다가 편의점에서 먹을 것을 사가지고 나오는데 바로 앞에서 반가운 사람을 만났다. 초등학교 선생님인 다카하시상이었다. 나 또한 그동안 쌓인 피로를 풀고 싶어 다카하시상이 추천한 온천에 갔다. 내가 온천을 하는 동안 다카하시상은 저녁 장을 보고 다시 돌아오겠다고 했다. 오늘은 이쿠미 민슈쿠에서 스도마리(素泊まり 식사 불포함으로 잠만 자는 숙박)로 함께 묵기로 했다. 해변에서 늦은 점심을 함께 먹고 다시 길을 나섰다. 얼마 되지 않아 드디어 수행의 고장, 고치로 들어섰다.

'한 고비를 드디어 넘겼구나.'

고치로 들어서는데 해냈다는 기쁨과 함께 그동안의 고생이 한꺼번에 떠올라 울컥했다. 한편 앞으로 뭐든 헤쳐 나갈 수 있을 것 같은 자신감도 들

었다. 3시 30분쯤 이쿠미 민슈쿠에 도착했다. 바닷가 근처에 위치해서 그
런지 민슈쿠 주변에 서핑보드가 많이 보였다. 방을 배정받고 오랜만에 몸
무게를 재보고 깜짝 놀랐다. 9일 만에 5kg이 줄어들어 있었다.

고치에서의 첫날은 도쿠시마에서의 힘겨웠던 첫날과 다르게 순조롭게 시
작했다. 자고 일어났더니 몸도 마음도 가벼웠다. 짐을 정리하고 나와 해안
도로를 다시 걷기 시작했다. 윈드서핑을 하다가 숨진 사람의 커다란 묘비
와 사진이 눈에 띄었다. 하늘에는 독수리 한 마리가 날개를 활짝 펴고 높이
날고 있었다. 숙연하면서 기묘한 느낌이 들었다. 그리고 바다를 바라보며
걷는데 바다 위로 무언가 보였다가 사라졌다 하기를 반복했다.

"다카하시상, 저기 보여요? 아무래도 사람인 것 같은데….."

"응. 저런 사람들을 '아마(海女)'라고 해."

"우리나라도 제주도에 해녀가 있는데, 여자만 아마라고 하나요?"

"맞아. 여자만 아마라고 해. 해녀라는 직업은 전 세계적으로 일본과 한국
밖에 없어. 산소호흡장치 없이 잠수를 해서 해산물을 채취하다니! 정말 대
단하지?"

몇 년 전 제주도에 갔다가 해녀박물관에서 해녀들의 '숨비소리'를 들어본 적이 있었다. 해녀들은 바다 속으로 들어가면 한번에 짧게는 30초에서 길게는 2분까지 숨을 참는데, 물속으로 들어갔다가 나오면서 내쉬는 첫 숨소리가 '숨비소리'라고 한다. 숨을 모두 소진한 후에 다시 생명의 호흡이 시작되는 소리. 그때 숨비소리를 들으면서 숨을 멈춰야만 살 수 있는 해녀의 삶에 대해 경외감을 넘어서 뭉클함이 느껴졌다. 한편 제각각 힘겨운 사연을 안고 에너지가 소진될 때까지 걷고 있는 순례자들의 삶도 해녀와 다를 게 없다는 생각이 들었다. 파울로 코엘료의 『순례자』의 한 구절이 떠오르면서 갑자기 눈물이 핑 돌았다.

그렇게 그와 헤어지고 난 후 한참이 지나서야 난 그때의 경험이 내게 무엇을 가져다주었는지 깨닫게 되었다. 그리고 그 깨달음은 내게 가장 소중한 보물이 되었다. 비범한 것은 평범한 사람들의 길 위에 존재한다는 것.

고치에 오니 도쿠시마와는 또 다른 풍경들에 마음도 다른 방향으로 서서히 움직였다. 걷다가 이정표를 보니 내일까지 부지런히 걸어야 24번 절에 도착할 수 있을 것 같았다. 23번 절에서 24번 절까지는 무려 75.4km. 다카하시상과 잠시 쉬며 점심으로 치쿠와(竹輪 으깬 생선살을 대나무 꼬챙이에 발

라 굽거나 찐 생선묵)가 들어있는 빵을 먹었다.

"희상, 한국 노래 중에서 '임진강'이라는 노래 알아? 한때 일본에서 금지되었던 노래지만 내가 참 좋아하는 노래야. 이 노래를 듣고 있으면 슬픔 속에서도 희망이 생기는 것 같아."

임진강 맑은 물은 흘러 흘러내리고
물새는 자유로이 넘나들며 날건만
내 고향 남쪽 땅 가고파도 못 가니
임진강 흐름아 원한 싣고 흐르느냐
강 건너 갈밭에서 갈새만 슬피 울고
내 마음 들판에서 풀뿌리를 캐건만
이삭바다 물결 위에 춤추니
임진강 흐름아 원한 싣고 흐르느냐
내 고향 북녘땅 가고파도 못 가니
임진강 흐름을 가르지를 못하리라

"'임진강'은 1957년에 북한에서 만들어졌는데, 당시 정치적인 이유 때문에 대중에 공개되지 못했어. 조총련계 항의가 극심해서 금지곡으로 묶였던 거지. 1998년부터 다시 불리고 있는데, 서정적이면서 먹먹한 노래야."

다카하시상이 부른 '임진강'이라는 노래를 정작 한국인인 나는 처음 들어보았다. '임진강'은 지금도 재일교포들 사이에서 제2의 아리랑으로 불리는데 '일본의 비틀스'로 불린 대학생 3인조 포크송 그룹, 더 포크 크루세이더즈(The Folk Crusaders)가 리메이크해 일본에서도 큰 사랑을 받았다고 한다.

다카하시상 덕분에 잊혀져가는 존재인 재일조선인에 대해서도 떠올리게 되고, 오랜 동안 서로 바라만 보고 있어야 하는 실향민들의 아픔을 이곳 시코쿠에서 조금이나마 헤아리게 되었다. 문득 여행 초반에 만났던 재일교포인 최상의 안부가 궁금해졌다.

고치가(高知家), 무뚝뚝하지만 속정 깊은 사람들

　다카하시상이 불러주는 '임진강'을 들으면서 롯지 오자키 민슈쿠에 다다랐다. 다카하시상은 오늘 숙소를 도쿠마스로 예약했기에 여기서 헤어져야 했다. 배웅하는 다카하시상을 뒤로하고 혼자 민슈쿠 안으로 들어갔다. 오늘은 저녁식사가 포함되지 않은 스도마리로 예약했기 때문에 방의 탁자 위에 놓인 녹차와 간식을 저녁으로 대충 때울 생각이었다. 짐을 내려놓고 건조기에 빨래를 우선 돌리고 쉬고 있는데, 아래층에서 맛있는 음식 냄새가 폴폴 올라왔다. 갑자기 허기가 느껴졌다.

　'이럴 줄 알았으면 식사 포함으로 예약을 할 걸.'

　후회가 되었다. 다른 오헨로상들이 한참 저녁을 먹고 있을 때 건조기가 있는 곳으로 다시 갔는데, 이상하게 아직도 건조가 끝나지 않은 상태였다. 그때 주인할머니가 큰소리로 무뚝뚝하게 말을 걸어왔다. 화난 것처럼 표정이 잔뜩 굳어있었다.

　"아이고~ 세탁망에 옷을 넣고 건조기를 돌리면 안 되는데…. 그러면 잘 마르지 않고 오래 걸리잖아요! 이를 어째….”

한국에서 세탁을 할 때는 건조기를 사용할 일이 전혀 없었는데, 세탁할 때와 마찬가지로 세탁망에 옷을 넣은 채로 돌린 것이 문제였다. 내가 죄인 마냥 어쩔 줄 몰라 하는 표정을 지으니 빨래집게와 옷걸이를 건네셨다.

“어쩔 수 없지. 이거 가져다 써요. 방에 널어놓으면 금방 마를 거예요.”

건조기를 제대로 작동하는 법을 몰라서 문제를 일으키긴 했지만, 주인할머니의 쌀쌀한 태도에 마음이 좋지 않았다. 더구나 오늘 밥다운 밥도 먹지 못한 채 혼자 머물게 되어서인지 더 서러웠다. 아가타상이 함께 있었으면 이런 설움을 당하지 않았을 텐데…. 아가타상은 왜 나에게 여기 민슈큐를 추천한 거지? 정말 의문이었다. 방에 돌아와 빨래를 널고 있는데 문을 두드리는 소리가 났다. 문을 열어보니 주인할머니의 며느님이었다.

“저기, 혹시 피곤하지 않으면 잠시 내려오실래요? 자완무시(계란찜)와 약간의 음식을 준비했는데… 좀 드시지 않겠어요?”

다른 오헨로상들은 모두 저녁식사를 하는데, 혼자 방안에 우두커니 있는 내가 안쓰러웠던 모양이었다. 저녁식사를 별도로 예약하지 않았는데도 음식 몇 가지를 챙겨주셔서 감사할 따름이었다. 챙겨준 음식을 먹고 일찍 잠자리에 누웠다. 건조기 소동을 한 차례 겪기는 했지만, 며느님의 배려로 불친절한 주인할머니를 마음속에 담아두지 않기로 했다.

새벽 5시 30분쯤 일어나 일층으로 내려가니 며느님이 뭔가를 포장하고 있었다. 돈을 지불하고 어제 건조기 사건을 다시 한 번 사과드리고 출발하려는데, 오셋다이라며 주먹밥과 과일, 야쿠르트, 그리고 쪽지 한 장을 내밀었다.

감사합니다.

순례 중에 다치지 않도록 조심하세요.

건강하게 다시 만날 수 있길 기원합니다.

　새벽부터 일어나 준비한 며느님의 정성에 마음이 뭉클해졌다. 그녀는 뜻
밖의 이야기를 건넸다.

"어제 혹시 저의 어머님 때문에 마음 쓰이지 않으셨어요? 저희 민슈쿠에 외국인이 오신 건 처음이라 어머님이 좀 긴장하신 듯했어요. 외국인이라서 말을 잘 못 알아듣지는 않을까 평소보다 목소리도 더 크게 높이시고…. 하지만 본심은 정이 많은 따뜻한 분이세요."

예로부터 고치 사람들은 음주가무를 좋아하고 삶을 즐기는 성향이 강하다고 알려져 있는데, 까칠하고 무뚝뚝해 보이지만 속은 살갑고 따뜻한 사람들이 바로 이곳 사람들이라는 것을 뒤늦게 알게 되었다. '고치가(高知家)'라는 말이 있는데, 고치현은 마치 하나의 대가족, 고치 안에 들어오는 사람들은 누구든지 가족처럼 챙긴다는 말이 있을 정도로 속정이 깊은 지역이었다. 특히 고치 여자들은 다른 지방에 비해 성격이 훨씬 더 강하고 호탕하다는 것도 알게 되었다.

그러고 보니 고치의 가이후 민슈쿠도 첫 인상과 숙소를 나설 때 인상이 달랐다는 것이 생각났다. 재일교포 3세가 운영하는 민박집이었는데, 다른 숙소에 비해 친절하게 맞이하지는 않았다. 대신 흠뻑 비에 젖은 내 신발 안에 신문지를 구겨 넣고 말없이 꾹꾹 누르셨다. 주인아저씨께서는 이렇게 하면 신발이 밤새 보송보송하게 마를 거라고 하며 요령을 알려주셨다. 그리고 저녁을 먹은 후에는 기타를 치면서 노래를 불러주던 일도 떠올랐다. 고치 사람들의 첫 인상에 대한 오해는 어느새 감동으로 바뀌고 있었다.

일생에 단 한번의 만남(一期一会)

24번 절을 얼마 안 남기고 '미쿠로도 동굴'을 발견했다. 스무 살 무렵 코보대사가 바위산의 동굴 안에서 수행을 했다는 곳이었다. 동굴 안으로 들어가봤더니 하늘과 바다 외에는 아무것도 보이지 않았다. 마치 자신의 또다른 이름인 쿠카이(空海 하늘과 바다)와 같이. 어둠 속에서 그는 자신과 대면했던 것일까.

산길을 따라 올라가 드디어 24번 절인 호츠미사키지(最御崎寺)에 도착했다. 23번 절을 출발한 지 사흘만이었다. 경내에는 커다란 돌과 그 위 돌이 움푹 패여 있는 곳에 작은 돌들이 옹기종기 놓여 있었는데, 순례자들이 지나가면서 한 번씩 돌을 들고 열심히 두드리는 모습이 인상적이었다.

"먼저 세상을 뜬 누군가를 부르는 거야. 종돌(종소리 돌)이라고 불리는 이돌을 두드리면 명토(사람이 죽어서 간다는 어둠의 세계)까지 닿는다는 전설이 있어."

다카하시상의 설명을 듣고 나도 돌을 두드려 보았다.

'혹시 아빠에게 소리가 닿지 않을까. 아가타상도 동생을 떠올리며 이 돌을 두드리고 갔을까.'

참배를 마치고 굽이진 자동차 길을 따라 내려갔다. 산 아래로 펼쳐지는 풍경들이 가슴 속을 시원하게 뚫어주었다.

"희상, 오늘이 마지막 밤이니까 내가 맛난 거 사줄게! 뭐 특별히 먹고 싶은 거 없어?"

"음, 그럼 고치에 왔으니까 유명한 카츠오 타타키(鰹たたき 다랑어를 숯불 등으로 겉만 살짝 구워 익힌 회)는 어떨까요?"

"그래, 좋아!"

다카하시상은 가족과의 모임으로 내일 도쿄로 돌아가게 되어 오늘 특별한 저녁을 청했다. 24번 절에서 2시간 정도 걸어 25번 절인 신쇼지에 도착했다. 그리고 타타키를 먹을 수 있는 식당을 찾았는데, 일요일이라 대부분의 가게가 문을 닫은 상태였다. 대신 근처 슈퍼마켓에서 장을 보고 민슈쿠에서 편히 먹기로 했다.

"희상, 초밥 좋아해? 맥주도 마셔야지? 또 좋아하는 게 뭐가 있지?"

다카하시상은 저녁으로 먹을 음식과 내일 아침에 먹을 음식까지 모두 계

산했다. 일본어가 서툰 나를 위해 언제나 또박또박 자세하고 친절히 알려
주었던 다카하시상. 지칠 무렵이면 곁에서 노래를 불러주곤 하던 그의 목
소리는 항상 포근하고 따뜻했다. 짧았지만 함께한 지난날이 주마등처럼 스
쳐 지나갔다. 내일 헤어지면 언제 또 만날 수 있을까?

　이치고 이치에(一期一会)
　일생에 한번뿐인 기회, 일생에 한 번 만나는 인연

　시코쿠에 오기 전에 만들었던 '이치고 이치에'가 적힌 명함 한 장을 다카
하시상에게 건넸다.
　"이건 마지막 오셋다이야. 희상은 한국 사람이라 김치를 먹어야 힘이 난
다고 했지? 내가 없더라도 이거 먹고 힘내서 걷길 바라."
　다카하시상은 나 몰래 사두었던 미니 김치 두 개를 선물로 주었다.
　"정말 고마워요. 앞으로도 열심히 해낼게요!"

공동묘지에서의 오싹한 밤

다카하시상과 헤어지고 다시 혼자가 되어 걸었다. 처음으로 30km가 넘는 거리를 12시간 동안 걸어 27번 고노미네지(神峯寺)까지 무사히 도착했다. 고치로 들어서니 절과 절 사이의 간격이 점점 멀어지고 있었다. 인적 없는 산길을 내려갈 때 바스락거리는 소리가 계속 났는데, 산 짐승의 발자국 소리였다. 멧돼지일지도 모른다는 생각이 들었다. 산길을 혼자 걷다가 멧돼지를 만난다고 생각하니 공포감이 밀려왔다. 걸음아 날 살려라, 줄행랑을 치며 내리막길을 달렸다. 다리가 후들거렸다. 역시 수행의 도장, 고치답다는 생각이 들었다.

해변도로를 따라 난 순례길은 편하고 눈도 즐거웠다. 하지만 아스팔트길이라 발의 충격을 제대로 흡수하지 못해 발바닥이 자주 아팠다. 우리가 평소 도시에서 걷는 길들이 발에게는 얼마나 안 좋은 길인지 이곳에 와서야 절실히 느끼게 되었다. 빠르고 편리함의 대가로 우리는 몸을 희생하며 살고 있다. 온전히 혼자 걷는 걸음이다. 그간 친구들의 응원과 따뜻한 마음

덕분에 여기까지 왔다. 이제부턴 스스로의 힘으로 묵묵히 해나갈 수 있기를. 다카하시상은 도쿄로 잘 돌아갔을까. 또 다른 만남이 기다리고 있을 거란 기대감에 한편으론 설레기도 했다.

다음날 4시 30분에 눈이 저절로 떠졌다. 한국에서는 야행성이었는데, 어느 순간부터 기상 시간이 점점 빨라지고 있다. 고치에 오니 열대식물이 자주 보이고, 햇빛도 얼마나 강렬한지 선크림을 바르지 않으면 귀까지 타서 피부가 벗겨질 정도였다. 목이 타는 무더위를 참으며 13시간을 걸어 28번 절 다이니치지(大日寺)에 도착했다. 27번 절에서부터 이곳까지 무려 40km가 넘는 거리를 걸어왔다. 하지만 도쿠시마에서부터 단련을 해왔기에 힘든 거리임에도 불구하고, 예전처럼 쉽게 지치지 않았다. 어느새 몸이 변화하고 있었다. 납경소에서 묵서와 도장을 받고 젠콘야도에 묵을 수 있는지 여쭤봤다.

"니시야마 젠콘야도가 있어요. 그런데 남녀 공간이 분리되어 있지 않아요. 엄청 작거든요. 잠시만 기다려 보세요."

납경을 해주시던 분이 어딘가에 전화를 걸었다.

"방금 니시야마 사장님과 통화했어요. 한국인 여자 오헨로상이 그곳에서 묵고 싶어 한다고 전하니 오늘은 희상의 안전을 위해 남자 오헨로상은 받지 않겠다고 해요. 정말 잘 되었어요!"

"아, 정말요? 감사합니다!"

절에서 5km를 걸어 니시야마 젠콘야도에 도착했다. 그런데 씻을 수 있는 곳이 없었다. 양치질을 할 수 있는 배수시설조차 보이지 않았다. 젠콘야도의 뒤편은 커튼으로 가려져 있었는데, 앞쪽은 논이 그대로 보이는 상태로 자야만 했다.

시코쿠를 걷는 여자

'혹시 밤에 지나가는 사람이 여자 혼자 있는 것을 보고 들어오거나 하지는 않겠지.'

안에서 문을 단단히 잠그고 자리에 누웠다. 그래도 이 한 몸 누울 수 있는 공간이 있다는 것만으로 감사했다. 하루 종일 땀을 어찌나 많이 흘렸던지 몸에서는 땀내가 쩌는 듯했다. 하지만 씻을 곳이 없어 그대로 자야 하니 괴로울 따름이었다.

'괜찮아. 괜찮아. 잘해낼 수 있을 거야.'

논에서는 개구리들이 우는 소리가 밤새도록 구슬프게 들려왔다.

"저 아이 봐! 한국에서 왔다고 하네."

"음, 그래도 꽤 용감한 걸!"

"울다가 잠이 들었나봐."

"씩씩한 척해도 여자이긴 여자인가 보네."

"자자. 조용, 조용! 시끄럽게 하지 말고 지켜보기만 하자고."

"그래. 그래."

잠결에 수군거리는 소리를 들은 것 같았다. 분명히 문을 걸어 잠그고 잤는데, 이상한 밤이었다.

5시 40분에 일어나자마자 허기가 몰려왔다. 아침으로 자판기에서 뽑은 커피 한 캔과 빵을 챙겨먹었다. 그리고 논이 보이는 출구 쪽이 아닌, 반대편 커튼이 쳐져 있는 뒤편으로 나갔더니 세면대가 있었다. 뒤쪽 커튼은 열어볼 생각도 하지 않은 채 잠이 들었던 것이다. 뒤늦게 양치질을 하며 주위를 둘러보다가 나는 깜짝 놀랐다.

'허걱, 이게 뭐야?'

젠콘야도 뒤편으로 보이는 것은 공동묘지였다. 내가 공동묘지 바로 앞에서 잠을 잔 것이다. 그래서 주인아저씨가 커튼을 쳐놓은 것이었구나. 귀신들이 왔다 간 걸까. 어쩐지 밤새도록 누군가 내 이야기를 하는 것 같더라니…. 묘지가 있다는 걸 알았더라면, 무서워서 한숨도 못 잤을 것이다. 아침에야 그 실체를 알게 된 것이 다행인지 불행인지는 몰라도 놀란 가슴은 쿵쾅쿵쾅 뛰었다.

마음을 진정시키고 다시 절로 향했다. 주변이 모두 논으로 되어있는 길을 걷는데, 어렸을 때 시골집 풍경처럼 따뜻하고 평온하기만 했다. 한 알 한 알 자신의 손으로 곡식을 심고 있는 농부의 모습도 경건하게 다가왔다. 아침에 마주한 공동묘지의 기억도 서서히 희미해져갔다.

* 일본의 묘지문화 – 일본의 공동묘지는 주로 절 근처나 주택가에 위치해 있으며, 혐오감이나 배타적인 마음이 없고 세상을 떠난 뒤에도 사랑하는 사람을 가까이서 보살핀다.

이름도 몰라요 성도 몰라, 건배상

"오늘 숙소는 정했어요?"

어디로 가야 할지 몰라 넋을 놓고 길 위에 서 있을 때, 나이가 지긋한 남자 오헨로상이 말을 걸어왔다.

"민슈쿠 센마츠는 어때요? 나는 오늘 여기서 묵는데, 빈 방이 있는지 물어봐줄까요?"

"그럼 스도마리로 예약 좀 부탁드릴게요."

전화를 끊고 나서 그는 한참 무언가 생각을 하더니, 일본 음식 중에서 혹시 못 먹는 음식이 있냐고 물어봤다.

"낫토(納豆 대두를 낫토균을 이용해 발효시킨 일본 전통 발효식품. 일본식 청국장) 빼고는 거의 먹을 수 있어요."

"음, 그렇구나. 잠시만요."

그는 다시 어디론가 전화를 하더니 끊고 나서 말했다.

"센마츠 민슈쿠에 예약을 했어요. 음식 포함으로. 음식 값은 내가 낼 거니깐 걱정하지 마요. 아주머니께서 한국인은 처음 맞이한다며 약간 긴장한 것 같아요. 음식이 입맛에 맞을지 조금 걱정하시더라구요. 지금 예약 전화를 해서 저녁이 좀 늦게 준비될지도 모른다고 하네요. 암튼 오늘 같이 갑시다!"

늘 도움이 필요한 순간이면 도깨비 방망이처럼 도움을 주는 분들이 나타난다. 참 신기한 일이다.

"난 한국을 좋아해요. 일 때문에 몇 차례 가기도 했어요. 특히 부산 사람들의 무뚝뚝한 말씨도 좋고. 표현은 그래도 마음은 따뜻한 사람들이었어요. 가게 인심도 좋고 음식도 맛있고. 한국을 너무 좋아하니까 어느 날은 아내가 그럼 한국 가서 살라고 막 야단치는 거 있지. 하하하."

도란도란 이야기를 나누다 보니 어느덧 민슈쿠 센마츠에 도착했다. 그동안 고치에서는 식사가 포함되지 않은 스도마리로만 묵어왔었다. 혼자 숙소에 머물 때는 최대한 돈을 아끼기 위해 도시락이나 간식으로 대충 먹었는데, 고치에서 유명한 타타키를 드디어 제대로 먹게 되었다. 저녁을 함께 먹으며 이름을 물었다.

"이름은 뭐하러…. 그냥 맥주나 한 잔 하며 건배하자고!"

"그래도 인연인데 이름 좀 알려주세요."

"본인 성은 어떻게 돼요?"

"저요? 최요."

"그럼 그냥 본인은 최상, 나는 건배상이라고 부르죠!"

"건배상이요?"

"부담 갖지 말고 그냥 편하게 생각해요. 이름을 몰라도 서로의 기억에 어렴풋이 남겨 놓는 것도 좋잖아요. 사실 나 한국에서 정말 많은 것을 받았는

걸. 이름도 모르는 많은 사람들이 내가 어려울 때마다 도와줬어요. 그분들
이 베푼 것을 지금 돌려주는 것뿐이에요. 그러니 우리 서로 편하게 연락처
도, 답례도 없이 그저 물 흐르듯 지나가요."

건배상의 그 마음을 이해하기에 편안하게 받아들이기로 했다. 나 역시 이
렇게 받은 사랑을 다음에 다른 이에게 조건 없이 베풀자 마음먹었다.

"건배상은 순례한 지 며칠 되셨어요?"

"나는 오늘이 10일째. 이래봬도 내 나이가 올해 70세야."

"정말요? 존경스러워요!"

우리나라에서 70세 할아버지가 험한 순례길을 건배상처럼 걸을 수 있을
까? 상상이 잘 되지 않았다. 건배상은 몸도 마음도 젊은이 못지않았다. 식
사를 마친 건배상이 주인아주머니께 가서 뭔가 이야기를 하고 돈을 내더니
나에게로 왔다.

"최상, 계산은 내가 다 했으니까 안 내도 돼요."

"숙박비까지요?"

"응. 부담 갖지 말고 괜찮으니깐, 푹 쉬고 건강하게 이 길을 걷길 바랄게요. 응원의 선물이야."

"정말 감사합니다!"

"나야말로 희상과 함께해서 오늘 즐거웠는걸. 손님이 우리밖에 없었는데 최상이 아니었으면 혼자 밥 먹을 뻔했지. 잘 자라고."

오늘 처음 만난 사람으로부터 따뜻한 음식과 방을 선물 받다니…. 그것도 이름도 성도 모르는 사람으로부터. 나는 감사함에 몸 둘 바를 몰랐다. 시코쿠 순례길에서 분에 넘치는 사랑을 받으며 나는 과연 그들의 마음을 받을 만한 자격이 되는 사람인지, 무엇으로 그들에게 보답해야 할지를 생각해보는 시간이 되었다.

'건배상이 가는 발걸음마다 행운이 함께하길.'

슈상과 함께 생애 첫 노숙

아침에 우라도만 가는 선착장에서 슈상을 만났다. 간밤에 춥지는 않았는지 물어보니 괜찮았다고 했다. 배에 타자마자 슈상의 얼굴을 자세히 보는데 왼쪽 눈이 부어 있었다.

"슈상, 눈이 부었는데 괜찮아요?"

"정말? 난 아무렇지도 않은데."

몸도 야위었는데 이전에 만났을 때보다 더 거칠어진 얼굴에 마음이 짠했다. 배에서 내려 15분 정도 걷다 보니 33번 절 셋케이지(雪溪寺)에 도착했다. 산문 옆 보드판에는 '인생은 헨로(遍路)'라는 일본의 유명한 시인 산토카의 하이쿠(俳句 5 · 7 · 5의 3구 17자로 된 일본의 짧은 시)가 적혀 있었다. 시코쿠를 순례하면서 처음에는 무사히 절에 도착하는 것이 중요했지만, 차츰 걷고 있는 길 위에서의 과정이 더 중요하다는 생각이 들었다.

"희상, 오늘은 어디서 숙박할 예정이야?"

"36번 절까지 갔다가 국민숙사 도사에서 묵을까 해요. 노천온천의 전망이

좋대요. 그리고 도미토리 방에 스도마리로 묵으면 2,500엔밖에 안 한대요."

"부지런히 걸어야겠는걸."

33번 절 앞에는 고치야 민슈쿠가 보였다. 아가타상이 어제 여기서 묵는다고 했는데, 오늘 몇 시에 출발했을까? 부지런히 걷다 보면 만날 수 있을까? 33번 절에서 16km를 걸어 35번 절 기요타키지(淸瀧寺)에 도착했다. 걸음이 빠른 슈상이랑 함께 걷다 보니 평소보다 훨씬 빨리 절에 도착했다. 하지만 여기서도 아가타상의 모습은 보이지 않았다. 다음 절을 향해 걷다가 츠카지자카 터널 전에 있는 정자 앞을 슈상이 가리켰다.

"여기까지 걷고 나는 이곳에서 노숙할까봐!"

이곳은 노숙하기 꽤 좋은 곳이었다. 정자에 깔끔한 이불도 있고, 바로 앞에는 자판기와 식수도 있었고, 화장실까지 갖추어져 있었다. 36번 절까지는 5km를 더 가야 하는데 순간 고민이 되었다. 이렇게 좋은 노숙 장소를 구하기도 쉽지 않을 텐데…. 아가타상은 어디까지 갔는지 궁금해서 전화를 걸어보았다.

"아가타상!"

"오~ 희상! 잘 지내고 있는 거지? 나는 36번 절 쇼류지(靑龍寺)에 거의 다 왔어."

"역시 많이 가셨네요. 오늘은 어디서 묵으세요?"

"국민숙사 도사에 예약을 해놓았어."

"저도 거기에 예약했는데."

"정말? 잘됐다. 오늘 만나겠네!"

"그러게요. 지금 슈상이라는 분과 함께 있는데, 여기도 좋아서 어떻게 할지 고민 중이에요. 잠시만요. 슈상 바꿔드릴게요. 전에 내 이야기를 함께 나누었다는 그분이에요. 서로 인사하세요."

슈상과 아가타상이 한참을 이야기하고 전화를 끊었다. 나로 인해 알게 된 인연이라 그런지 금세 친해진 느낌이 들었다. 전화를 끊고 나니 더욱 고민이 되었다. 아가타상을 만나고 싶지만 이곳에서 노숙을 한번 경험해 보고 싶었다. 사실 발 상태도 썩 좋지 않았다. 슈상의 페이스에 맞춰 무리하게 걷다 보니 발의 피로도가 컸다.

"예약한 숙소 지금 취소가 가능할까요? 슈상이 한번 물어봐줘요. 만약 가능하다고 하면 나도 오늘은 여기에서 묵을 테니까요."

슈상이 확인해보니 취소가 가능하다고 해서 오늘은 슈상과 함께 이곳에서 노숙을 하기로 했다. 오늘 여기서 같이 잔다고 하니 슈상의 얼굴도 금세 밝아졌다. 매일 밤 외롭게 찬바람을 맞으며 홀로 잔다는 것이 그리 즐겁지만은 않았을 것이다. 슈상이 가방에서 꺼낸 빵과 소시지, 삼각김밥을 저녁으로 함께 나눠먹고 5시 30분쯤 잠자리를 준비했다. 의자 위에 두툼한 매트까지 깔았는데, 혹시 자다가 떨어질지도 모른다며 슈상은 세심하게 가방을 매트 밑에 받쳐주었다. 정자에 있는 방명록에 오늘의 감사한 마음을 짧게 남겼다.

첫 노숙을 하게 되었습니다. 무엇보다 감사한 것은 따뜻한 이불까지 있다는 것이에요. 여러모로 따뜻한 마음 전해 받고 갑니다.

평상시보다 이른 시간에 잠자리에 들었다. 노숙 센세, 슈상 덕분에 노숙도 경험하며 여행이 좀 더 풍성해지는 것 같았다. 눈을 감을 무렵, 슈상이 작은 목소리로 물었다.

"그런데 희상, 나랑 노숙하기로 마음먹었을 때 불안하지는 않았어? 처음부터 날 믿었어?"

"그럼요! 믿지 않았다면 어떻게 같이 노숙을 하겠어요?"

나의 대답에 슈상이 웃었다. 낯선 길 위에서 아직 서로에 대해 잘 알지 못하지만, 믿음 하나로 첫 노숙을 함께 한 날이었다.

이러다 공중부양할지도 몰라!

4시 20분에 깨어났다. 사실 그 전에 눈을 떴지만 슈상이 계속 자고 있었고, 주변도 너무 캄캄해서 더 누워 있다가 일어났다. 화장실에서 간단히 씻고 가방과 이불 정리를 마치고, 5시 30분부터 도보를 시작했다.

'새벽 일찍 출발하면 아가타상을 만날 수 있지 않을까?'

마음이 급해졌다. 그런데 출발하자마자 비가 내리기 시작했다. 왠지 오늘 일정이 만만치 않을 것 같은 불길한 예감이 들었다. 7시쯤 36번 절 쇼류지 근처에 있는 산요소 료칸에 도착했다.

"희상, 여기서 잠시 목욕하고 갈까?"

"목욕만 할 수도 있어요?"

"8시까지 출구에서 만나자. 충분히 피로 풀고 나와."

이른 아침이라 목욕탕에는 사람이 한 명도 없었다. 탕 속에 몸을 담그니 신음소리가 절로 나왔다. 아픈 다리를 주물러주고 밖으로 나가 비 오는 노천탕도 즐겼다. 목욕을 마치고 나와 카운터에 계산을 하려고 하니 직원이

말했다.

"다른 손님이 이미 계산을 하셨어요."

직원은 밖에 있는 슈상을 가리켰다.

"슈상, 왜 내 것까지 계산했어요?"

"나? 안 했는데. 그냥 이곳에서 공짜로 해준 거야."

"거짓말하지 말아요. 저기 카운터에 있는 분이 말해줬어요."

슈상은 그저 웃기만 했다. 목욕탕 직원은 한국에서 왔다고 하니 점심으로 먹을 주먹밥을 오셋다이로 챙겨주셨다. 어찌나 감사하던지…. 가방이 무거운 나를 대신해 슈상이 자신의 가방에 주먹밥 4개를 넣어두었다. 산요소에서 20분을 걸어 36번 절 쇼류지에 도착했다. 납경소에서 묵서와 도장을 받는데, 나에게 한국 사람이냐고 묻는다.

"어제 어떤 분이 여기서 한참 기다리다 가셨어요. 많이 걱정하던 걸요."

아가타상이었다. 그는 지금 어디쯤에 있을까? 납경소에서 나와 화장실로

향하는데, 슈상이 산길을 먼저 올라간다며 따라오라고 손짓했다. 그런데 화장실을 다녀온 사이에 슈상은 빠른 걸음으로 이미 멀리 갔는지 보이지 않았다. 비가 많이 내려 산길은 미끄러웠고, 이정표도 보이지 않았다. 계속 이렇게 올라가도 되는지 걱정이 되었다. 바람이 어찌나 세게 불던지 몸이 공중부양할 정도로 지탱하기가 힘들었다. 온몸이 젖은 상태에서 차를 얻어 타기도 곤란하고, 무엇보다 도로이다 보니 주변에 도움을 청할 민가도 보이지 않았다. 신발도 젖어 걸음은 점점 무거워져만 가고 바람에 몸이 휘청거려 금방이라도 절벽에서 떨어질 것만 같았다. 지나가는 오헨로상도 없었다. 이러다 여기에서 고립되는 건 아닐까. 두려움과 공포가 밀려왔다.

비바람 속을 얼마나 걸었을까. 2시쯤 스사키 헨로 휴게소에 도착했다. 그곳에서 슈상이 나를 기다리고 있었다. 그제야 안도의 한숨을 쉬었다. 우리는 산요소에서 받은 주먹밥을 나누어 먹으며 휴식을 취했다.

"슈상은 오늘 어디서 묵을 예정이에요?"

"여기 휴게소에서 잘까 하는데. 비가 많이 와서 다 젖었네."

"오늘 같은 날은 노숙 말고 숙소에서 자는 게 좋지 않을까요?"

"그럴까? 희상이 비즈니스호텔에서 묵는다면 나도 같이 그곳에 묵을게."

슈상은 사람들과 어울리는 것이 싫은지 민슈쿠에서는 잘 묵으려고 하지 않았다. 그래서 저렴하고 가까운 곳에 있는 사츠키 비즈니스호텔을 예약했다. 잠시 쉬고 있는데, 자동차를 타고 여행하고 있는 오헨로상을 만났다.

"숙소까지 태워줄까요?"

"아니요. 괜찮아요."

슈상이 먼저 단호하게 거절했다.

'슈상, 난 자동차를 타고 싶어.'

나는 속으로 외쳤지만 입 밖으로는 차마 나오지 않았다. 오늘 같이 궂은 날씨에는 1~2km도 내겐 너무 힘겹고 먼 거리였다. 4시 20분쯤 비즈니스 호텔 사츠키에 도착했다. 젖은 빨래를 돌리고 샤워를 한 뒤에 이 고장에서 유명한 나베야키 라멘을 먹으러 갔다. 나베야키 라멘은 닭으로 우려낸 간장 맛이 나는 스프에 가느다란 면을 토기 냄비에 담아 나오는데, 그 위에는 파, 치쿠와, 날계란이 올려져 있었다. 몇 시간 전만 해도 맹렬하게 비바람과 싸우며 걸었는데, 라멘을 먹으니 비로소 몸과 마음의 피로가 풀리는 것 같았다. 폭우 속에서 30km를 걸은 하루가 꿈만 같았다.

노숙의 달인, 사케의 재발견!

어제 내린 비로 나뭇잎들은 물기를 잔뜩 머금고 있었다. 미끄러지지 않기 위해 산길을 조심조심 걷고 있는데, 낙엽들 사이로 나보다 더 조심조심 걷고 있는 작은 생명체를 발견했다. 게였다. 느리게 걸으니 주위의 작은 움직임들도 잘 보였다. 빨리 걸었다면 자칫 밟았을 수도 있었을 텐데 다행이었다. 하천 사이로 활짝 피어있는 벚꽃들은 거센 폭우에도 여전히 살아남아 내게 손짓하고 있었다. 비바람에도 살아남은 것들의 끈질긴 생명력이 느껴졌다.

슈상은 내 걸음의 몇 배 속도로 빨리 걸어 어느새 보이지 않았다. 그래도 각자의 페이스로 가는 것이 가장 중요하다. 나만의 페이스를 찾으며 산길을 천천히 걸었다. 12시 20분쯤 오헨로 표지판을 보니 37번 절까지 16km가 남았다고 되어있었다. 5시까지 도착하려면 서둘러야 한다. 37번 절에 가기 전까지는 숙소가 하나도 없기 때문에 반드시 완주해야만 했다. 산길을 내려와 평지로 나오니 저 멀리 논일을 하고 있는 아저씨가 손을

흔들어 주셨다.

"어디서 왔어요?"

"한국이요."

"정말? 힘내세요! 이제 절까지는 12km밖에 안 남았어요."

얼마 안 걸은 것 같은데, 12km 남았다는 말에 다시 힘을 얻었다. 그런데 도로로 이어지는 초입 부분에 있는 이정표를 보니 37번 절까지 13.3km 남았다고 쓰여 있었다. 내가 힘들어할까봐 아저씨께서 남은 거리를 조금 줄여 말씀하신 것 같았다. 산에서 등산객을 만나면 자주 하는 거짓말과 비슷했다.

"얼마나 남았어요?"

"이제 다 왔어요. 조금만 더 가면 돼요!"

뻔한 거짓말인 줄 알면서도 그 말을 들으면 이상하게 힘이 나곤 했다. 4시쯤 아구리 구보카와 휴게소에 도착해 화장실을 가는데 누군가 부르는 소리가 들렸다. 슌상이었다.

"희상, 수고 많았어! 나는 오늘 여기서 노숙하려고 해."

비를 피할 공간도 있고, 화장실도 있고, 무엇보다 날씨도 그리 춥지 않은 것 같아 나도 함께 노숙을 하기로 했다. 지도를 보니 내일이면 토사 토지안에 도착할 수 있을 것 같아 니나가와상에게 전화를 했더니 내일 하룻밤 묵

어도 좋다고 하셨다.

"내일 아는 분이 운영하는 젠콘야도에서 묵기로 했는데, 슈상도 괜찮으면 같이 거기서 묵는 건 어때? 2천 엔 받고 아침과 저녁도 주는 곳이야. 멋지지?"

"그래? 나도 그곳이 좋겠네. 잘 됐다!"

슈상이 휴게소에 사케 한 병과 안주로 꼬치를 사왔다.

"자, 수고 많았는데 한 잔 하자고!"

"음, 사케를 마셨으니 오늘은 따뜻한 밤이 되겠는걸."

추운 밤을 이겨내기 위해 술만큼 좋은 것도 없는 듯했다. 빈속이라 그런지 금세 얼굴이 홍당무처럼 빨개져 슈상이 웃었다. 휴게소 문 닫는 시간이 9시라서 그 이후에 잠자리를 펴고 누울 수 있는데, 눈꺼풀이 너무 무거워서 꾸벅꾸벅 졸기 시작했다.

"희상, 먼저 자."

"그렇지만 9시가 되어야 잘 수 있지 않아?"

"괜찮아. 내가 지켜봐 줄게. 피곤할 텐데 먼저 자도록 해."

"고마워!"

이곳은 지난번 휴게소처럼 이불이 없었다. 바지를 두 개 입고, 윗옷도 여러 겹 입고 그 위에 잠바를 입었다. 이불이 없어서 고민을 하다가 우비를 대신 덮고 자기로 했다.

"내 침낭과 우비를 바꿔서 자는 건 어때? 내가 우비 덮고 잘게. 희상은 침낭 안에서 자도록 해."

"괜찮아. 우비 덮고 자도 돼."

"안 돼. 그럼 여기서 절대 잘 수 없어!"

폐 끼치기가 싫어 계속 거절했는데도 슈상이 완강히 고집을 부리는 바람에 결국 슈상의 침낭 안에서 내가 자고, 슈상은 내 우비를 덮고 자기로 했다.

'슈상, 고마워요. 잘 자요.'

날씨가 많이 따뜻해졌다고 생각했는데, 새벽에 비가 많이 내린 탓인지 밤새 추위에 떨면서 자다 깨다를 반복했다. 슈상의 배려가 없었으면 추워서 한숨도 못 잤을지 모른다. 처음에 도쿠시마에서 순례를 시작했을 땐 노숙을 할 생각이 전혀 없었는데, 어느새 노숙에 도전하게 되었고, 차츰 익숙해져가고 있었다. 어려울 때마다 도움의 손길을 내미는 흑기사 슈상 덕분이었다.

시코쿠를 걷는 여자

『남자한테 차여서 시코쿠라니』 지영 씨와의 만남

"춥지는 않았어?"

"물론이지!"

새벽 4시 50분쯤 깨어 화장실에서 간단히 씻고 나오는데, 슈상이 따뜻한 캔 커피 두 개를 건넸다. 그동안 노숙을 함께 해서 그런지 짧은 기간이었지만 진한 동료애가 생겨서 언제부터인가 친구처럼 말을 트고 지내는 사이가 되었다. 동틀 무렵 길을 걷기 시작해 6시 30분쯤 37번 절 이와모토지(岩本寺)에 도착했다. 7시가 되어야 납경소가 열리기에 빵을 먹으면서 기다렸다.

'아가타상은 어디에 있을까? 지금쯤 아침예불에 참석하고 있을 것 같은데.'

본당을 한참 바라보고 있는데 갑자기 한 무리의 사람들이 쏟아져 나왔다. 그리도 만나고 싶었던 아가타상의 모습이 보였다.

"아가타아상!! 여기요!"

반가움에 우렁찬 내 목소리를 듣고 아가타상이 성큼성큼 걸어왔다.

"드디어 만났네!"

"그동안 얼마나 보고 싶었는지 몰라요. 이쪽은 며칠 함께 노숙한 슈상이에요."

세 사람이 한자리에 모인 것은 이번이 처음이었다. 오늘 일정이 서로들 비슷해서 다시 만나기로 하고, 아가타상은 아침식사를 하러 가고, 슈상과 나는 경내를 둘러보았다. 이곳 본당의 천장에는 1978년 본당을 지을 때 약 400여명이 참가하여 그린 서양화, 일본화, 수채화, 매직펜화, 페인트화 등 547컷의 그림으로 가득 채워져 있었다. 모티브도 불화에서 마릴린 먼로에 이르기까지 다양했다. 본당을 둘러보는 동안 납경소가 열려 묵서를 받고

슈상과 함께 아가타상보다 먼저 출발했다. 비가 내리는 산길을 등에서 땀이 날 정도로 긴장하며 걷고 있는데, 지난번 걸으면서 보았던 젊은 여성이 앞에서 걷고 있었다. 순례길에는 50~60대 장년의 오헨로상들이 많았는데, 20대 초반의 여자가 혼자 씩씩하게 걷는 모습이 인상적이었다. 한번 스쳐 지나갔을 뿐이었지만, 강렬하게 기억에 남아 있었다. 길에서 잠시 쉬며 서로 말을 건네다 한국에서 왔다고 하니,

"앗! 아가타상이 말한 그 언니구나! 저는 아키코라고 해요."

"아가타상을 알고 있어?"

"네. 그저께 비바람이 몰아칠 때 걷다가 아가타상을 만났어요. 그때 저와 함께 걸어 주셨어요. 정말 친절한 분이셨어요. 아가타상한테 희상 이야기 많이 들었어요. 반가워요!"

이야기를 한참 나누고 있는데 산길 위에서 누군가 내려오는 소리가 들렸다.

"누구지? 혹시 아가타상은 아니겠지?"

산길에서 나온 사람은 정말 아가타상이었다. 이렇게 해서 넷이 함께 걷게 되었다. 보폭이 제일 빠른 슈상이 한참 앞에서 걷고 아가타상의 곁에서 나와 아키코상이 나란히 함께 걸었다.

"희상, 그런데 슈상이 몇 살인지 알아?"

"음, 60세 정도 되지 않았을까요? 지난번에 대학 다니는 딸이 있다고 했는데?"

"내가 보기에는 45살쯤 되었을 것 같은데. 우리 오늘 내기 할까? 슈상이 과연 몇 살인지 점심 내기 하자!"

결국 아가타상이 오늘 점심을 쏘게 되었다. 슈상에게 물어보니 나의 예상

이 맞았다. 12시 30분쯤 편의점 앞에서 다 함께 잠시 휴식을 취했다. 나를 통해 알게 된 슈상과 아가타상은 어느덧 오랜 친구처럼 서로를 편하게 대하는 것 같았다.

"점심 먹으러 갈까? 내가 오늘 쏜다고 했잖아."

우동세트와 맥주 한 잔을 함께 먹었더니 힘이 불끈 솟았다.

"알코올은 나의 힘이에요!"라고 했더니 다들 "역시!" 하며 웃었다.

아가타상은 도사가미카와구치 전에 있는 민슈쿠에 예약이 되어있어 오늘 순례를 먼저 마친다고 했다. 나와 슈상은 그곳에서 15분 정도 떨어진 토지안을 향해 걸었다. 도사가미카와구치 근처에서 니나가와상에게 전화를 걸었더니 마중을 나와 주겠다고 했다. 전화를 끊고 걷고 있는데, 앞에서 걷고 있던 슈상이 맞은편에서 걸어온 누군가와 만나 이야기를 나누더니 나를 향해 다시 되돌아왔다.

"희상, 오늘 나는 토지안에서 잘 수 없을 것 같아."

"왜요? 무슨 일 있어요?"

"금방 뵌 분이 오늘 남자는 잘 수 없다고 하네. 난 괜찮으니까 잘 쉬고 또 보자."

"이런, 죄송해요…."

"희상이 왜 미안해? 그런 말 하지 마. 푹 쉬어."

슈상은 내가 미안해하지 않게 밝은 표정으로 하이파이브를 하더니 다른 곳을 향해 걸어갔다. 그리고 저만치 앞에서 나를 향해 손을 흔들며 다가오는 두 사람이 있었다. 니나가와상과 김지영 씨였다.

김지영씨는 『남자한테 차여서 시코쿠라니』를 쓴 책의 저자였다. 그녀는 교토에 있는 토지안이라는 게스트하우스 주인인 니나가와상의 추천으

로 시코쿠 여행을 처음 시작했다고 한다. 나는 책을 인상 깊게 읽은 후 그 두 분을 꼭 만나보고 싶다는 생각이 들어 시코쿠에 오기 전에 교토에서 연락해 한번 뵌 적이 있었다.

"잘 지냈어? 그나저나 내 사진 봤어?"

"사진이요?"

어리둥절해 하고 있는데 니나가와상이 벽에 붙어있는 선거안내 벽보에 걸린 자신의 사진을 가리켰다.

"어? 니나가와상 또 선거에 나간 거예요?"

"오늘이 바로 선거 날이야. 일단 토사 토지안에 가서 이야기하자!"

토지안 입구에는 세면장 겸 싱크대가 있었고, 미닫이문을 열고 들어가자마자 가장 먼저 눈에 들어온 것은 이로리(囲炉裏 농가 등에서 마룻바닥을 사각형으로 도려 파고 난방용·취사용으로 불을 피우는 장치)였다. 지나가는 오헨로상들의 휴식처이자 대화의 장이 되는 곳. 이로리만 봐도 정감이 갔다. 이곳에 앉아 수많은 이야기들을 나눴을 오헨로상들의 모습이 그려졌다. 벽에는 그동안 오헨로상들에게 받은 오사메후다가 빈 곳 없이 가득 붙여져 있었다. 안쪽 문을 열고 들어가니 도미토리 침대가 4개 있었다. 오늘은 니나가와상과 지영 씨, 그리고 이번 선거를 도우러 온 스태프와 나, 이렇게 침대가 모두 꽉 찬 상태였다. 지영 씨가 컵라면과 이로리에서 구운 쥐포를 건네주었다.

시코쿠를 걷는 여자

니나가와상과 지영 씨 한·일 특별한 우정

"희상, 그런데 아까 그분은 누구세요?"

"며칠 동행한 슈상이에요. 슈상이 오늘은 남자는 금지라고 했다고 하던데요?"

"젠콘야도를 운영하다 보면 정말 다양한 사람들이 오거든요. 혹시라도 위험 소지가 있는 사람은 아예 들이지 않아요. 다른 사람들의 안전을 위해서죠."

슈상의 검은 얼굴과 남루한 행색이 아무래도 좋지 못한 인상을 준 것 같았다.

"슈상은 함께 노숙한 적도 몇 번 있고, 좋은 분이세요."

"원래 나쁜 사람들도 처음에는 잘해줘서 안심하게끔 만들어 놓고, 방심할 때 뒤통수를 치는 경우가 있으니까 항상 조심해야 돼요. 그리고 이번에 니나가와상이 내려온 것은 선거 때문이거든요. 그래서 지금은 오헨로상을 맞이할 여유가 없어요."

"선거는 언제예요?"

"오늘이요! 저는 니나가와상의 선거과정을 다큐멘터리로 만들려고 촬영도 하며 돕고 있어요."

"완전히 절묘한 타이밍에 제가 왔네요. 하루만 늦었어도 이곳에 오지 못할 뻔했네요."

"이렇게 다시 만나게 되어 반가워요!"

이번 여행은 늘 타이밍이 절묘했다. 그때가 아니었으면 평생 만나지 못했을 사람이나 인연을 만나기도 했으니, 시코쿠에서 소중한 인연들을 만나게 된 것은 마치 코보대사의 은총인 것 같았다.

"니나가와상은 내가 여기까지 잘 올 거라고 생각했어요?"

"생각보다 빨리 왔네요. 그리고 여기까지 해냈으니까 끝까지 잘할 거라고 믿어요!"

"하시모토상 젠콘야도에 대한 소문이 안 좋던데, 혹시 알고 계셨어요? 어떤 여자분이 거기 묵었다가 성추행 당했다는 소문이 있어서 그곳에 안 갔거든요."

"정확히는 모르지만 어쩌면 하시모토상이 아닌 헨로상들끼리 그런 일이 있었을 수도 있어요. 그래서 오헨로상도 잘 받아야 해요. 사실 젠콘야도를 하게 되면 주변에 살고 있는 사람들은 썩 좋아하지만은 않아요. 낯선 사람들의 방문이 그들에게는 달갑지 않을 수도 있죠. 또 가끔 안 좋은 행동을 하고 가는 오헨로상도 있으니까요. 늘 조심하세요."

"이번에 니나가와상이 나가는 선거는 어떤 거예요?"

"쿠로시오쵸의회 의원 선거에요."

"니나가와상의 전략은 뭐지요?"

니나가와상이 귤을 가지러 간 사이에 지영 씨가 답해주었다.

"이곳도 한국처럼 젊은 사람들은 거의 대부분 도시로 다 나가거든요. 결국 나이 많은 사람들만이 고향을 지키고 있죠. 고향을 떠나는 젊은 사람들은 일자리가 없으니 고향으로 돌아갈 수 없다고 말해요. 니나가와상은 그런 젊은이들이 돌아올 수 있는 방법들을 제안하고 있어요."

"니나가와상이 당선될 가능성은 얼마나 되나요?"

"아주 낮아요. 아마도 꼴찌? 하하하."

니나가와상은 이로리에 주전자를 올려놓고, 그 옆으로 귤 몇 개를 구웠다.

"예전에는 귤도 비싼 과일이었지. 이렇게 구워먹으면 빨리 먹을 수 없으니까 천천히 아껴 먹을 수도 있고, 단맛도 더 강해져서 맛있어. 수박에 소금을 뿌려 먹는 것과 조금은 비슷한 방법이지."

구운 귤은 처음 먹어보았는데, 정말 달고 맛이 좋았다.

"희상, 우리 목욕탕 가려고 하는데 같이 갈래요?"

우리는 함께 옛날 방식으로 운영하고 있는 나카무라 온천에 갔다. 그동안 갔던 온천과는 다르게 땔감을 때서 뜨거운 물이 나오게 하는 곳이었다. 선거 결과를 앞두고 탕 속에서 목욕재계를 하는 니나가와상의 마음은 어떤 것일까? 목욕비를 내준 니나가와상은 패밀리레스토랑에 가서 저녁으로 함박스테이크까지 사주었다. 잠자리에 목욕비, 저녁까지 전부 오셋다이로 선물 받은 것이다. 저녁을 먹으면서 다시 선거 이야기가 오갔다. 니나가와상은 당선 여부보다 자신의 지지율을 더 궁금해 하는 듯했다. 식사 도중 니나가와상의 전화가 울렸다. 오늘의 선거 결과에 대한 전화였다.

"오늘 비가 왔는데도 12,000명 중 73%의 높은 투표율이었다고 해. 투표 결과는… 94표. 젤 낮은 득표로 꼴등을 했네. 1등을 한 사람은 청사를 짓겠다고 공약을 한 건설업자야. 아무래도 건설 쪽 일을 하는 사람이니 조직이

크고 그만큼 지지도가 높았겠지. 다른 후보들은 선거운동 도우미들도 많은데, 나는 정예 멤버 세 명뿐이었지. 그래도 모두들 최선을 다했어!"

어떤 것이 마을 사람들을 위한 것인지, 잠시 이곳을 지나가는 나로서는 정확히 꼬집어 말할 수 없지만, 이 고장 사람들을 위한 니나가와상의 마음이 많은 이들에게 이어지지 못한 점이 아쉬웠다. 그래도 니나가와상의 도전은 이것이 끝이 아닐 거라는 생각이 들어 마음으로 위로와 응원을 보냈다.

'니나가와상, 힘내요! 어려운 만큼 앞으로의 도전은 더 값질 테고, 마침내 꿈을 이뤘을 때 그 감동은 배가 될 테니까요.'

노부부 오헨로상, 그리고 내 힘의 원천!

이른 새벽 몇 번 눈을 떴지만 다른 사람들의 기척이 없어서 혼자 일어나 불을 켜기가 미안했다. 그동안 선거를 준비하느라 다들 피곤했었던 모양이다. 6시쯤 일어나 씻고 짐을 챙기고 있으니 지영 씨가 일어나 어제 저녁에 사두었던 도시락을 주었다. 아침까지 챙겨주며 배려해주는 마음이 고마웠다.

"이곳이 시코쿠를 찾는 한국인들에게 따뜻함과 위로를 주는 보금자리로 성장할 거라고 믿어요. 여러모로 신세를 많이 졌습니다. 감사드려요."

7시 30분쯤 아가타상이 토지안에 도착해 니나가와상과 지영 씨에게 작별 인사를 하고 나왔다.

"희상, 오늘 숙소는 예약했어?"

"아니요. 어디까지 갈 수 있을지 모르겠어요. 아가타상은 예약했어요?"

"응. 나는 이사리비 민슈쿠에 이틀 예약을 했어. 오늘 거기까지 가고, 다음날은 38번 절에 갔다가 다시 그곳에서 잘 거야. 중복되는 구간이거든. 그런데 반복구간을 걷는 오헨로상들이 많아서 미리 예약을 하지 않으면 안 될 거야. 잠시만."

아가타상이 이사리비에 전화를 해보니 이틀 모두 예약이 끝난 상태였다. 수소문해서 근처 안슈쿠에서 오늘 1박, 그리고 구모모 민슈쿠에 내일 1박 예약을 해주었다. 그가 아니었으면 숙소 때문에 고생할 뻔했다.

오늘도 아침부터 비가 많이 내렸다. 빗속에서도 꿋꿋이 걷고 있는 아가타상을 보면서 다시 힘을 얻었다. 1시쯤 시만토 대교를 건너 321번 국도를 따라 걷다가 점심을 먹기 위해 아가타상과 우동집으로 들어갔다가 반가운 사람을 만났다.

"슈상, 어제 괜찮았어요? 어젠 정말 미안했어요."

"괜찮아. 걱정하지 말래두."

슈상은 이미 식사를 마친 상태였다. 나는 오뎅꼬치를 3개 먹고 아가타상은 우동과 유부초밥을 먹었다. 화장실에 갔다가 주인아주머니께 몰래 다가가서 아가타상과 내 것을 계산해달라고 했다. 늘 아가타상에게 신세를 져서 오늘은 내가 오셋다이를 하고 싶었다.

"이런! 나도 좀 천천히 올 걸 그랬나?"

그 모습을 본 슈상이 장난기 어린 질투를 보였다.

식당에서 나와 셋이 함께 걷기 시작했다. 우동집에서 나와 2시간여 걷다 보니 드라이브인 스이샤에 도착했다. 슈상은 오늘 이곳까지만 걷고 공중화장실 옆 간이의자에서 잔다고 했다.

"화장실도 가깝고 비도 안 들어오고 좋은 곳이야!"

비도 오고 추운 날에 슈상을 혼자 두고 따뜻한 곳에서 묵는다는 게 왠지 미안한 마음이 들었다.

"슈상, 힘내요!!"

한 시간 반 정도를 걸어 안슈쿠에 도착했다. 아가타상은 예전에 이곳에 묵은 적이 있다며 주인아저씨께 나를 잘 부탁한다는 말을 남기고, 이곳에서 한 시간 떨어진 이사리비를 향해 떠났다. 젖은 가방을 내려놓고 목욕을 한 후에 식당으로 내려갔더니 순례길에서 종종 스쳐 지나갔던 히로시마에서 온 부부가 있었다. 자주 만났음에도 처음으로 이름을 묻게 되었다.

"이름은 요시야마예요. 남편은 65세, 나는 64세. 작년에 30번 절까지 돌았고, 이번에는 52번 절까지 계획하고 있어요. 우리는 몇 년에 나눠 걷는 쿠기리우치(区切り打ち 구간 구간 나누어서 도는 것)예요."

부부가 함께하는 모습이 다정하고 사랑스러워 보였다. 저녁을 먹고 방으로 돌아왔더니 아가타상으로부터 전화가 왔다.

"희상, 내일 같이 만나서 걸을까?"

"네. 좋아요!"

"몇 시에 만날까?"

"제가 이사리비로 6시까지 갈게요!"

내일은 40km 긴 코스를 걸어야 해서 일찍 일어나 출발하기로 했다. 4일간 지독한 비가 내렸는데, 일기예보를 보니 다행히 내일은 맑을 거라고 한다. 날씨가 좋다는 것만으로도 큰 위안이 되는 데다, 긴 거리를 아가타상과 함께 걷는다는 생각만으로 힘이 났다. 아무래도 아가타상은 내 힘의 원천인가보다.

* 토지안은 지금은 휴업상태이다.

반가운 이들이 모인 최남단, 아시즈리곶(足摺岬)

새벽 4시에 일어났다. 안슈쿠에서 구모모 민슈쿠까지는 2.5km. 걷다 보니 칠흑 같던 어둠이 서서히 걷히며 태양이 뜨고 있었다. 떠오르는 태양을 보며 걸었던 적이 있었던가? 오늘따라 걷는 내내 가슴 한 켠이 뜨거웠다. 그런데 구모모 민슈쿠를 200m 앞두고 이사리비 민슈쿠에 도착하니 앞마당에 아가타상이 없었다. 기다리다가 먼저 구모모 민슈쿠로 향한 듯했다.

구모모 민슈쿠 방면으로 쳐다보니 다리 건너편에 아가타상이 서서 나를 향해 손을 흔들고 있었다. 반가운 마음에 한걸음에 뛰어갔다. 구모모 민슈쿠에 도착해 배낭을 부탁하고 나왔다. 납경장과 비상 간식, 카메라. 그리고 즈에와 모자만 갖추고 길을 나서니 몸이 가벼워 날아갈 것만 같았다. 짐은 자신의 업보라더니, 그동안 내가 지은 죄가 많았나보다.

오늘은 유난히 해변 길을 걷는 구간이 많았다. 산길도 걷게 되었는데, 어제 내린 비로 어찌나 미끄러운지 몇 번이나 넘어질 뻔했다. 특히 시냇물이 흐르는 구간의 통나무 위를 걸을 때는 아가타상이 즈에를 내 쪽으로 뻗어

주어 즈에를 잡고 겨우 건널 수 있었다. 배낭이 없었기에 망정이지 안 그랬으면 배낭과 함께 물에 고꾸라질 뻔했다.

몇 번의 고비 끝에 38번 절 길목까지 왔다. 시코쿠의 최남단 땅끝마을 아시즈리곶(足摺岬). 태평양과 인접한 푸른 바다가 아득하게 펼쳐져 있었다. 해안절경에 시야가 확 트이면서 가슴까지 뻥 뚫렸다. 바다에 의해 침식된 신비로운 기암괴석을 보고 있는데, 학생인 듯한 오헨로상이 우리에게 다가왔다.

"어? 아가타상 여기서 만나네요!"

"카즈야상 일찍 도착했네!"

요코하마에서 온 카즈야상은 16살이라고 했다. 학교생활에 적응을 못하다가 학교에 양해를 구하고 시코쿠에 와서 걷고 있다고 했다. 10대 오헨로상은 처음이었다. 걱정스러웠지만 한편으로는 대견하다는 생각이 들었다. 카즈야상과 함께 38번 절 곤고후쿠지(金剛福寺)에 도착하니 산문 앞에서 누군가 기다리고 있었다. 슈상이었다. 반가운 사람들이 한곳에 모이니 웃음이 떠나질 않았다. 시코쿠 최남단의 아시즈리곶은 보타낙(관음보살이 사는 산으로, 극락정토로서 숭배되고 있는 이상의 세계)에 가장 가깝게 여겨지는 곳이었다. 38번 절에서 나와 근처 음식점으로 향했다. 자루소바를 먹으러

시코쿠를 걷는 여자

갔는데 아가타상이 뜬금없는 제안을 해왔다.

"각자 나에게 100엔씩만 주세요. 나머지는 오셋다이입니다!"

"안돼요. 매번 신세만 질 수 없어요. 각자 자신의 것은 자기가 내는 것이 좋다고 생각해요."

그러자 슈상이 내게 말했다.

"희상, 오셋다이는 원래 거절할 수 없는 것이 원칙이야!"

아가타상의 마음은 헤아리지만 더 이상 부담을 주고 싶지 않았다. 하지만 아가타상의 고집이 완강해서 다음엔 내가 사겠다고 했다. 다시 왔던 길로 되돌아 숙소를 향해 가는데 길에서 도마뱀을 봤다. 너무 놀라서 소리를 지르니 슈상이 웃으며 말했다.

"도마뱀이 희상을 보고 더 놀란 것 같은데."

그 말에 아가타상도 아이처럼 웃었다.

"슈상, 다리는 괜찮은 거야?"

"괜찮아요! 이 정도쯤이야."

아가타상과 나는 짐이 없이 걸어서 괜찮았지만, 슈상은 무거운 가방을 메고 엄청난 양을 걸었으니 많이 힘들었을 것이다. 슈상은 근처 휴게소에서 노숙을 하기로 해서 아가타상과 나는 숙소를 향해 떠났다.

5시 30분. 드디어 구모모 민슈쿠에 도착했다. 오늘 장장 43km를 12시간 동안 걸었다. 이곳에서 작별인사를 하고 아가타상은 다시 이사리비 민슈쿠로 향했다. 구모모에 들어가 가방을 내려놓고 주인아주머니의 안내로 오늘 묵을 방에 들어갔다. 작은 창고 형태의 좁은 방이었지만 즈에를 올려놓는 작은 천 조각까지 세심하게 준비해 놓은 것을 보니, 아주머니의 따뜻한 마음이 느껴졌다. 세탁은 오셋다이로 해주고 싶다고 하셨다. 식당에 가

니 오헨로상들의 흑백사진 앨범이 가득했다. 이곳의 역사를 한눈에 보는
듯했다.

"결혼하기 2년 전에 민슈쿠를 시작해서 지금까지 쭉 운영하고 있어요. 아
참, 한국 드라마를 좋아하는데 특히 욘사마를 좋아해요. 내 별명은 모나리
자예요. 닮았나요? 하하하."

식당의 창문을 열며 얼굴을 내미는 유쾌한 표정의 아주머니 얼굴이 그림
속 모나리자를 떠올리게 했다. 아주머니는 내 방이 좀 작은 곳이니 500엔
을 깎아주겠다고 하셨다. 식사가 끝난 후 아주머니는 세탁을 막 끝낸 세탁
물을 건네주셨다.

"내일 아침에 내가 오니기리 오셋다이 할 테니까 꼭 챙겨가요!"

유쾌한 구모모 주인아주머니 덕분에 오늘 쌓인 피곤을 잊었다. 9시쯤 방
으로 돌아와 눈을 감았다.

'지금쯤 다들 꿈나라에 갔을까? 아가타상, 슈상. 모두들 잘 자요.'

효녀 심청, 아키코상

4시 30분에 일어나니 구모모 아주머니께서 식사준비를 막 시작하고 계셨다. 가방 정리를 끝마치고 거실로 나왔더니 지금 막 삶은 계란이라며 따뜻할 때 먹으라고 주셨다. 덕분에 편안히 잘 쉬고 간다는 인사를 드리고 방으로 와서 삶은 계란과 녹차로 이른 아침을 대신하고 길을 나섰다. 어제 오니기리를 만들어 주시겠다고 한 것 같은데…. 내가 너무 일찍 일어나서 미처 준비를 못하신 걸까? 아니면 깜빡하신 걸까? 궁금했지만 차마 물어볼 수가 없어 그냥 길을 나섰다.

어깨가 다른 날보다 아팠다. 어제 하루 가방 없이 걸었다고 몸이 쉽고 편한 것에 금세 적응했나보다. 전보다 몇 배로 무겁게 느껴지는 배낭 무게 때문에 꾸역꾸역 걷고 있는데, 어느 가정집에서 젊은 아주머니가 창문을 열고 나를 불렀다.

"오헨로상~ 잠시만요. 드릴 것이 있어요!"

아주머니가 건네준 것은 분탕 3개. 자몽만한 크기의 과일인데, 정말 크고 무거웠다. 일단은 정중히 과일을 받아 들고 배낭에 넣었다. 가뜩이나 무거운 배낭인데 어깨를 짓누르는 무게가 상당했다. 그렇다고 챙겨준 과일을 단순히 무겁다는 이유만으로 버릴 수도 없는 노릇이었다. 감사한 마음과 난감한 마음이 교차되는 순간이었다. 5분 정도 걷다 보니 오헨로 휴게소가 나왔다. 그곳에서 가장 크고 무거운 과일 한 개를 꺼내어 먹었다.

39번 절 엔코지(延光寺)로 가는 길에 반가운 사람을 만났다. 지난번에 본 적이 있는 아키코상과 카즈야상이었다.

"건강이 안 좋은 아버지를 위해 함께 88개 절을 돌고 있어요. 저는 매일매일 걸어서 돌고, 몸이 불편한 아버지는 교통수단을 이용해서 돌고 계세요."

아키코상은 아버지와 함께 하루 일정을 정해서 저녁마다 숙소에서 만난다고 했다. 아키코상을 보니 여행을 좋아하시던 아빠가 생각났다. 몇 년 전 사고로 뇌수술을 받으셨는데, 수술 후유증으로 기억을 점점 잃어서 외출조차 하실 수 없는 상태였다. 그때 내가 할 수 있었던 유일한 일은 기억을 잃어가는 아빠를 대신해 아빠와 함께 하는 시간들을 카메라에 담고 일기로 남겨두는 것이었다. 그렇게 차곡차곡 써내려 간 일기들은 아빠가 돌아가신 뒤에 나에게 큰 선물로 다가왔다. 그리고 좋아하던 여행도 마음껏 하지 못하고 세상을 떠난 아빠를 위해 아빠와 함께 여행하는 마음으로 시코쿠 순례를 결심한 것이었다.

돌아가신 아빠와 함께하는 나와 달리, 거동은 불편하지만 살아계신 아버지와 순례를 하고 있는 아키코상이 부러웠다. 아키코상의 어머니는 먼저 세상을 떠나셨고, 지금은 아버지와 남동생과 함께 산다고 하는데, 아키코상의 얼굴에는 전혀 그늘이 없었고 힘든 내색 하나 보이지 않았다. 21살의 나이지만 듬직하고 어른스러운 면이 많은 아가씨였다. 한편, 한창 어리

광을 부릴 나이에 어려운 일을 당하면서 속으로 삭히며 혼자 힘겹게 이겨왔을 시간들을 생각하니 안쓰럽기도 했다. 아키코상만 만났고 그녀의 아버님과는 대면한 적이 없어 얼마나 몸이 안 좋으신지는 모르지만, 이처럼 효심 가득한 마음으로 순례를 한다니 아버님의 건강도 차츰 나아질 거라 믿었다. 아키코를 처음 보았던 날도 비가 엄청 퍼부었는데, 다시 만난 오늘도 유난히 비가 많이 내렸다. 마치 아빠가 어디선가 나를 보고 말을 걸어오는 듯한 느낌이 들었다.

10대와 20대 청춘들과 함께 걸으니 힘이 모자랐다. 그들과 조금씩 벌어지던 거리는 어느새 까마득히 멀어져 더 이상 보이지 않게 되었다. 더구나 몇 시간 전부터 계속 졸음이 쏟아졌다. 얼마나 피곤한지 걷다가 꾸벅꾸벅 졸기까지 했다. 며칠 동안 이른 새벽에 일어나 장거리를 걸었더니 피곤이 누적된 것 같았다. 길이 희미하게 보일 무렵, 저 멀리서 아가타상을 닮은 사람이 다가왔다. 점점 또렷하게 보이기 시작했다. 정말 아가타상이었다! 조금 전까지만 해도 피곤해서 졸았는데, 아가타상을 만나니 졸음이 달아나고 정신이 맑아졌다.

39번 절에서 참배를 마치고 7km를 걸어 우에무라 비즈니스호텔에 도착했다. 오늘은 아가타상과 같은 숙소에 머물게 되었다. 슈퍼마켓에 들러 김밥, 회, 빵, 샐러드 등을 샀다. 늘 아가타상에게 얻어먹어서 오늘은 내가 오셋다이로 대접하겠다고 했다. 아가타상 방에서 함께 도란도란 이야기를 나누며 식사를 하니 더없이 좋았다. 사실 비즈니스호텔에서 묵을 때가 제일 외로웠다. 방에 들어가면 다른 오헨로상과 이야기를 하거나 만날 기회가 전혀 없었기 때문이었다. 하지만 이렇게 여행 친구가 생기니 호텔에서조차도 외로울 틈이 없다.

"희상, 내일은 어디까지 걸을 예정이야?"

"글쎄요. 내일 또 비가 온다고 하던데. 내일은 충분히 쉬면서 걷고 싶어요."

"그래. 희상은 늘 일찍 일어나서 먼저 걸었으니 그동안 많이 피곤했을 거야."

"저녁에는 체력이 급격히 떨어져서 남들보다 일찍 걷는 수밖에 없더라고요."

"그럼 내일은 오랜만에 늦잠 좀 자고 9시에 출발하자!"

내일부터 또 빗속 전쟁이 시작이다. 하지만 아가타상의 응원에 또 힘을 얻었다. 잠자리에 누웠는데, 오늘 만난 마음씨 고운 아키코상이 떠올랐다.

'아키코상의 간절한 마음이 코보대사에게 닿아 그녀의 아버지가 다시 건강을 찾을 수 있길.'

제3장 에히메,
나에게로 더 가까이(보리의 도장)

360km

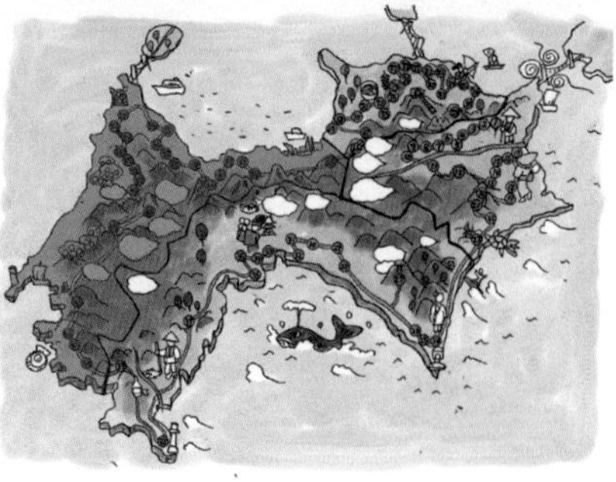

22일째 ㊵ 観自在寺 칸지자이지

23일째 ⌂ 요시노야 료칸

24일째 ㊶ 龍光寺 류코지 ㊷ 仏木寺 부츠모쿠지

25일째 ㊸ 明石寺 메이세키지 ✦ 도요가하시

26일째 ✦ 오다노사토 세세라기

27일째 ㊹ 大寶寺 다이호지 ㊺ 岩屋寺 이와야지

28일째 ㊻ 浄瑠璃寺 죠루리지 ㊼ 八坂寺 야사카지 ㊽ 西林寺 사이린지
㊾ 浄土寺 죠도지 ㊿ 繁多寺 한타지 (51) 石手寺 이시테지

29일째 ✦ 마츠야마 관광

30일째 (52) 太山寺 타이산지 (53) 円明寺 엔묘지 ✦ 이요 호우죠

31일째 (54) 延命寺 엔메이지 (55) 南光坊 난코보 (56) 泰山寺 타이산지
(57) 栄福寺 에이후쿠지 (58) 仙遊寺 센유지

32일째 (59) 国分寺 코쿠분지 (61) 香園寺 코우온지 (62) 宝寿寺 호우쥬지

33일째 (60) 横峰寺 요코미네지 (63) 吉祥寺 키치죠지 ✦ 이요 코마츠

34일째 (64) 前神寺 마에가미지 ⌂ 하기유앙 젠콘야도

35일째 ✦ 이요미시마

36일째 (65) 三角寺 산카쿠지 ✦ 스이샤

번외사찰 6 龍光院 류코인 7 金山出石寺 킨잔슛세키지 8 十夜ヶ橋 토요가하시
9 文珠院 몬쥬인 10 興隆寺 코우류지 11 生木地蔵 이키키지조우
12 延命寺 엔메이지 13 仙龍寺 센류지 14 椿堂 츠바키도

누군가를 위해 걷는 순례자들

"희상, 지난번에는 도대체 어떻게 된 거야?"

"네? 뭐가요?"

40번 절 근처 휴게소에서 쉬고 있던 마루타상이 나를 보자마자 꺼낸 첫 마디였다. 마루타상은 지난번에 구모모 민슈쿠에서 같이 묵었던 적이 있는 오헨로상이었다.

"구모모에서 출발하는 날, 주인아주머니가 애타게 희상을 찾으셨어. 희상 주려고 아침 일찍 오니기리를 준비하셨는데, 먼저 출발해 버렸더라고. 그래서 아주머니께서 차를 타고 희상을 찾으러 나갔었는데, 결국 못 만나고 오셨다며 아쉬워하셨어."

그랬구나. 그러잖아도 다음날 아침에 오니기리를 챙겨주신다고 하셨었는데, 삶은 계란만 챙겨주셔서 의아했다. 바쁜 아침에 차까지 운전하고 나를 찾으러

다니셨다니 미안하고 고마웠다.

휴게소에서 목을 축이고, 40번 절 간지자이지(觀自在寺)에 도착했다. 이 절은 1번 절에서 가장 먼 곳에 위치한 절이라 했다. 순례길의 거의 반을 온 셈이다. 절에는 물을 끼얹고 소원을 빌면 들어준다는 '팔체불'이 있었다. 나도 물을 끼얹고 이곳까지 무사히 올 수 있었음에 감사하며, 나머지 길도 무사히 걸어 꼭 결원할 수 있도록 도와달라고 기도했다. 그런데 옆에 있던 아가타상의 눈가가 촉촉하게 젖어 있었다.

"희상, 사진 한 장 찍어주겠어?"

2005년 봄, 아가타상은 40번 절부터 51번 절까지 아내와 여동생과 함께 여행을 했다는데, 그때의 추억이 떠올랐는지 눈시울이 뜨거워진 것이다. 기념사진을 찍고 본당과 대사당에서 반야심경을 읊는 아가타상의 목소리에서 작은 떨림이 느껴졌다.

경내를 빠져 나와 아가타상과 야마시로야 료칸으로 가기 전에 제과점에 들렀다. 예전에 이곳에서 귤을 사서 먹은 적이 있었는데, 그때 아내가 너무 맛있다고 얘기한 기억이 떠오른다고 했다. 귤을 한 박스 주문해서 아내에게 보내는 아가타상의 자상함이 애틋하고 보기 좋았다. 아가타상은 오랜만

에 만난 제과점 아주머니와 반갑게 인사를 나눈 후에 아내와 동생의 이야기를 주고받았다. 동생이 세상을 떠났다는 소식을 듣고 아주머니의 눈가에도 눈물이 맺혔다.

오늘의 숙박지인 야마시로야 료칸에 도착했다. 료칸에 묵는 것은 처음이었다. 규모도 으리으리했지만 푸짐한 저녁 상차림에 놀랐다. 섬세한 손길과 정성으로 만들어진 요리는 하나하나가 마치 예술 작품 같았다. 절반을 걸어오느라 수고한 나에게도 이런 호사를 한번쯤 해주며 응원하고 싶었다.

"희상, 오늘 살찌겠는걸."

연신 싱글벙글한 내 얼굴을 보며 아가타상도 따라 웃었다.

"내일도 비가 온다고 해. 내일 걷는 길은 산길과 도로 길이 있는데, 희상은 어느 쪽으로 걸을 거야? 나는 동생이랑 같이 걸었던 산길로 걷다가 산 꼭대기 경치 좋은 곳에 동생의 유골을 묻어주려고."

"저는 비도 오니까 도로 길로 걸을게요. 부디 동생 잘 보내드리고 다시 만나요."

나도 산길을 걷고 싶었지만 아무래도 아가타상이 동생과 조용히 둘만의 시간을 추억하고 싶어 할 것 같아서 도로 길로 가기로 했다. 문득 허영만 화백의 친구 이야기가 떠올랐다. 허영만 화백의 새 연재만화 성공을 위해 88개 절을 돌았다는 일본인 친구, 사카이 다니상. 그는 머리까지 깎고 몸무게가 10kg이나 빠질 정도로 수행에 집중하며 허 화백을 응원하기 위해 시코쿠 순례길을 돌았다고 한다. 죽은 여동생을 위해 걷는 아가타상, 편찮으신 아버지를 위해 걷는 아키코상처럼 자기 자신을 위해서가 아니라 다른 사람을 위해 기도하며 걷는 걸음은 더 깊고 뭉클하다.

"희상, 나는 이틀 뒤에는 도우베야 민슈쿠에 묵으려고 하는데, 42번 절에서 가까운 이곳에서 함께 묵는 것은 어떨까?"

민슈쿠에 전화를 걸었더니 벌써 예약이 모두 찼다고 했다. 아가타상은 고민하다가 마루타상도 도우베야에서 묵는데, 아가타상과 마루타상이 함께 방을 사용하고, 아가타상의 방을 내가 쓰는 것은 어떤지 물었다.

"그게 가능할까요?"

"마루타상에게 괜찮은지 물어볼까?"

아가타상이 사정을 이야기했더니 마루타상이 흔쾌히 오케이를 해주었다. 도우베야 민슈쿠에서도 그렇게 하라며 허락해주었다. 그들의 배려가 눈물나게 고마웠다.

"드디어 에히메현에 도착했네!"

"아! 여기부터는 에히메현이죠?"

"내가 걸은 산길은 마츠오다이시에서부터 에히메현이었고, 희상이 걸은 곳에서는 잇뿐마츠터널부터 에히메현이었어."

"그렇구나! 고치에서는 수행의 고장답게 정말 강도 높게 걸은 것 같아요."

"자, 내일을 위해 이제 그만 자러 갈까?"

"안녕히 주무세요. 오야스미."

오늘부터 드디어 보리의 고장, 에히메현이다. 이곳에서부터는 번뇌를 끊고 극락정토로 향한다고 하는데, 앞으로의 여행길에는 또 어떤 일들이 기다리고 있을까?

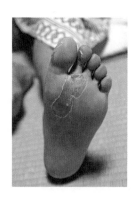

네덜란드 오헨로상과 타누키

56번 해안도로를 따라 걷는데 바다 위 진주 양식장이 보였다. 한적한 어촌마을에는 어선들이 옹기종기 모여 있었다. 그리고 안개가 자욱한 산이 보였다. 조금 있으면 아가타상은 저 깊은 산속을 혼자 걸어야 할 텐데, 멀리서 보기만 해도 아찔했다. 산길 초입에서 아가타상과 아쉬운 작별을 해야만 했다.

"아가타상, 동생 잘 보내주고 오세요."

"고마워! 내일은 같은 숙소니까 도우베야 민슈쿠에서 만나."

안개 속으로 멀어져 가는 아가타상의 뒷모습을 보니 가슴이 짠했다. 그리고 한편으로 부럽기도 했다. 나에겐 두 명의 오빠가 있지만 내가 만일 오빠들보다 먼저 죽게 된다 하더라도 아가타상과 같은 오빠의 모습은 상상할 수 없는 일이었다. 아가타상과 헤어지고 걷다 보니 비가 내리기 시작했다. 마침 보행자 터널이 있어 비를 피할 수 있었다. 차가 다니는 터널 바로 옆으로 난 보행자 전용 터널이었는데, '바람이 통하는 길'이라고 안내판에 적

혀있었다. 걷는 오헨로들을 위한 배려가 돋보였다.

츠시마 대교를 건너 숙소인 오시노야 료칸에 도착했다. 건너편 쪽에는 아가타상이 묵는 오하타 료칸이 있었다. 아가타상은 동생을 잘 묻어주고 돌아왔을까? 고치현에서 장거리를 걷다가 에히메현으로 들어오면서부터 걷는 속도가 많이 빨라진 것을 느낀다. 이제는 하루에 30km를 걷는 것이 거뜬할 정도로 체력이 많이 강해졌다.

숙소에서 일찍 잠이 들어 새벽 5시에 일어났다. 이른 새벽 물안개가 피어오르면서 마을은 몽환적으로 변해있었다. 오타루의 눈 내린 산세와 비교해도 좋을 정도로 아름다운 풍경에 감탄이 절로 나왔다. 일찍 일어났기에 맛볼 수 있는 특별한 행복이었다. 41번 절로 가는 길목에서 혼자 걷다가 네덜란드인 다나(Darna) 씨와 제네키(Janneke) 씨를 만났다. 그리고 그녀들 옆에는 영어를 유창하게 구사하는 스미다상 부부가 함께 있었다.

"우린 캠핑카를 몰고 시코쿠를 여행 중인데, 우연히 발 상태가 좋지 않은 다나 씨와 제네키 씨를 만나서 중간에 잠시 여행을 도와주고 있어요. 희상, 혹시 영어 할 줄 알아요?"

"영어는 잘 못해요. 영어보다는 일본어가 좋겠네요."

스미다상의 부인 에이코상이 통역을 도와주어 네덜란드 친구들과도 대화를 나눌 수 있었다. 한국 사람은 처음이고, 서로 다른 나라 사람들이 이렇게 만나니 너무나 기쁘다며 기념사진을 함께 찍었다. 아쉬운 만남을 뒤로하고 헤어질 무렵, 다나 씨가 좀 전에 가게에서 산 만주를 오셋다이라며 건네주었다. 서로의 걸음을 응원하며 나는 41번 절을 향해, 그들은 42번 절을 향해 걸었다.

오후 1시. 41번 절 류코지(龍光寺)에 도착했다. 이곳에는 벼의 신에게 제사를 지내 풍작을 기원하는 '이나리(稻荷) 신앙('이나리'란 일본의 토속신앙 중 하나로, 농경의 신을 뜻함)'이라는 것이 있는데, 지금은 사업 번성을 기원하는 사람들이 많이 오는 곳이라 했다. 참배를 마치고 네덜란드 오헨로상이 준 만주로 허기를 달래고 42번 절 부츠모쿠지(仏木寺)를 향해 다시 걸었다. 그런데 지나가던 캠핑카에서 누군가 손을 흔들고 지나갔다. 40번 절 입구에서 만났던 네덜란드 오헨로상과 스미다상 부부였다. 순식간에 사라지는 그들의 차를 보면서 속도와 편리함이 조금 부럽기도 했지만, 길 위에

서 걸을 때만 느낄 수 있는 행복들을 떠올리며 가벼운 마음으로 걸었다.

2시 20분쯤 42번 절에 도착했다. 이곳은 코보대사가 소의 등을 타고 이르렀다는 전설이 내려오며 가축 수호의 절로 여겨지고 있었다. 수많은 동물 조각상들이 눈에 띄었고, 애완동물의 영혼을 위로하기 위해 온 오헨로상들이 많았다. 경내에서 또 다시 네덜란드 오헨로상과 스미다상 부부를 만났다.

"오! 희상, 걸어서 왔는데도 엄청 빠르군요!"

다들 신기해하는 눈치였다. 도쿠시마에서부터 부지런히 걷다 보니, 나도 어느새 걷기의 달인이 되어가고 있었다.

"참배 마치고 이제 나가시는 거예요?"

"네. 다음에 또 볼 수 있기를 바라요!"

나는 경내를 천천히 둘러보았는데, 아가타상의 모습은 보이지 않았다. 나보다 먼저 도착한 것일까? 아니면 나보다 늦는 것일까? 경내에서 기다리는 것보다 숙소에 일찍 가서 씻고 쉬는 게 좋을 것 같아 민슈쿠로 향했다. 도우베야 민슈쿠는 42번 절에서 10분 거리에 위치해 있었다. 민슈쿠 방에 짐을 두고 빨랫감을 들고 아래로 내려가다가 마루타상을 만났다.

"오! 희상, 일찍 도착했네!"

"저 때문에 오늘 불편하게 주무시게 해드려 죄송해요."

"아니야. 오늘 예약한 다른 손님이 취소해서 나도 독방에서 잘 수 있게 되었어. 참, 줄 것이 있어. 하나는 희상 것, 또 하나는 아가타상 것이야."

네덜란드 친구가 준 만주와 똑같은 만주 두 개를 손에 쥐어주었다. 무거운 짐을 들고 다니는 오헨로상들끼리 서로 챙기며 나누는 오셋다이는 작지만 더 고맙고 특별하게 느껴졌다. 욕실에 가서 몸무게를 재보니 첫날보다 9kg이나 빠져 있었다. 목욕을 하고 나오니 아가타상이 도착해 있었다. 마루타상이 준 만주를 건네며 동생은 잘 보내주었는지 여쭤보니, 동생의 유골을 묻은 장소를 사진으로 보여주었다.

"와! 경치가 아주 좋은 곳이네요. 동생도 무척 마음에 들었을 것 같아요."

아가타상의 눈시울이 또다시 붉어졌다.

"참, 오늘 슈상에게 전화가 왔어. 우리보다 조금 더 앞서 갔더라구. 어제 오후에 이곳 근처에서 잔다고 했는데, 몸이 좀 안 좋았던 모양이야. 내일은

슈상도 희상이 자려고 하는 도요가하시 츠야도에 묵는다고 하니, 오랜만에 만나겠는걸!"

 5시 50분쯤 식사가 준비된 식당으로 내려갔다. 구모모에서 함께 묵었던 사카에상과 마루타상, 그리고 아가타상과 오늘 처음 만난 니시야마상 등 5명이 오붓한 저녁식사를 했다. 주인아주머니께서는 음식을 남겨도 괜찮다고 했다. 남은 음식은 타누키(너구리)에게 준다고 했다.

 "아침에는 타누키 요리가 나온다고 해!"

 "네? 너구리를 먹는다고요?"

 "응. 스태미너에 얼마나 좋은 음식인데!"

 "그럼, 너구리에게 음식을 줘서 살찌우고…. 진짜 먹는 거예요?"

 "그런 셈이지!"

 마루타상과 아가타상이 서로 맞장구치며 놀리는 줄도 모른 채 나는 그저 놀라기만 했다. 주인아주머니께서는 식사가 끝나고 남은 음식을 밖에 놓아두었는데, 정말 다섯 마리의 타누키들이 모여들었다. 야생에서 살아야 하는 녀석들이 이렇게 길들여져도 괜찮을까? 야생의 너구리처럼 노숙을 하며 지내는 슈상이 떠올랐다. 드디어 내일은 슈상을 만나는구나. 몸이 안 좋았다니 걱정이 되지만, 다시 만난다니 기쁘다.

열흘 밤 다리, 하룻밤 노숙

　새벽 4시에 일어나 씻고 5시가 조금 지나 민슈쿠를 나왔다. 3시간 정도 걸어 43번 절 메이세키지(明石寺)에 도착했다. 절에서 일하시는 분이 절 초입에서부터 빗자루로 열심히 길을 쓸고 계시는 모습이 고요하고 경건했다. 참배를 끝내고 납경을 받으러 가다가 니시야마상을 만났다.

　"생각보다 빨리 도착하셨네요."

　"희상이야말로 언제 온 거야?"

　"저는 아침밥도 안 먹고 일찍 나섰어요. 니시야마상은 아침을 드시고 오셨는데도 엄청 빨리 오셨네요. 타누키 먹고 힘이 불끈 솟아서 오신 거 아니에요?"

　"하하하. 아침에 타누키 안 나왔는걸."

　납경소에서 나오는 길에 쵸즈야에서 입을 헹구고 있는 아가타상이 보였다.

　"다들 여기서 만났네!"

"희상, 나 부탁이 있는데, 본당에서 사진 한 장만 찍어줘. 전에 보여준 사진 기억나?"

"아, 그 사진이요. 여동생이랑 같이 찍은?"

"응. 그곳이 여기야. 그래서 똑같은 자리에서 사진 한 장 남기고 싶어."

아가타상은 오늘도 어김없이 눈가가 촉촉해졌다. 동생을 그리워하는 아가타상을 보니 나도 울컥해졌다.

"희상, 곧 슈상 만나겠네. 안부 전하고, 조만간 셋이 또 보자고."

"네, 저 먼저 출발할게요. 몸조심하세요."

43번 절에서 44번 절로 향하는 길에 우노마치역을 지나 걷고 있는데, 저 멀리서 누군가 나를 부르는 소리가 들렸다. 슈상이었다. 5일만의 재회였다.

"슈상, 어떻게 된 거야? 나보다 훨씬 더 많이 가고 있는 줄 알았는데…. 몸은 좀 어때? 너무 무리해서 걸은 것 아냐?"

"배가 좀 아팠어. 다리가 아니라. 고질병 같은 건데, 지금은 많이 좋아졌어."

지난번보다 얼굴이 더 까맣게 탄 슈상은 장기간 노숙으로 인해 몸이 더

안 좋아진 건 아닌지 걱정이 되었다.

"희상, 아침은 먹었어? 오셋다이로 여러 음식들 많이 받았는데, 먹고 싶은 것 꺼내서 먹어."

"와~ 좋았겠다! 진짜 많이 받았구나!"

"저기 순례자 원두막에 가서 편하게 앉아서 먹자!"

늦은 아침 겸 이른 점심을 슈상과 함께 나눠 먹고 있는데, 등 뒤로 어떤 여자분이 다가왔다.

"오헨로상, 힘드실 텐데 여기 차 한 잔 하세요. 여기 물수건도 쓰세요. 다 드시고 컵만 저기 가게에 돌려주고 가시겠어요?"

"어머나, 감사합니다!"

그녀는 순례자 원두막 옆에 있는 야끼니꾸 가게의 점원이었다. 순례자 원두막도 이곳 가게에서 순례자들을 위해 특별히 만들었다고 했다. 친절한 점원 덕분에 깨끗하게 손도 씻고 차도 마시며 풍요로운 식사를 하게 되었다. 허기를 채우고 슈상과 함께 다시 걸었다. 슈상은 어느새 빠르게 앞으로 걸어 나갔다. 여전히 성큼성큼 잘 걷는 모습을 보니 마음이 놓였다. 한참 걷다가 터널 앞에 멈춰 서서 나를 기다리고 있는 슈상이 보였다.

"희상, 여기에 야광 안전띠가 있어. 깜깜한 터널에 들어가기 전에 안전띠를 꼭 착용하도록 해."

나에게 안전띠를 건네주고 또 다시 앞에서 걷고 있는 슈상은 얼핏 무뚝뚝해 보이지만, 늘 겉으로 드러나지 않게 조용히 배려해주었다. 터널을 지나고 걷다가 다리를 건너는데 나룻배들이 보였다.

"희상, 저게 무슨 배인지 궁금하지? 일본 3대 가마우지 고기잡이배 중에 하나야. 매년 6월부터 9월 사이에 땅거미 지는 히지카와의 강 수면에서 고

기잡이 하는 어부들이 몇 마리의 가마우지를 조종해서 고기를 잡는다고
해."

가마우지를 조종하기 위해 새의 목 아래쪽에 올가미로 묶어두는데, 이 때
문에 가마우지가 잡은 물고기 중 작은 것은 삼킬 수가 있지만, 큰 물고기는
삼키지 못한다고 했다. 요즘은 고기잡이보다는 관광차원에서 손님들이 유
람선을 타고 민물고기 요리를 맛보면서 이 진풍경을 볼 수 있다고 했다.

4시 30분쯤 드디어 오늘 묵을 토요가하시에 도착했다. 이곳은 번외사찰
(88개소에 들어가지 않는 영지) 20곳 중에서 8번 사찰이었다. 이 사찰 바로 옆
다리 아래에 코보대사가 잠들어 있기 때문일까. 작지만 포근함이 묻어나는
절이었다. 다리 아래로 내려 가보니 잠들어있는 코보대사 조각상과 간절한
기원이 담긴 수많은 종이학들이 있었다.

토요가하시는 '열흘 밤 다리'라는 뜻이다. 이 절이 이렇게 불리는 이유는
코보대사가 시코쿠를 순례하던 중에 이곳에 와서 잘만한 곳이 마땅히 없자
다리 아래에서 하룻밤을 노숙하게 되었는데, 그날 밤의 길이가 마치 열흘

처럼 느껴졌다고 해서, '열흘 밤 다리'가 되었다고 한다. 이 이야기가 근원이 되어 순례 도중에는 코보대사가 다리 아래에서 잠을 자고 있기 때문에 다리 위에서는 지팡이를 짚지 않고 들고 건너는 전통이 생긴 것이다.

납경소에서 오늘밤 츠야도(절에서 제공하는 무료 숙박소)에 신세를 져도 괜찮은지 여쭤보니 허락을 해주셨다. 원래 작은 츠야도에서는 남자가 먼저 도착하면 그날은 남자가 묵고, 여자가 먼저 도착하면 그날은 여자가 묵는 것이 원칙인데, 오늘은 슈상과 나밖에 없어서 함께 묵을 수 있었다. 츠야도는 본당 옆에 위치해 있었는데, 잘 때 안에서 문을 잠글 수 있게 되어 있었고, 커튼을 칠 수도 있게 되어 있었다. 코보대사는 이곳에서 이불도 없이 다리 아래에서 주무셨다는데, 우리는 이불을 덮고 난로까지 켠 채 잘 수 있어 감사한 일이었다. 코보대사의 기운이 서린 곳이라서일까. 고향집에서 자는 것처럼 편안하고 따뜻한 잠자리였다.

한밤중의 SOS

새벽 5시에 일어나 다음 여정을 서둘렀다. 출발한 지 한 시간쯤 지나 무거운 짐을 짊어지고 역방향으로 돌고 있는 노숙 순례자를 만났다. 슈상과 노숙 순례자는 서로의 정보를 나누며 힘내라는 응원의 인사를 건넸다. 우치코 마을 어귀에 다다르자 저수지가 나왔다. 잉어들이 노니는 한적하고 평화로운 순례길이었다. 아가타상과 함께 걸을 때는 거의 속도가 비슷하지만, 슈상과 걸을 때는 늘 내가 많이 뒤처진다. 한참 걷다 보면 슈상은 저 앞에서 충분히 쉬고 있다가 내가 오면 다시 일어나 걷곤 했다. 이번에도 의자에 앉아 있다가 도착해 쉬려고 하니 슈상이 "이제 슬슬 걸을까?" 했다.

"뭐야, 나도 휴식이 좀 필요하다고!"

"알았어. 조금 더 쉬고 가자. 아 참, 여기서 조금 더 가면 우치코좌(內子座)가 있는데 구경하고 갈래?"

우치코좌는 다이쇼 5년(1916년)에 다이쇼 천황 즉위를 기념해서 세워진 가부키 극장으로, 에도시대부터 서민들의 오락이었던 가부키나 인형극을 감

상하던 공연장이다. 건물은 처마 쪽을 정면으로 한 목조기와 2층으로 세워져 있는데, 가부키 극장으로 마련된 회전무대나 하나미치(가부키 무대에서 무대 왼편에 객석을 가로질러 만들어진 통로)를 구비하고 있다. 극장 내부는 650명이나 수용할 정도로 규모가 컸다.

우치코는 예로부터 목납(옻나무 등의 열매에서 채취한 납)으로 만들어진 일본 특산물인 양초, 성냥, 화장품 생산으로 경제적 여유가 생기자 예술과 예능을 즐기는 사람들의 열의도 높아져 목조식 극장이 만들어지게 되었다고 한다. 농한기에는 우치코좌에서 가부키(歌舞伎), 인형극, 라쿠고(落語), 영화상영 등을 하는데, 이를 마음의 양식으로 삼으며 소중히 여겨왔다고 한다. 가부키 극장 외에 옛날 집들과 약방, 가게, 화장품, 전통 수공예 양초 등 다양한 곳에 이용되었던 밀랍의 제조 과정과 제품들이 전시된 박물관도 관람하며 우치코 마을의 옛 정취를 느낄 수 있었다. 겉보기에는 언뜻 서울의 인사동이나 전주 한옥마을과 비슷하지만 거리에 어지러운 노점상과 좌판이 전혀 없었다. 관광지임에도 불구하고 조용한 전통마을을 있는 그대로

고스란히 보존하는 것이 인상적이었다.

우치코역을 지나 휴게소로 가는 길에 뒤에서 뭔가 애틋한 공기가 느껴져 뒤를 돌아보니 아가타상이 있었다. 드디어 세 명이 다시 한자리에 모였다. 잠시 오다노사토 세세라기 정자에 셋이 둘러 앉아 이야기를 나누었다. 우리는 서로 얼굴을 보는 것만으로도, 대화를 나누는 것만으로도, 입가에 미소가 번졌다. 어느새 서로가 서로에게 특별한 존재가 되어가고 있었다. 아가타상은 오늘 료칸에 머물기로 해서 작별인사를 하며 떠났고, 슈상과 나는 도오야마 대사당 츠야도로 향했다.

대사당은 공동묘지 근처에 있었다. 방 안에서 처음 마주하게 된 것은 불단(佛壇 불·보살 등을 모시기 위해 불당 안에 설치하는 높은 단)이었다. 설마 이곳에서 자는 걸까, 라고 생각하고 있을 때 슈상이 문을 열며 자는 곳은 다른 곳이라고 알려주었다. 뒤편으로 가니 커다란 방에 이불과 난로도 있었다. 따뜻하게 잠들 수 있어 다행이었다. 하지만 씻는 것은 부엌에서 세수와 양치질만 가능했다. 그래도 무료로 이렇게 편안한 곳에서 머물 수 있다는 것이 얼마나 행복한지! 내일 가야 할 길이 멀어서 8시쯤 잠자리에 들었다.

그런데 자다가 문제가 발생했다. 한참 잤다고 생각했는데, 눈을 뜨니 12시. 갑자기 화장실 볼일이 급했다. 밖은 너무 어둡고, 화장실은 묘지 사이에 있고, 불도 없는 푸세식 화장실에, 슈상은 쿨쿨 자고 있었다. 앞으로 5

시간은 지나야 깨어날 텐데, 이를 어쩌면 좋아….

"슈상! 슈상!"

결국 곤히 잠자고 있는 슈상을 흔들어 깨웠다.

"왜, 무슨 일이야? 불이라도 났어?"

"저기… 나 화장실 가고 싶어. 그런데 무서워서 혼자 못 가겠어."

"아, 알았어. 같이 가자."

손전등을 들고 나와 슈상을 대사당 마당에 앉아 기다리게 했다.

"슈상, 어디 가지 말고 거기서 꼭 기다려야 해. 알겠지? 어디 가면 절대 안 돼!"

화장실로 들어가기 전까지 계속 신신당부를 했다. 어렸을 때 시골집 할머니 댁에 갔을 때 이후로 처음 있는 일이었다. 급한 용무를 해결하고 보니 이곳이 바로 천국처럼 느껴졌다. 다음 절까지 가야 할 길이 멀어 새벽 5시에 눈을 떴다. 어제는 멀고 무서웠던 화장실이 아침에 보니 그렇게도 가까울 수가 없었다. 길 위가 아니라, 화장실에서 순례길 최대의 위기를 맞게 될 줄이야… 아이처럼 다급했던 지난밤이 떠올라 절로 웃음이 나왔다.

오늘 일정은 44번과 45번 절을 모두 다녀오는 것인데, 순례길을 반 이상 걸어오니 이제 조금은 노련해졌다. 46번 절은 44번 절과 더 가깝다고 해서 44번 절 근처 숙소에 가방을 맡기고, 44번 절에 먼저 갔다가 45번 절로 간 다음에, 다시 44번 절로 돌아오기로 했다. 아침을 제대로 못 먹어서 그런지 안개 자욱한 산길 도보가 힘이 들었다. 잠시 휴게소에 쉬면서 아침을 먹을 찰나, 안개 속에서 나타난 사람이 있었다.

"아가타상!"

"아침은 먹었어?"

"지금 간단히 먹고 있어요."

"어제는 잘 잤어?"

그러자 슈상이 기다렸다는 듯이 짓궂게 대답했다.

"말도 말아요. 자고 있는데 갑자기 희상이 저를 다급하게 깨우는 거예요. 그리곤 하는 말이 '화장실 가고 싶어. 무서우니까 같이 가줘.' 하는 거 있죠. 덩치는 산만한 여자가 말이죠. 하하하."

왠지 이번 일로 슈상이 여행 내내 계속 놀릴 것 같은 불길한 예감이 들었다. 그래도 노숙할 때마다 든든한 슈상이 곁에 있어줘서 정말 다행이었다.

* 가부키(歌舞伎) - 노래, 춤, 연기가 혼합된 일본의 전통 연극. 회전 무대, 독특한 분장, 양식화된 연기 등을 특징으로 하며, 남자 배우만 출연한다.

* 라쿠고(落語) - 일본의 근세기에 생겨나 현재까지 계승되고 있는 전통적인 화술 기반의 예술 중 하나이다. 일반적으로 음악 및 의상 등의 도구 대신에, '라쿠고카(落語家)'라 불리는 사람이 부채를 들고 무대(고자高座) 위에 앉아, 청중들을 대상으로 이야기를 풀어가는 형식의 예술이다. 라쿠고카가 풀어내는 이야기에는 일반적으로 여러 사람의 대화가 포함되나, 이를 라쿠고카는 목소리의 크기 및 높낮이, 추임새, 몸짓만으로 캐릭터를 표현한다.

울트라 파워 도보, 걷기의 달인

44번 절 다이호지(大寶寺) 산문에 도착하니 커다란 짚신 두 개가 서로 마주보고 있었다. 짚신은 100년에 한 번씩 바꾼다고 하는데, 짚신 안에는 어마어마한 양의 오사메후다가 들어있었다. 그리고 11면 관세음보살이 눈에 띄었다. 11면이란 얼굴이 11개 있다는 뜻인데, 앞의 세 얼굴은 자애로운 표정, 왼쪽의 세 얼굴은 분노, 오른쪽의 세 얼굴은 미소, 뒤의 얼굴 하나는 폭소, 정면의 얼굴은 아미타 부처의 모습을 하고 있었다. 이 부처는 모든 희로애락을 보고 자비의 모습을 달리하여 중생들을 고통에서 구제하는 보살이라고 한다.

인적 드문 산길을 이용해 45번 절 이와야지(岩屋寺)로 이동했다. 아가타 상은 오늘 묵을 후루이와야소에 짐을 놓고 온다고 해서 먼저 서둘러 출발했다. 45번 절 초입에 다다르니 '조금 천천히 걸어요.'라는 안내문구가 눈에 띄었다. 걸어도 걸어도 끝없는 비탈진 산길의 오르막 계단이 이어졌다. 등이 땀에 흥건히 젖을 정도로 힘들었지만, 걷는 내내 계단 옆으로 수령이

300~800년 된 아름드리나무들이 보위하듯 서 있어 마음을 경건하게 해 주었다. 계단 주위로 걸려있는 깃발에 쓰여 있는 '나무다이시헨조콘고우(南無大師遍照金剛)'를 수십 번 외치고 나서야, 266개 계단을 모두 올라왔다. 간신히 도착해 뒤를 돌아보니 벌써 아가타상이 뒤쫓아 와있었다.

"슈상에게 연락이 왔어. 배가 많이 아픈가봐. 더 이상 걷는 게 어려울 것 같다며 도고온천 근처에 있는 숙소로 버스 타고 이동했대. 내일 쉬다가 51번 절에서 희상을 기다리겠다고 하는데, 희상은 도고아이에서 이틀 묵을 거지?"

"네. 오랜만에 주변 관광도 하고 좀 쉬려구요."

"그래. 도고아이에서 다 함께 시간을 보내자."

45번 이와야지(岩屋寺)는 깎아지른 듯 우뚝 솟은 바위산 절벽에 있었다. 본당에 오르는 돌층계의 오른쪽에는 코보대사가 팠다고 전해지는 '아나젠죠우'라는 동굴이 있었는데, 샘물이 솟아나오고 있었다. 동굴 안에 들어갔더니 왠지 신비롭고 신령스러운 기운이 감돌았다.

"희상, 이리 와봐!"

아가타상이 부르는 곳으로 가니 절벽 앞에 놓인 커다란 사다리가 보였다.

"한번 올라가 보겠어?"

"이 위에는 뭐가 있는데요?"

"올라가보면 알지. 위험하니까 카메라는 나한테 주고 올라갔다 와."

거의 90도인 수직 사다리는 높이가 5m 정도 되어 보였는데, 자꾸만 발에 우비가 걸려 사다리를 오르는 내내 위태로웠다. 두려움을 이겨내고 올라갔더니 그곳에는 하쿠산 곤겐(白山権現)이 모셔져 있었다. 위에서 내려다보니 기암괴석의 바위산들이 장관을 이루고 있었다. 그런데 사다리를 올라갈 때보다 내려올 때가 더 아찔했다. 다리가 후들거리고 등에서는 식은땀이 났다. 행여 발을 헛디디기라도 하면 바로 추락할 수도 있는 위험천만 사다리였다.

"무사히 내려왔구나. 고생 많았어. 이제 또 서둘러 출발해야지!"

"네. 아가타상, 도고아이에서 만나요!"

어느덧 4시 30분이었다. 표지판을 보니 44번 절까지 남은 거리는 11km, 돌아갈 길이 심히 걱정되었다. 인적 드문 산길은 날이 어둑해지자 검은 숲으로 변해 공포스러웠다. 야생동물이 나오지 않을까 하는 걱정도 들었지만, 두려움을 털어내려 애쓰며 걸었다. 결국 7시 30분이 넘어서야 오모고 료칸에 가까스로 도착했다. 주인아주머니께서도 많이 걱정한 듯한 표정이었다.

"오헨로상, 오늘 고생 많으셨죠. 아까 친구분한테서 전화가 왔어요. 45번 절에서 4시 30분에 출발했다고 알려주셨어요."

내가 걱정이 되어 전화를 미리 드린 모양이었다. 비탈진 산길을 기어오르고, 위태로운 바위산을 오르고, 어둑한 숲길을 걸은 파란만장한 하루였다. 순례길에서 가장 긴 거리, 50km를 오늘 하루 만에 내가 걸어낸 것이다. 몸은 천근만근 힘들었지만 무사히 마친 스스로가 대견했다.

* 나무다이시헨조콘고우(南無大師遍照金剛나무대사변조금강) – '코보 대사와 변조금강(비로자나불)께 귀의합니다.'라는 뜻으로 진언종에서 가장 많이 하는 기도문구이다. 정확한 명칭은 어보호(御宝号)라고 한다.

* 하쿠산 곤겐(白山權現) – 하쿠산 곤겐은 지금의 이시카와 현에 있는 하쿠산(白山)에서 시작된 산악신앙인데, 718년 슈 겐승(슈겐쟈이면서 승려인 수행자)인 타이쵸(泰澄) 가 하쿠산의 정상에서 명상을 할 때 용왕이 나타나 자신은 십일면관세음 보살의 화신인 하쿠산묘진 (白山明神)이라고 밝힌 데서 유래한다고 한다. 하쿠산 곤겐은 하쿠산 슈겐의 주신으로 슈겐도와 함께 일본 각지에 전파되었고, 메이지의 신불분리령 이전까지 대중적으로 신앙되던 신이다.

보리밭 사잇길로

이른 새벽 산길 초입에 발을 내딛자 다시 두려움이 몰려왔다. 안개가 너무 짙어서 바로 앞도 보이지 않을 정도였다. 산속에서 길을 잃어버리면 어쩌지? 혹시 이상한 사람을 만난다면? 갑자기 멧돼지라도 튀어나오면? 머릿속이 복잡해지면서 겁이 나기 시작했다. 언제 올지도 모르는 오헨로상을 마냥 기다리고만 있을 수는 없었다. 스스로를 믿고 전진하는 수밖에. 그러다가 점점 생각이 바뀌어갔다.

'안개가 짙어서 그렇지, 이곳 산길은 어쩌면 걷기에 최고의 산책로일지도 몰라.'

산길은 부드러운 흙길이라 발에 전혀 부담이 가지 않았고, 사람이 없어 자연 속에 온전히 몸을 맡길 수 있었다. 산속에 있는 휴게소는 그 어느 곳보다 운치 있고 아늑했다. 오헨로상으로 지낸 지 28일째 되는 날, 나는 비로소 낯선 길도 바라보고 즐길 수 있게 되었다.

산길을 내려오니 안개가 걷히고 마을이 나타났다. 10시 35분. 46번 절 죠루리지(淨琉璃寺)에 도착하자 탄성이 절로 나왔다. 이곳엔 천 년 수령의 천연기념물인 전나무가 서있었다. 오랜 세월 동안 생명을 이어가고 있는 전나무에서 신비로운 힘이 느껴졌다. 나를 굽어보는 듯한 모습에서 어머니 같은 자애로움을 보았다.

조류리지에서 1km 떨어진 거리에 있는 47번 절 야사카지(八坂寺)로 이동했다. 야사카지는 절을 지을 때 여덟 고개를 깎아서 길을 만들었다 하여 절 이름을 야사카지(八坂寺)로 지었다고 한다. 이 절에서 가장 눈길을 끈 것은 바로 천당과 지옥을 보여주는 두 공간이었다. 천당의 문으로 들어가면 평온해 보이는 선녀들이 그려진 그림을 볼 수 있었고, 지옥의 문으로 들어가면 끔찍한 형벌을 받고 있는 살벌한 그림이 그려져 있었다. 그리고 천당의 문으로 들어가는 바닥은 부드러운 흙길이지만, 지옥으로 들어가는 문의 바닥은 뾰족뾰족 튀어나온 돌로 만들어져 걸을 때마다 고통이 느껴졌다. 그와 함께 지난날의 과오가 떠올랐다.

어렸을 때부터 오빠들에 비해 나는 부모의 손길이 가지 않아도 알아서 척척 잘 해나가는 착한 딸이었다. 그런 딸이 이십대 중반에 사람에게서 받은 상처 때문에 스스로 목숨을 끊으려고 했던 적이 있었다. 다행히도 곧바로 구급차에 옮겨져 목숨을 구했지만, 믿었던 딸의 돌발행동은 부모님에게 큰 고통을 안겨주는 결과가 되고 말았다. 자식이 부모보다 먼저 세상을 떠날 생각을 했으니 이보다 더 큰 불효가 어디 있었을까. 지나고 보면 별 일 아닌 일도 순간의 잘못된 생각으로 마음의 지옥을 겪고 부모님께도 고통을 드렸음을 오늘 이곳에서 다시 깨닫게 되었다.

48번 절 사이린지(西琳寺)로 향하는 길에서는 한가로운 풍경을 만났다. 보리밭이 바람에 흔들리고 있었다. 갑자기 나도 모르게 입에서 노래가 흘

러 나왔다.

보리밭 사잇길로 걸어가면 뉘 부르는 소리 있어 나를 멈춘다.

옛 생각이 외로워 휘파람 불면 고운 노래 귓가에 들려온다.

돌아보면 아무도 보이지 않고 저녁놀 빈 하늘만 눈에 차누나.

걷다가 반대편에서 걸어오고 있는 순례자를 만났다.

"혹시 사카우치 순례자세요?"

"네. 저는 역방향으로 걷고 있어요."

"혹시 오늘 어디서 묵으세요?"

"46번 절 옆에 있는 쵸우진야에서 묵을 예정이에요."

"역시! 오늘 순례 친구 중에 아가타상이라고 있는데요. 오늘 거기서 묵는다고 했거든요. 수염 나고 안경 쓰고 선해 보이는 분이에요. 아마 딱 보면 이분이 아가타상이구나, 라고 알아보실 수 있을 거예요. 그분을 만나면 오늘 여기서 저를 만났다고 이야기 좀 해주세요. 그리고 내일 도고아이에서 만나자고도 전해주세요."

"그럴게요. 힘든 여정일 텐데도 밝게 웃는 얼굴이 참 좋아 보여요!"

잠시 스쳐 지나간 오헨로상이었지만 짧은 응원의 인사가 힘이 되었다. 51번 절 이시테지(石手寺)로 가는 입구에서 보고 싶었던 슈상을 드디어 만났다.

"언제부터 기다린 거야?"

"1시간쯤?"

"몸은 좀 어때?"

"배가 좀 아팠을 뿐이야. 이제 많이 좋아졌어."

언제 올지도 모르는 나를 한 시간이나 기다렸다니 감동이었다. 아가타상이 항상 친절한 얼굴로 다정하게 배려해준다면, 슈상은 무뚝뚝한 척하면서 겉으로 드러나지 않게 나를 배려하고 있었다. 무심한 슈상의 얼굴을 한참 동안 바라보는데, 고맙다는 말을 꺼내기가 왠지 쑥스러웠다.

"희상, 뭐해? 얼른 절에 들어가자!"

오헨로상들의 마돈나

 이시테지를 나와 숙소인 도고아이로 향하는데, 도고온센역에 정차하는 노면전차가 보였다. 전차는 일본의 국민작가로 불리는 나쓰메 소세키의 소설 『도련님』에서 모티브를 가져와 '봇짱열차'라고 불린다. 봇짱은 '도련님'이라는 뜻으로 나쓰메 소세키가 마츠야마의 중학교 선생님으로 부임하며 경험했던 자전적 이야기를 소설로 풀어낸 것이다. 1888년부터 1954년까지 마츠야마 시내에는 증기기관차가 있었는데, 이 기관차를 관광용으로 복원해서 두 대의 봇짱열차가 지금도 운행되고 있었다.
 도고온천의 우측에는 무료로 이용할 수 있는 고풍스러운 족욕탕과 매시간 기념공연을 볼 수 있는 시계탑이 있었다. 5시 정각이 되자 시계 속에서 튀어나온 나쓰메 소세키의 『도련님』 속 등장인물들이 경쾌한 음악에 맞춰 5분 동안 춤을 추었다. 관광객들의 탄성이 터져 나오는 들뜬 분위기에 오랜만에 오헨로상이란 이름을 벗고, 과거 속으로 시간을 이동하는 듯했다.

　도고아이는 시계탑 왼쪽 상점가가 시작하는 길을 따라 50m 안으로 들어
간 곳에 있었다. 식사가 포함되지 않은 스도마리로 가격은 2,000엔. 가난
한 순례자에게는 더할 나위 없이 고마운 곳이었다. 짐을 내려놓고 부엌으
로 향하자 도고아이 주인인 카메이상이 슈상과 나를 반겨주었다.

　"아가타상이라는 분에게서 전화가 왔었어요. 누구예요?"

　"아가타상은 제가 만난 오헨로상 중에서 첫 번째로 좋은 사람이에요!"

　"어, 그래요? 그럼 슈상은?"

　"음… 슈상은 두 번째? 하하하."

　카메이상과 나의 대화를 듣고 슈상이 머리에 알밤을 때리는 시늉을 했다.
아가타상이 도고아이에 오는 사이에 슈상은 슈퍼에서 재료를 사와 분주하
게 요리를 하기 시작했다.

　"오늘 솜씨 좀 발휘해볼까? 아가타상과 희상을 위해 내가 나베(鍋 냄비)
요리 만들어줄게!"

　저녁식사가 거의 완성될 무렵, 아가타상이 도착했다.

　"이제 슈상도 아가타상과 함께 첫 번째 좋은 사람으로 등업시켜 줄게!"

아가타상은 슈상과 내가 마치 톰과 제리 같다며 웃었다.

"슈상과 함께 있을 때는 슈상이 첫 번째라고 해줘야지!"

처음으로 셋이 함께하는 밤, 그동안의 걸음을 응원하며 나베요리와 맥주를 함께 했다.

"아가타상, 오늘 사카우치(역방향으로 순례)하는 분을 만났는데요. 아가타상과 같은 숙소에 묵는다고 해서 안부 전해달라고 했어요."

"아! 그분 만났어. 처음 보는 분이 나보고 혹시 아가타상 아니냐고 물어서 깜짝 놀랐어."

"역시 아가타상이 친절해 보이니깐 바로 알아보는군요. 유명인이 다 되셨어요. 하하하."

"희상이야말로 오헨로상들 사이에서 완전 유명인이 되었던데? 오헨로상들의 마돈나야!"

한국에서는 나 자신을 보잘 것 없는 사람이라고 여기며 낙심하고 지냈는데, 이곳에서는 오헨로상들 사이에서 '마돈나'라고 불린다니, 큰 변화가 아닌가. 잃어버린 자신감도 되찾고, 마음은 더없이 여유로워졌다. 상처받은 마음들이 이 길 위에서 나도 모르게 조금씩 치유되고 있었던 것이다. 그동안 밀린 이야기를 나누다 시계를 보니 저녁 8시 55분이었다.

"9시에 시계탑 마지막 공연이 있는데, 우리 지금 보러 갈까요?"

나의 제안에 다 함께 시계탑으로 향했다. 낮과는 다르게 밤에는 시계탑에 조명이 켜져 더 운치 있고 낭만적이었다. 오랜만에 관광객이 되어 도고온천 주위도 둘러보고 지금까지 힘들게 걸어온 스스로에게 휴가도 줄 겸 하루 더 묵고 싶었다.

"아가타상, 내일 함께 하루 더 묵는 건 어때요?"

"희상은 여기서 하루 더 쉬어. 나는 내 순례를 계속 이어갈게. 각자의 순
례 방식은 다른 거니까."

아가타상의 말이 맞다. 이 길은 각자의 길을 걷는 것이다. 그리고 그 길
위에서 만나고 헤어지고 또 만나고. 아쉽지만 아가타상과는 내일 작별을
할 수밖에 없다. 인연이 된다면 또 만날 수 있을 것이다. 슈상은 이곳에서
며칠 더 지낼 거라고 했다. 이제 정말 각자의 길로 가는 것일까. 셋이 함께
하는 하루가 즐거웠지만, 내일이면 헤어지기에 더 애틋한 밤이었다.

"한번이라도 만난 인연은 잊지 못하는 법이란다. 기억해내지 못할 뿐이
지."

미야자키 하야오의 「센과 치히로의 행방불명」 속 대사가 떠올랐다. 한

번 엮인 인연은 비록 잊게 되더라도 소중한 것이라는, 만남의 순간 속에 있는 영원성을 믿고 싶었다. 오늘 우리가 함께 한 밤도 오랫동안 추억으로 남아있을 것이다.

  * 나쓰메 소세키(夏目漱石:なつめ そうせき 1867.2.9~1916.12.9) - 일본의 소설가이자 평론가, 영문학자로, 『나는 고양이로소이다』 『마음』 『도련님』 등의 작품으로 널리 알려져 있으며, 메이지시대의 대문호로 꼽힌다. 1893년 7월 소세키는 대학 졸업 후 대학원에 적을 둔 채 도쿄고등사범학교 영어교사가 되었다. 이때부터 극심한 신경쇠약 증세에 폐결핵이 겹쳐 내면적 불안에 시달리게 되었으며, 이듬해 4월 돌연 도쿄고등사범학교를 그만두고 시코쿠의 마쓰야마(松山)중학교 교사로 부임했다. 마쓰야마에서 보낸 1년간의 단조로운 생활로 소세키는 심신의 건강을 회복하게 되었으며, 여기서의 생활은 뒤에 『도련님 坊っちゃん』(1906)의 소재가 되었다. 소설, 수필, 하이쿠, 한시 능 여러 장르에 걸쳐 다양한 작품을 남겼다. 그의 사상과 윤리관 등은 후대 일본의 많은 근현대 작가들에게 영향을 주었다. 나쓰메 소세키의 초상은 일본 지폐 천 엔(千円) 권에 담겨 있다.

센과 치히로를 찾아서 떠나는 시간여행

아침에 일어나니 슈상이 어제 먹은 나베 국물을 이용해 죽을 만들어 주었다. 어쩜 저리도 알뜰한지! 슈상은 전생에 여자였던 것이 아닐까? 식사를 하는데 아가타상의 가방이 보였다.

"슈상, 아가타상 가방은 안 들고 가신 건가?"

"응. 어차피 다시 이 길을 지나가야 하니깐. 가방만 두고 돌아오는 길에 가져가실 거야."

식사를 마치고 도고온천에 목욕을 하러 가려고 주섬주섬 목욕용품을 챙겨 들고 밖으로 나가는데 출입문에서 아가타상을 만났다.

"벌써 다녀오신 거예요?"

"응. 그런데 지금 폭우가 내리네. 아무래도 여기서 나도 하루 더 묵어야 할 것 같아."

"정말요? 신난다! 저는 목욕 다녀올게요!"

코보대사님이 아가타상과 내가 좀 더 함께 하길 바라는 마음에서 나를 도

와준 것이 아닐까? 그러잖아도 비가 내릴 때마다 돌아가신 아버지가 생각
나 울적했었는데, 오늘의 비는 나에게 활기를 불어넣어주었다. 여행을 시
작할 무렵과는 다르게 내 마음은 점점 따뜻하고 밝은 곳으로 옮겨가고 있
었다.

　1894년 건축된 목조 3층 건물의 도고온천은 오랜 역사만큼이나 국가 중
요문화재로 지정되어 있는 곳이었다. 미야자키 하야오의 「센과 치히로의
행방불명」은 일본의 온갖 정령들이 모여드는 온천장을 배경으로 한 애니
메이션으로 유명한데, 도고온천에서 그 모티브를 얻은 만큼 일본 각지에서
모여든 관광객들로 만원이었다. 목욕을 하고 유카타(浴衣 목욕 후, 또는 여름
철에 입는 무명 홑옷)를 입고 나와 큰 다다미(畳 일본에서 사용되는 전통식 바닥
재. 속에 짚을 5cm 두께로 넣고 위에 돗자리를 씌워 꿰맨 것으로 직사각형의 형태를
띠고 있다) 방에서 내어주는 차를 마셨다. 그동안의 고단했던 몸과 마음이
녹아내렸다. 목욕을 하고 다시 도고아이로 돌아와서 아가타상과 함께 내일
의 일정에 대해 이야기를 나누었다.

　"아가타상, 슈쿠보(宿坊 절에서 제공하는 유료숙소)에서 한번도 잔 적이 없

는데 혹시 추천해줄 만한 곳 있어요?"

"센유지를 추천해. 경치도 좋고, 온천도 있고, 특히 그곳의 쇼진요리가 일품이야!"

"아가타상은 내일 어디까지 갈 생각이세요?"

"코스타 브란카쯤이 좋을 것 같긴 한데, 한번 전화해 볼까?"

아가타상이 전화를 해보았더니 내일은 만실이라고 해서 모레 예약을 했다. 대신에 음식이 뷔페식으로 나오는 호우죠스이군 유스호스텔에 묵기로 했다. 다행히 방이 있어서 아가타상과 함께 예약을 했다. 슈상은 몸이 회복될 때까지 도고아이에서 좀 더 쉰다고 했다.

"오늘 점심은 내가 야끼소바(삶은 국수에 야채·고기 등을 넣고 볶은 요리) 만들어 줄까?"

"와~ 좋아요!"

슈상의 제안에 모두들 재료비를 나누어 내고 요리는 슈상이 했다. 새우, 소고기, 숙주, 피망 등 재료들이 듬뿍 들어간 슈상표 야끼소바는 지금까지 먹어본 야끼소바 중에 최고로 맛있었다. 밖에는 폭우가 내리치는데, 비 걱정하지 않고 한 달 만에 가져보는 휴식의 시간은 아늑하고 달콤하기만 했다.

점심을 먹은 뒤에 아가타상은 숙소에서 휴식을 취한다고 해서 슈상과 함께 밖으로 나가 주변 관광을 하기로 했다. 처음으로 오헨로상 옷을 벗고 도고온천역에 가서 봇짱열차를 탔다. 한 칸으로 된 봇짱열차는 옛날 기관차 모습 그대로를 복원했는데, 장난감 기차처럼 앙증맞았다.

30분 정도의 운행을 마치고 종점인 도고온천역에 내려 근처에 있는 시키 기념관으로 향했다. 기념관은 일본 전통 창고 모양으로 만들어져 있었다.

일본의 전통적인 시 형식인 하이쿠와 단카를 되살린 시키의 본명은 마사오
카 쓰네노리. 에히메현 마쓰야마시에서 무사의 장남으로 태어나 1885년부
터 시를 쓰기 시작했다. 불행히도 4년 뒤 결핵에 걸려 거의 평생 동안 병약
하게 살다 죽었지만, 그의 작품은 놀랄 만큼 초연하다.

'떠나는 내게, 머무는 그대에게, 가을이 두 개'

마사오카 시키 하이쿠를 읽으면서 떠나는 이도, 머무르는 이도 아쉬운 쓸
쓸함이 비단 가을뿐만이 아니라 시코쿠 순례를 하는 지금도 그렇게 기억될

것 같았다.

오늘 저녁 역시 슈상이 요리를 담당하기로 했다. 곱게 간 무 위에 멸치를 올려놓고 간장을 부어 먹는 요리는 그야말로 별미였다. 닭똥집 볶음과 튀김옷을 얇게 입힌 치킨은 비린 맛이 전혀 나지 않았고, 카레가루를 넣은 볶음밥도 고소하고 맛있었다. 노숙의 달인으로만 알고 있던 슈상에게 이렇게 일류 요리사 뺨칠 정도의 솜씨가 숨어 있었다니 감탄이 나왔다. 식사 중에 슈상은 편지와 사진 한 장을 보여주었다. 65번 절에 가는 길에 만날 수 있는 하기우앙이라는 다카하시 젠콘야도 사진, 그리고 슈상이 보낸 편지에 다카하시 어머니께서 답장을 보내주신 편지였다.

"내가 이 길 위에서 유일하게 어머니라고 부르는 소중한 분이야."

슈상은 기회가 된다면, 그곳에 함께 머물면 좋겠다고 했다. 한층 깊어가는 저녁, 맥주 한 캔을 마신 아가타상이 노래 한 곡을 부르며 말을 이어갔다.

"희상, 정말 고마워. 이렇게 좋은 시간을 함께 보냈다는 것. 그리고 우리 셋이 연결될 수 있었던 것은 희상 덕분이었던 것 같아. 희상은 참 신비한 매력이 있는 것 같아. 순례 중에 안 좋은 일들도 생길 법한데, 이상하리만큼 안전하게 모두 피해갔어. 앞으로의 여행길도 그렇게 잘 이겨낼 거라 믿어."

"고마워요. 모두 두 분 덕분이에요."

친구들과의 우정이 깊어가던 오늘밤의 만찬을 잊지 못할 것이다. 어쩌면 코보대사는 멀리 있는 것이 아니라 아가타상과 슈상의 모습으로 내 앞에 나타난 것인지도 모른다는 생각이 들었다. 보물처럼 소중하고 귀한 나의 인연들.

오셋다이 풍년, 예술의 경지, 쇼진요리

아침에 엔묘지에서 나와 산문을 빠져 나오는데, 보행기에 의지해 걷고 있는 할머니가 아가타상을 부르셨다.

"오헨로상, 이거 받으세요!"

할머님은 점심으로 맛난 음식을 사먹으라며 1,000엔을 주시는 것이 아닌가! 아가타상은 감사하다면서 그래도 돈이 너무 많으니 반만 주시는 것이 어떠냐고, 자신의 동전 지갑에서 500엔을 꺼내려고 했다. 그러자 할머님께서는 500엔을 다시 돌려주셨다.

"아가타상 같은 아들이 내게 있어요. 아들 생각나서 주는 거니깐 그냥 받으세요."

오셋다이는 거절하면 안 된다는 불문율이 있기 때문에 아가타상도 더 이상 사양하지 않고 감사히 받았다. 그리곤 오셋다이로 받은 돈을 내게 보여주며 이걸로 맛있는 점심을 사주겠다고 했다.

"아니에요. 이건 아가타상이 받은 오셋다이인데, 저는 괜찮아요."

"아니야. 함께 있을 때 받은 거잖아. 이런 건 같이 나누어야 더 좋은 거야!"

"이렇게 많은 돈을 오셋다이로 주는 건 처음 봤어요. 보통 동전을 주지 않나요?"

"몇 년 전 아내랑 함께 여행할 때는 각각 3,000엔을 받은 적도 있는 걸."

아가타상은 할머니께 받은 돈으로 텐동(天丼 튀김덮밥)을 사주었다. 늘 베푸는 삶을 실천하는 아가타상을 볼 때마다 나눈다는 것이 무엇인지를 배우게 된다. 점심을 먹고 1시간쯤 지나 다른 행인으로부터 빵과 피로회복제를 오셋다이로 또 받게 되었다. 길을 걷다가 지칠 때면 나타나 응원해주는 사람들. 그들 자체가 순례자들에게는 큰 오셋다이이며, 시코쿠에서만 느낄 수 있는 축복이었다.

오후 3시쯤 오늘 묵을 호유죠스이군 유스호스텔에 도착했다. 유스호스텔에 묵는 것은 이번이 처음이었는데, 내부는 민슈쿠처럼 깔끔하게 정돈된 분위기는 아니었지만, 그래서 오히려 내 방에 있는 것처럼 편안하고 정감이 들었다. 특히 이곳의 저녁식사는 어마어마했다. 상다리가 휘어질 정도로 많은 음식이 있었는데, 뷔페식이었다. 이곳에 오기 전에 유스호스텔의 음식이 푸짐하다는 소문을 오헨로상들로부터 자주 듣곤 했는데, 과연 소문대로여서 오랜만에 배부르게 먹을 수 있었다.

　다음날 아침에는 주인아저씨가 직접 만들어주신 요거트와 서양식 아침식사를 먹고 길을 나섰다. 아침까지 든든하게 먹어 몸과 마음이 재충전되었다. 아가타상과는 각자의 속도대로 걷기로 했다. 꼭 만나자고 약속하지 않더라도 앞서거니 뒤서거니 걸으면서 갈림길에서 만나곤 하는 인연을 이제는 믿게 되었다.

　[접대소]
　수고하십니다. 조금 쉬지 않겠습니까?
　기와의 고장, 기쿠마에서 태어난 후지 카에루입니다.
　자유롭게 드시고 가져가세요.
　– 후지 카에루 (키쿠마 도예 애호회)

　길을 걷다가 발견한 오셋다이와 안내 문구였다. 일상적인 삶이 순례길과 맞닿은 이들의 사려 깊은 마음 씀씀이가 전해졌다. 안내 문구를 읽고 있을 때, 휠체어를 타고 순례 중인 할아버지가 지나갔다. 두 발로 걷진 못하지만 대신 휠체어에 몸을 맡기고 순례를 하는 것이었다. 어떠한 순례든 자신이 할 수 있는 능력 안에서 최선을 다하는 것이 중요하다는 생각이 들었다. 나는 눈인사를 나누며 건강하시길 기원했다.

　오후 5시가 조금 넘어 58번 절 센유지(仙遊寺)의 산문에 도착했다. 본당은 가파른 오르막을 올라야 했다. 땀이 비 오듯 쏟아졌다. 산꼭대기로 이르는 급경사의 옛 참배길을 '고로베사카'라고 부르는데, 이곳에 센유

지의 북소리에 얽힌 전설이 있다.

　기도를 하느라 하루에도 몇 번이나 북을 울리는 통에 바다의 고기가 잡히지 않는다고 생각한 '고로베'라는 어부가 하루는 칼을 갖고 절에 올리와 북을 찢어버리고는 쏜살같이 비탈을 달려 내려갔다. 그런데 불안한 마음에 서둘러 도망치듯 내려가다 넘어져 데굴데굴 굴렀고, 북을 찢었던 칼이 자신의 배에 꽂혀 죽고 말았다는 일화다. 그 후 이 비탈은 '고로베사카' 즉 고로베 비탈길이라고 불리게 되었다는 것이다.

　센유지는 높은 산 위에 있어서 초인적인 걸음으로 힘을 내어 해가 지기 전에 정상에 다다랐다. 숙소인 슈쿠보 쪽으로 먼저 가서 오늘 묵을 방을 안내받았다. 센유지는 해발 340m에 있는 만큼 이마바리시가지와 세토나이카이의 다도의 절경을 한눈에 내려다 볼 수 있었다. 힘들게 올라온 보람이 있었다.

　센유지에서 내가 가장 기대하고 있던 것을 드디어 마주하는 순간이 다가

왔다. 바로 이곳의 쇼진요리(精進料理 정진요리)였다. 주지스님의 부인이 차리는 쇼진요리가 순례자들 사이에서 명성이 자자했기에 궁금했다. 빨간색 쟁반과 식기에 정갈하게 담겨있는 음식을 보고, 이것이야말로 예술이지 않을까 하는 생각이 들었다. 단아하면서도 아름답고 멋스러운 음식은 보기만 해도 침이 고였다. 제철 재료로 간을 최소화한 음식들은 자연이 담고 있는 고유한 풍미가 그대로 살아있었다. 『식객』의 허영만 화백도 센유지의 쇼진요리를 접하고는 "음식을 만들고 담는 것도 정진의 한 과정 같다."며 세심한 손길과 정성에 대해 극찬했다고 한다.

특히 이곳의 고야(高野)두부는 스님들의 비상식량 개념으로 처음 만들어졌는데, 얼린 두부로 불리기도 하며 지금은 진미 대접을 받는 고급 두부이다. 쇼진요리는 육류, 어패류, 달걀을 사용하지 않고 곡물, 콩, 야채 등의

식물성 재료와 해조류를 사용한 요리인데, 가마쿠라시대에 불교가 융성하면서 대중적으로 널리 퍼졌다.

'쇼진(精進)'이라는 말은 불교에서 불도를 닦을 때 잡념을 버리고 일심으로 정신수양을 한다는 뜻을 가지고 있기도 하다. 음식도 수행이라는 선의 정신을 근거로 한 선종의 식사법으로 시작되었으며, 두부를 이용한 요리, 야채를 튀기거나 조리거나 삶아서 요리한 것, 나물 등으로 구성된다. 센유지에서는 선종의 교리를 엄격하게 따르며, 쇼진요리가 그 명맥을 이어가고 있었는데, 음식을 먹는 것만으로도 몸과 마음이 깨끗이 닦이는 느낌이 들었다. 마치 순례를 음미하는 듯했다.

친절을 가장한 성추행

64번 절 마에가미지(前神寺)에서 납경을 받다가 아가타상과 아키코상을 모두 만났다. 헤어졌다가도 길에서 다시 만나게 되는 인연이 감사하고 신기했다. 슈상의 안부가 궁금해 전화를 걸었더니 마침 인근에 있다고 하며 하규우안 젠콘야도에서 모두 만나면 좋겠다고 했다. 12시쯤 젠콘야도에 가니, 먼저 도착해있던 슈상이 우리를 집 안쪽으로 안내해주며 젠콘야도를 운영하는 다카하시상을 소개시켜주었다.

"다카하시상이야. 시코쿠에서 내가 유일하게 어머니라고 부르는 분이지."

다카하시상을 소개하는 슈상의 얼굴이 활짝 피었다. 그가 이렇게 아이처럼 웃는 모습은 처음이었다. 슈상에게 다카하시상이 얼마나 특별한 존재인지 그의 표정만으로도 알 수 있었다.

"모두들 배고프시죠? 점심은 근처 호카호카 벤토에 가서 드시면 돼요. 오헨로상들에게 무료로 도시락을 드리고 있어요."

  온화한 표정에서 여유로움이 느껴지는 다카하시상은 점심을 먹을 수 있게 챙겨주셨다. 호카호카 벤또는 일본의 대중적인 도시락 체인점인데, 모든 체인점에서 오셋다이를 하는 것은 아니고 이곳만 특별하게 무료로 제공한다고 했다. 도시락은 오사메후다를 건네주면 그날의 메뉴를 정해서 오헨로상들에게 제공하는 방식으로 운영되고 있었다. 우리는 한껏 들떠 있다. 젠콘야도로 돌아와 도시락을 열어보니 방금 튀긴 생선까스 도시락이었다. 얼마 만에 먹어보는 따뜻한 점심인지! 차가운 주먹밥으로 점심을 때울 때가 많았는데, 따뜻한 밥과 반찬이 들어간 도시락은 정말 감격이었다.

  식사를 마친 후 아가타상과 아키코상은 다음 여정을 떠나기 위해 다카하시상에게 감사인사를 드리고 떠날 준비를 했다. 다카하시상은 두 손을 맞잡고 배웅해 주시며 다음 번 순례 때는 꼭 쉬어가라고 하셨다. 수상과 나는 오늘 다카하시상의 젠콘야도에서 자기로 했다. 아가타상과 아키코상을 배웅한 후 내가 조금 풀이 죽어있자 수상이 선물이라며 무언가를 건넸다. '시코쿠 제패'라고 쓰여 있는 핸드폰 고리였다.

  "희상, 이제 얼마 남지 않았으니까 끝까지 힘내자구!"

  허전한 내 마음을 알아차리고 달래주는 수상이 고마웠다. 젠콘야도는 집

옆에 있는 주차장을 개조한 방으로 오헨로상들이 잘 수 있게 되어 있었다. 그런데 다카하시상은 오늘 젠콘야도에 손님들이 많다며 젠콘야도가 아니라 특별히 방에서 잘 수 있게 해주었다. 그리고 난방이 되어있는 다카하시상의 방에서 몸을 따뜻하게 녹이며 쉬라고 하셨다. 여러 가지로 배려해주는 마음이 감사할 뿐이었다.

방에서 쉬고 있는데 목욕을 막 끝낸 어느 오헨로상이 다카하시상의 돌아가신 아버지 위패를 모시고 있는 불단 앞에 앉아 반야심경을 읊기 시작했다. 가고시마에서 왔다는 그는 호남형의 얼굴에 예의바른 B상이었다. 다카하시상의 불단까지 정성스럽게 돌보는 모습이 특별한 관계처럼 느껴졌다. B상이나 슈상뿐만이 아니라 이곳에 머무는 오헨로상 모두에게 다카하시상은 어머니와 같은 존재가 아닐까 하는 생각이 들었다.

다카하시상은 저녁으로 죽순요리와 카레라이스를 만들어 주었다. 음식에서 오랜 연륜이 배어난 손맛이 느껴졌다. 매일매일 새로운 곳을 떠다니며 몸과 마음이 지쳐 있었는데, 마치 내 집에 온 것처럼 포근했다. 다카하

시상의 따뜻한 품을 그대로 닮은 집이었다. 저녁식사 후 설거지를 돕고 있는데, 갑자기 B상이 다가오더니 나에게 몸을 바짝 밀착하고는 귓속말로 속삭였다.

"슈상을 조심해. 어머님이 그러시는데 슈상은 여기에 올 때마다 함께 오는 여자가 바뀐대. 어머님이 사진도 보여주셨어. 슈상은 순례자가 아니야. 순례자인 척하는 홈리스라고. 희상도 슈상이랑 같이 다니면 홈리스가 되는 거야. 무슨 말인지 알지?"

그의 말에 기분이 좋지 않았다. 슈상이 지난번에 다른 여자와 함께 이곳에 왔다는 것은 나도 이미 알고 있었다. 그가 말한 사진을 슈상이 예전에 나에게 보여준 적이 있기 때문이다. 여자랑 온 것이 무슨 죄라고 남을 헐뜯는 말을 하는 건지…. 가까이 다가와서 귓속말로 이야기하는 것도 무례한 일이었다. 내가 대꾸하지 않자 그는 화장실에 가는 나를 붙잡고 다시 한 번 신신당부했다.

"정말 조심해야 해. 오늘 희상과 슈상이 한 방을 사용해서 어머님도 걱정하고 계셔. 내일은 슈상이랑 함께 가지 말도록 해."

그런데 이야기를 하다가 B상의 손이 살짝 내 가슴을 스쳤다. 컴컴해서 실수로 그랬거니 생각했지만 왠지 꺼림칙했다. 고의로 그런 걸까? 그는 왜 슈상에 대해 나쁜 이야기를 하는 거지? 슈상에 대해서 그동안 내가 잘못 알고 있었던 걸까? 잘 알지도 못하는 B상의 말에 내 마음이 흔들리는 것도 속상했다. 방에 돌아와 누웠는데 머릿속이 혼란스러웠다. 그의 말처럼 다카하시상도 정말 걱정하는 걸까? 슈상은 그분을 어머님처럼 생각한다고 했는데, 다카하시상은 그렇지 않은 걸까? 걱정이 된다면 왜 한 방에서 자도 괜찮다고 말씀하셨을까. 복잡한 생각으로 잠을 못 이루고 있는데, 갑자기 방문이 열리며 B상이 이불을 든 채로 들어왔다.

"혹시 안 추워? 어머님이 이 방이 추울 수도 있다며…. 이불이 더 필요할지도 모른다고 해서 말이야."

그는 슈상과 내가 한 방에서 자는 것에 대해 계속 불안해하고 걱정스러워하는 눈치였다. 혼란스러운 마음에 거의 뜬 눈으로 밤을 지새웠다. 피곤한 몸으로 7시쯤 출발하려는데 B상이 다가왔다. 그는 내가 메고 있는 배낭을 보더니 무게가 어느 정도 되는지 궁금하다며 들어봐도 되냐고 해서 허락을 했다. 그런데 뒤에서 배낭 밑부분을 받쳐 들어 올리는데, 그의 손이 내 엉덩이를 살짝 스쳤다. 또 다시 나의 착각일까. 머릿속이 복잡해질 무렵, 그가 다시 한 번 내 배낭을 들어 올리는데 또 다시 그의 손이 내 엉덩이를 스치고 지나갔다. 몹시 불쾌했다. 말대꾸도 하기 싫어 슈상과 함께 허둥지둥 숙소에서 나왔다. 믿는 도끼에 발등 찍힌 기분이었다.

"B상 진짜 이상한 놈인가 봐. 어제는 슈상에 대해 안 좋은 말들을 하지 않나. 좀 전에는 내 가방을 들어본다면서 손이 내 엉덩이를 두 번이나 스친

거 있지? 너무 속상해."

"희상, 우리 찻집에서 시원한 커피 한 잔 하고 갈까?"

나는 슈상에게 어제 오늘 사이에 일어난 일들을 쏟아내기 시작했다. 솔직하게 다 털어놓았는데도 그는 전혀 동요하지 않았다. 오히려 자신을 믿어줘서 고맙다고 했다. 슈상은 오늘 노숙을 할 거라고 했다. 혼자만 민슈쿠에 자려니 미안한 마음이 들었다. 내일 근처 편의점에서 만나기로 약속을 하고 그와 헤어졌다.

숙소에서 슈상이 어제 건넨 핸드폰 고리를 다시 꺼내보았다. 나무판 뒤에는 내 이름과 함께 '시코쿠 제패'가 함께 쓰여 있었다. 마츠야마에서 날 위해 몰래 선물까지 준비했는데, 어젯밤 나는 잠시 그에 대해 의심을 하고 말았다. 그리고 그런 자신이 실망스러워 마음이 무거웠다. 사람들이 슈상의 누추한 행색만 보고 선입견을 가지는 것이 안타까웠다. 무엇보다 그런 선입견을 가진 사람들과 마주해야 하는 슈상의 마음은 어떨까 생각하니 슬펐다. 슈상에 대해 막말을 하고 내 몸을 만지려 한 B에게 따귀를 올려 부치거나 한마디 대차게 쏘아주지 못한 내가 바보 같았다. 바람 불고 쌀쌀한 오늘밤, 슈상은 어디에서 자고 있는 걸까?

제4장 가가와,
행복에 이르는 길(열반의 도장)

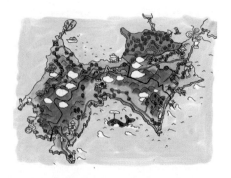

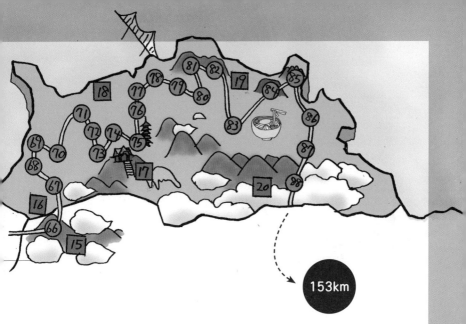

153km

37일째 ⑯ 雲辺寺 운펜지 ⑰ 大興寺 다이코지 ⑱ 神恵院 진네인 ⑲ 観音寺 칸온지

38일째 ⑰ 本山寺 모토야마지 ⑪ 弥谷寺 이야다니지 ⑫ 曼茶羅寺 만다라지

⑬ 出釈迦寺 슛샤카지 ⑭ 甲山寺 코우야마지 ⑮ 善通寺 젠츠지

39일째 ⑯ 金倉寺 콘조지 ⑰ 道隆寺 도류지 ⑱ 郷照寺 고쇼지

⑲ 天皇寺 텐노지 ⑳ 国分寺 코쿠분지

40일째 ㉑ 白峯寺 시라미네지 ㉒ 根香寺 네고로지 ㉓ 一宮寺 이치노미야지

41일째 ㉔ 屋島寺 야시마지 ㉕ 八栗寺 야쿠리지

42일째 ㉖ 志度寺 시도지 ㉗ 長尾寺 나가오지 ㉘ 大窪寺 오쿠보지

번외사찰 15 箸蔵寺 하시쿠라지 16 萩原寺 하기와라지 17 神野寺 칸노지

18 海岸寺 카이간지 19 香西寺 코우자이지 19 大滝寺 오타키지

순례길의 빛과 그림자

  68번 진네인(神惠院)과 69번 절 간온지(觀音寺)는 두 사찰이 함께 있다. 그래서 납경도 한 곳에서 함께 받을 수 있었다. 근처 고토히키 공원 전망대에 올라가 거대한 모래그림인 관영통보(寬永通宝)를 보았다. 이곳은 세토나이카이 국립공원에 속해 국가의 명승으로 지정된 곳으로, 모래그림은 아름다운 세토내해의 석양과 함께 어우러져 탄성이 절로 나왔다. 에도시대의 화폐인 관영통보를 백사장 위에 섬세하게 새긴 제니가타 모래그림은 둘레가 345m, 가로 122m, 세로 90m로 어마어마한 크기였다. 300년 동안 흐트러짐 없이 관영통보 모양을 그대로 유지하고 있는 게 신기할 따름이었다. 이것을 본 사람은 건강하게 장수하며 부자가 된다고 한다. 저녁 6시가 지나면서 노을은 점점 깊어갔다.

  "희상은 88번 절까지 도착하면 어떤 기분이 들 것 같아?"

  "기쁠 것 같아. 정말 아무것도 모르던 내가 이렇게 해냈다니 하면서. 슈상은?"

"난 외로울 것 같은데. 좋은 사람들과 헤어져야 하니까…."

가가와현에 들어서면서부터 이제 슈상과의 여행도 얼마 남지 않았음을 실감했다. 침낭이 없는 내게 자신의 침낭을 대신 내어주며 함께 노숙을 하도록 돕고, 더딘 내 걸음을 오랫동안 참고 기다려 주었다. 겉으로 알뜰하게 챙기는 살가운 성격은 아니었지만, 내가 힘들 때마다 그는 항상 곁에 있었다. 어쩌면 슈상은 늘 사람 많은 곳을 피하려 하지만 실은 사람이 그리운 것이 아닐까 하는 생각이 들었다. 특히 태어나서 처음 경험해보는 노숙은 슈상이 내게 준 귀한 선물이었다.

슈퍼에서 먹을거리를 사려고 할 때였다. 나는 빵을 샀는데 슈상은 아무것도 구입하지 않아 이상했다. 점심으로 산 빵을 함께 나눠먹으며 조심스럽게 물었다.

"슈상은 먹을 거 안 사?"

"돈이 없어."

슈상은 은행에서 출금하는 걸 깜박 잊었다고 했다. 그리고 지금은 일본의 최대 휴일인 골든위크(Golden Week 4월 말부터 5월 초까지 공휴일이 모여 있는 일주일) 기간이라 우체국에서 돈을 찾을 수 없는 처지라고 했다. 공휴일이라고 하더라도 ATM기에서는 출금이 가능할 텐데 무조건 안 된다고 하는 상황이 잘 이해되지 않았다. 그리고 어느 순간부터 슈상은 돈을 거의 쓰지 않고 밥을 사먹을 때마다 얻어먹었다. 처음에 밥을 살 때는 잘 먹었다는 말도 잊지 않았는데, 이후에는 음식점의 계산대를 먼저 지나쳐서 내가 계산해야 하는 상황이 계속되었다. 노숙까지 하며 돈이 넉넉하지 않은 슈상을 이해하려고 했지만, 이번에는 뭔가 석연치 않았다. 하규우안 젠콘야도에서 만났던 B상의 말이 계속 떠오르며 다시 슈상에 대해 혼란스러워지기 시작했다. 물론 B상의 말을 전부 믿지는 않지만 마음이 꺼림칙하며 개운치가 않았다.

"그럼 앞으로 어떻게 해?"

"괜찮아. 계속 노숙을 하니까 돈이 그리 필요하지도 않고."

태연한 표정을 짓는 슈상에 비해 나는 속으로 걱정이 많이 되었다. 그러나 각자의 여행 방법이 있는데 계속 같은 방식으로 함께 할 수는 없는 노릇이었다.

"오늘 슈상은 어디서 잘 거야?"

"노숙할 거야. 걱정하지 마!"

헤어지기 전에 나는 슈상에게 만 엔을 내밀었다. 한 푼도 없다고 하니 어찌할 도리가 없었다.

"빌려주는 거야. 나중에 은행 문 열면 그때 돌려줘."

"그럴게. 고마워."

돈 거래를 한다는 것이 썩 좋은 일은 아니라고 생각하지만, 앞으로 계속 슈상에게 필요한 돈을 내가 책임진다는 것도 어려운 일이었다. 만약 슈상이 돈을 못 갚게 되더라도 상관없다는 마음으로 빌려주었다. 그렇게 해야 안 좋은 상황에서도 상처받지 않을 수 있기에. 물론 그런 일이 발생하지 않

을 거라고 수상을 굳게 믿었다. 몇 년 전 지인에게 큰돈을 빌려주었다가 돈도 잃고 사람도 잃었던 기억이 떠올랐다. 수상이 내게는 지금까지 좋은 사람이었지만 또 다른 누군가에게는 나쁜 사람으로 비춰질 수도 있었다. 사람은 자신이 보고 싶은 현실 속에서 다른 사람을 바라보게 되므로 누군가에 대한 인상도 자신만의 생각으로 왜곡될 수 있다. 하지만 어느 한 단면만보고 그 사람의 모든 것을 판단할 수 없는 노릇이다.

순례길도 사람이 사는 곳이기 때문에 지나친 환상을 품지 말아야겠다는 생각이 들었다. 지금까지 좋은 사람들만 만난 것은 내게 행운이었다. 다른 순례자들로부터 누군가를 절대적으로 믿어서는 안 된다는 주의를 몇 번 듣곤 했다. 직접 겪지는 않았지만 젠코야도에서 순례자가 술을 마시고 난동을 부리거나 물건을 훔쳐가기도 하고, 젊은 여성을 재워준다고 데려가 추행을 하는 사람도 있고, 배낭을 맡아주겠다고 해놓고 배낭을 갖고 도망가는 사람도 있고, 순례자처럼 행색을 하고 사기를 치거나 나쁜 짓을 일삼는 사람들도 있다고 했다. 예기치 않은 불안과 위험이 순례길에도 분명 존재하고 있는 것이다.

만 엔은 되돌려 받지 않아도 괜찮다. 슈상은 내게 돈으로 살 수 없는 귀한 경험을 이미 주었으니. 순례길을 헤쳐 나갈 수 있는 용기를 북돋아 주었기에 그것으로 충분히 되었고, 내게 좋은 사람이다. 그렇게 마음을 먹자 어지러운 마음이 한결 나아졌다.

타코야끼 집에서의 목욕 오셋다이

코보대사가 태어난 곳이기도 한 젠츠지(善通寺)는 일본 3대 사찰 중의 한 곳으로, 사찰 경내지만 10만m² (3만여 평)에 달할 정도로 어마어마한 규모였다. 사찰 입구에는 높이 45m의 목탑이 서 있었고, 절 곳곳에 일본 국보가 봉안돼 있어 관광객들로 붐볐다. 젠츠지의 슈쿠보에 가서 젠콘야도를 안내받았다.

"미스 다케모토상의 젠콘야도가 있어요. 오늘은 다행히 먼저 온 남자 오헨로상이 없어서 묵으실 수 있어요."

슈쿠보 직원으로부터 약도와 열쇠를 받아 젠콘야도에 도착했다. 다케모토상의 집에는 아무도 없었다. 살림이 잘 정리되어있는 커다란 가정집 거실에는 다케모토상의 돌아가신 아버지를 모시는 불단이 있었다. 불단 앞에서 간단히 합장을 하고 짐을 두고 나왔다. 수상과 함께 저녁을 먹으러 타코야끼(밀가루 반죽 속에 문어를 넣어 지름 3~5cm 정도로 둥글게 구운 요리) 집에 갔는데, 아가타상으로부터 전화가 왔다.

"희상, 잘 지내지? 노숙은 할 만해?"

"다른 건 괜찮은데, 머리를 사흘째 못 감아서 미칠 지경이에요."

"이제 얼마 남지 않았으니까 힘내! 순례 마치면 오사카에서 만나 시원한 맥주 마시자!"

노숙을 할 때 밤마다 추운 것은 참을 수 있는데, 땀범벅이 된 머리를 사흘째 못 감고 있는 것은 정말 견디기 힘들었다. 그러자 통화를 옆에서 듣게 된 타코야끼 주인아저씨께서 말했다.

"가게 안에 있는 방에 목욕탕이 있어요. 괜찮으시다면 이용하시겠어요?"

"정말이요? 그럴 수만 있다면 저야 감사하죠!"

저녁을 먹으러 간 가게에서 목욕까지 하고 나오다니! 게다가 아저씨께서는 값을 받지 않고 맥주까지 오셋다이로 주셨다. 숙소로 돌아와 책을 읽으며 잠자리를 준비하고 있는데, 밖에서 인기척이 들렸다. 젠콘야도의 주인인 미스 다케모토상이었다.

"고양이밥 챙겨주러 왔다가 들렀어요. 삶은 계란과 귤을 좀 챙겨왔는데 드세요."

숙소를 제공해준 것도 고마운데 늦은 밤 들러서 오셋다이까지 전해주고 가다니 더없이 고마운 일이었다. 때마침 골든위크라서 숙소를 잡기 어려웠는데, 젠콘야도 덕분에 숙소 걱정 없이 잘 지낼 수 있었다. 그동안 내가 받은 오셋다이는 헤아릴 수 없이 많았다. 자신의 집을 숙소로 선뜻 내어준 사람들, 밥을 사주거나 목이 탈 때마다 음료수를 건네는 행인들, 아픈 다리 쉬어가라고 차를 태워주시는 분들, 먹을거리를 무료로 내어준 가게의 점원 등등…. 지친 몸과 마음은 오셋다이 덕분에 힘을 얻곤 했다. 길에서 만난 아주머니가 내게 천 엔을 건네주시며 했던 말씀이 떠올랐다.

"내가 어렸을 때부터 부모님은 순례자를 보면 반드시 오셋다이를 드려야 한다고 가르치셨어. 그건 이 섬의 오랜 전통이야. 그러니 기쁘게 받아줬으면 좋겠어."

언젠가 나도 다른 순례자들에게 내가 가진 것들을 나눌 수 있는 날이 오기를 진심으로 바랐다.

다음에는 맛집투어, 우동순례를

80번 절로 향하는 길에 어디선가 휘파람 부는 소리가 들렸다. 소리가 들리는 곳으로 다가갔더니, 한 남자가 휘파람을 불며 새를 부르고 있었다. 그러자 어느새 작은 새가 날아와 그의 손에 있는 모이를 먹기 시작했다. 경이로운 광경에 감탄하는 내 표정을 보고는 나에게도 한번 해보라고 하셨다.

"제가요? 과연 할 수 있을까요?"

"마음을 편안하게 하고 자연스럽게 손을 펼쳐 보여주세요."

그에게 먹이를 건네받아 내 손 위에 올려놓고 손바닥을 펼쳐 보이자 몇 분 뒤 신기하게도 새가 날아와 내 손에 앉으려고 했다. 하지만 긴장한 나머지 내가 깜짝 놀랐더니 새는 먹이도 먹지 못하고 이내 날아가 버렸다.

"긴장 풀어요. 절대 물지 않으니까."

다시 한 번 그가 알려준 대로 했다. 처음에는 주변을 맴돌기만 하던 새가 드디어 내 손에 내려앉아 먹이를 쪼아 먹기 시작했다. 그 순간 새와 하나가 된 느낌이 들어 말로 표현할 수 없는 감동이 뭉클뭉클 솟아났다. 나의 성공에 그도 웃으며 축하해 주었다.

다음 숙소 근처에 도착하니 어느덧 12시가 되어 점심을 먹으러 우동집에 들어갔다. 드디어 사누키 우동을 맛보는구나! 가가와는 일본 3대 우동으로 꼽힐 정도로 유명한 우동의 본고장으로, 인구 100만 명의 고장에 우동가게는 800여 개나 된다고 한다. 사누키는 가가와현의 과거 지명이기도 하다. 무라카미 하루키의 『하루키의 여행법』이라는 책을 통해 사누키 우동이 일본인들뿐만 아니라 세계적으로 널리 알려지면서 많은 미식가들이 우동을 먹기 위해 가가와를 찾을 정도라고 한다. 무라카미 하루키는 2박 3일간 우동만 먹는 여행을 하면서 "우동은 인간의 지적 욕망을 마모시키는 음식"이라 평할 정도로 가가와 우동에 대해 극찬했다.

특히 시코쿠의 우동가게는 가게마다 우동을 먹는 방법들이 색다르며 독특하다. 가게마다 주력하는 우동의 종류가(카케, 붓가케, 자루우동 등) 다르며, 국물 맛도 다양하고 우동 위에 얹어 먹는 토핑도 선택할 수 있기에 상당히 고민이 되었다. 주인아주머니께 추천해 달라고 부탁하니 가마아게우동을 권해주셨다. 이곳은 신기하게도 손님이 강판에다가 생강을 직접 갈아 넣어 먹게 했는데, 한국에서 그동안 먹어왔던 우동과 다르게 깔끔한 국물과 쫄깃한 면발이 일품이었다. 다음에는 우동 순례를 본격적으로 하고 싶다는 생각이 들 정도였다. 가가와에 들어서니 우동집이 자주 눈에 띄었다.

저녁에 들른 야마다야 우동집도 인상적이었다. 가가와에서 맛있는 우동으로 소문난 집이라 가게 밖으로 줄이 길게 늘어서 있었다. 대기자 명단에 이름을 올려놓고 30분을 기다린 끝에야 가게 안으로 들어갈 수 있었다. 날씨가 더워서 붓가케우동이라는 차가운 우동을 주문했는데, 탱글탱글한 면발이 압권이었다. 우동을 먹으면서 큰 창문 사이로 보이는 일본식 정원이 우동의 풍미를 더해주었다.

　우동을 먹고 다시 더운 날씨에 지쳐 힘겹게 걷고 있는데, 지나가던 아주머니께서 150엔을 오셋다이로 주시며 음료수를 사먹으라고 하셨다. 아주머니께서 주신 돈으로 음료수를 사려고 자판기를 찾고 있는데, 지나가던 또 다른 아주머니께서는 멈춰 서서 시원한 녹차음료를 오셋다이로 주고 가셨다. 시코쿠는 이렇듯 곤란한 상황이거나 무언가 필요할 때마다 마치 코보대사가 보내준 듯한 분들이 나타나는 곳이었다.

* 일본의 우동

　카케우동(かけうどん) – 우리나라 사람들이 익히 알고 있는 우동 형태이자 가장 선호하는 우동으로, 국물이 들어간 우동을 말한다.

　붓카케우동(ぶっかけうどん) – 소쿠리가 아닌 우동 그릇에 면을 넣고 튀김가루와 무 간 것, 실파 썬 것과 깨소금을 뿌리고 쯔유를 부어서 간을 맞춰먹는다. 냉과 온 두 가지가 있다.

　자루우동(ざるうどん) – '자루'라는 말은 일본어로 소쿠리라는 뜻이다. 삶은 우동을 찬물에 담갔다가 물기를 제거한 다음, 나무로 만든 소쿠리나 채반 위에 얹어서 튀김가루와 무 간 것, 실파 썬 것과 깨소금을 뿌리고 쯔유에 찍어서 먹는다. 먹는 방법이 소바를 닮았다.

　가마아게우동(釜あげうどん) – 솥에서 삶은 우동을 밀의 향이 우러난 삶은 물과 함께 그릇에 담아 장국에 찍어 먹는 우동.

독단선생, 스크루지 슈상

    84번 야시마지(屋島寺)로 향하는 길은 무척 힘들었다. 야시마지는 해발 282m 야시마산의 남서쪽 정상에 있는 사찰이라 계속 오르막길을 올라가 야만 했다. 더운 날씨에 무거운 배낭을 메고 오르려니 옷이 흠뻑 젖고 숨은 턱까지 차올랐다. 슈상은 성큼성큼 잘 올라가는데, 나는 몇 발자국 걷다가 쉬고, 다시 걷기를 반복하기 일쑤였다. 하지만 절에 도착한 순간 산행의 고 통을 모두 잊을 수밖에 없었다. 경내에 있는 무언가를 발견하고 웃음이 터 졌기 때문이다.

    웃음의 정체는 이 절의 마스코트인 너구리 총대장 '다사부로(太三朗)'. 대 사당과 본당 사이에 돌로 만들어진 귀엽고 익살스러운 너구리 부부가 있었 다. 이 너구리는 야시마지의 수호신으로 일본 3대 너구리 중의 하나인 '하 게타누키(禿狸)'로 알려져 있다. 너구리 수호신은 가정의 화목과 행복, 결 혼과 득남, 재운을 가져준다고 알려져 있는데, 특히 신묘한 변신술로 시코 쿠의 너구리 총대장이 되었다고 한다. 경내를 빠져 나와 전망대로 향하는 길에는 기념품을 파는 상점들이 길게 늘어서 있었다. 이곳에서 많은 사람들이 '가와라(기와)'라고 부르는 둥근 점토를 사서 소원을 빌며 전망대 아래로 던졌다. 야시마지 전망대에 다다르니 왼쪽으로는 다카마츠 시내, 오른쪽으로는 세토내해(瀨戶內海)의 크고 작은 섬들이 보였다. 바다를 시원하게 품은 풍경에 가슴 한 켠이 뚫리는 것 같았다.

85번 절 야쿠리지(八栗寺)로 향하는 케이블카 입구에서 오랜만에 오셋다이 장소를 만났다. 아주머니께서 쟁반에 곱게 차려놓은 간식들을 건네주셨다. 시원한 우롱차와 유자, 과자, 그리고 직접 만들었다는 젤리까지 모두 정성 가득한 음식들이었다. 케이블카를 타지 않고 두 발로 걸어서 산을 오르는 우리에게 힘내라고 응원을 건네는 오셋다이였다. 처음에 순례를 시작할 때는 헨로들이 특별하게 보였는데, 여행 막바지에 이르면서는 순례자들에게 정성껏 오셋다이를 베푸는 극진한 마음들이 더 특별하고 인상적이었다.

야쿠리지에서 납경을 받고 오후 4시쯤 되어 로쿠만지를 향해 서둘러 걸었다. 로쿠만지(六万寺)는 88개 절에 속하지 않는 번외사찰이지만, 오늘밤엔 이곳 츠야도에서 묵기로 했기 때문이다. 오전에 미리 전화로 하룻밤 묵을 수 있도록 주지스님께 허락을 받았는데, 스님께서는 너무 늦지 않게 5시 정도에 도착해달라고 부탁하셨다. 5시 10분쯤 가까스로 로쿠만지에 도착했다. 작고 아담한 사찰이 마음을 포근하게 만들어 주었다. 짐을 내려놓으려고 하는 찰나, 슈상이 주지스님께 혹시 츠야도에 오늘밤 같이 묵는 게 가능한지 물었다.

"츠야도는 남녀 혼숙이 안 됩니다. 오전에 예약 전화를 주셨을 때 제가 이 부분에 대해 말씀드렸는데…. 남자 오헨로상께서 오늘 묵을 곳이 없으

시다면 제가 다른 곳을 알아봐 드릴게요."

"지금까지 이 여자 오헨로상과 함께 노숙을 해왔어요. 주지스님이 허락해 주신다면 같이 묵고 싶은데, 안될까요?"

슈상의 갑작스런 요청에 주지스님은 난감한 표정을 지으셨다. 전에도 슈상이 다른 여자 오헨로상을 데리고 왔다가 문제를 일으킨 적이 있었을까. 주지스님은 계속 슈상을 못 미더워하는 눈치였다. 그동안 슈상과 몇 번 노숙을 함께 해오면서 아무 문제가 없었기에 주지스님을 안심시켜 드리고 싶어 나는 결국 슈상의 말을 거들었다.

"주지스님께서 허락해 주신다면, 저는 슈상과 함께 묵어도 괜찮아요."

그러자 스님께서는 허락해 주시며 방안에 과일과 과자, 차 등 먹을거리를 놓고 가셨다. 7시쯤 츠야도의 문을 두드리는 소리가 났다. 젊은 남자 오헨로상이 갈 곳이 없다며 오늘 이곳에 함께 묵을 수 있는지 간절하게 물었다. 그러자 슈상은 막무가내로 미리 예약을 하지 않으면 절대 안 된다며 그 사람을 내쫓아버렸다.

"슈상, 여긴 세 명이 자도 충분한 공간이잖아. 딱한 사정이 있는 사람을 그렇게 매몰차게 보내버리면 어떻게 해?"

"너를 위해서 그런 거야. 어떤 사람인지도 모르잖아. 거기다 남자인데 무슨 일이 일어날지 누가 알아?"

"그리 위험해 보이는 사람이 아니었어. 그리고 슈상이 함께 있잖아. 나혼자라면 안 되겠지만 슈상이 있으니까 괜찮지 않겠어?"

슈상의 행동이 도무지 이해되지 않았다. 나를 위한다는 행동이 지극히 독선적으로 보일 뿐이었다. 여기는 민박집도 호텔도 아니고 우리도 신세지고 있는 츠야도인데, 예약한 사람만 묵을 수 있다고 독단적으로 얘기하는 그에게 화가 났다. 무슨 자격으로 그 사람을 쫓아낼 수 있는지 슈상의 뻔뻔한 행동에 어이가 없었다. 엄밀히 말하자면 그도 내 부탁으로 이곳에 묵게 된게 아닌가. 자신의 이기심만 몰아세우는 태도가 몹시 불쾌했다. 그동안 낯을 많이 가리고 고집스러운 슈상을 이해하려고 노력했지만, 그럼에도 불구하고 오늘처럼 극단적인 모습에는 나의 인내심도 한계에 다다른 것 같다. 벌써 날이 많이 어두워졌는데, 쫓겨난 오헨로상은 어디로 갔을까?

42일간의 1,200km 순례 끝에 결원

어젯밤 일로 마음이 무거웠지만, 오늘은 88번 절까지 순례를 마치고 결원을 하는 날이라 마음을 다잡았다. 9시 10분. 87번 나가오지(長尾寺)에 도착했다. 마지막 절을 앞두고 있어선지 오헨로상들의 발걸음이 조금은 가벼워 보였다. '드디어 다 왔구나.' 하는 성취감과 '이제 끝이구나.' 하는 아쉬움이 교차했다.

11시. 88번 절 가기 전에 있는 오헨로들의 쉼터인 마에야마 오헨로 교류살롱에 도착했다. 살롱 직원이 차와 과자를 내어주며, 걸어서 순례를 마쳤다는 결원증명서와 헨로에 관한 CD도 챙겨주었다. 벽에는 일본 각 지역의 지도가 걸려 있었는데, 그 지역에서 온 순례자들이 출신 지역별로 오사메후다를 넣어두게 되어 있었다. 나는 지도 옆 외국인 칸에 오사메후다를 넣었다. 오헨로 교류살롱에는 1,200년 오헨로 길의 오랜 역사와 순례 문화에 관련된 자료들이 보관되어 있었는데, 300회를 순례했다는 어느 순례자의 납경장과 사진이 눈에 띄었다. 무려 33년을 하루도 쉬지 않고 걸었던 것이

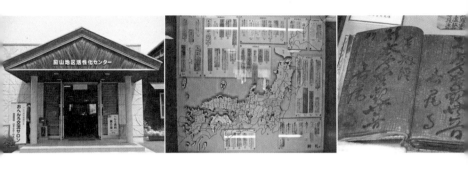

다. 순례 자체가 삶의 일부인 인생은 어떤 것일까. 나로선 감히 상상조차 할 수 없었다.

교류살롱에서 88번 절로 가는 방법에 대해 직원에게 물어보니 산으로 가는 길이 거리상으로 조금 짧지만 험하고, 도로 길은 길이가 좀 더 길지만 산길보다는 덜 힘들다고 알려주었다. 어느 쪽을 선택하든 3시간 정도 걸어야 된다고 했다. 고민을 하다가 87번 절로 가는 길에 만났던 어느 오헨로상이 내게 건넸던 말이 떠올랐다.

"여기까지 걸어서 온 오헨로상이라면 후지산도 에베레스트산도 거뜬히 갈 수 있을 거예요."

그동안 수많은 헨로 고로가시를 걸었는데, 마지막까지 도전하고 싶어 험한 산길을 걷기로 결심했다. 이곳은 여성의 입산을 허락한 산이라 여인고야(女人高野 고야산이 여인의 출입을 금하는데 반해, 여성의 입산 및 수행이 허락되기 때문에 붙은 이름)라고 불리고, 여성 참배객들도 많다고 했다. 처음에는 평탄한 산길부터 시작되었지만 이내 가파른 오르막길로 이어졌다. 같이 걷기 시작한 슈상의 모습도 더 이상 보이지

않았다. 온몸에 땀이 줄줄 흐르고 입에는 단내가 날 정도로 힘들게 걷고 있는데, 나무에 '힘내라!' '결원!' '동행이인'이라고 쓰인 문구들이 간간히 보였다. '동행이인(同行二人, 순례길에 항상 코보대사가 동반해 지켜준다)'이라는 문구가 온몸으로 절실하게 다가왔다. 서로가 서로를 아끼고 격려하는 마음들. 그 마음에 힘을 받아 험한 산길이 더 이상 고통스럽지 않게 느껴졌다. 산 정상을 넘어가는 길은 철근을 잡고 걸어야 할 정도로 가파르고 위험했다. 긴 여정을 매듭짓는 마지막 길인만큼 '헨로 고로가시'다웠다.

헨로 교류살롱에서 4시간을 더 걸어 드디어 4시 20분에 88번 절 오쿠보지(大窪寺)에 도착했다. 모든 번뇌를 이기고 해탈의 경지에 이른다는 마지막 절에 온 것이다. 경내는 넓고 웅장한 느낌이 들었는데, 특히 순례자들의 즈에를 모시고 있는 호죠도(寶杖堂)가 눈에 띄었다. 순례를 마친 수많은 오헨로상들이 결원에 대한 감사의 표시로 코보대사의 상징인 즈에를 이곳에 봉납하는데, 즈에는 모아두었다가 일년에 한번 태운다고 했다. 나는 고민하다가 즈에를 봉납하지 않고 기념품으로 갖고 가기로 했다.

42일간의 88개의 절 순례가 드디어 끝이 났다. 이곳에서 만난 오헨로상들의 표정은 모두들 감격스럽고 미소가 가득했다. 저마다 사연을 안고 걸었던 그들에게 순례길은 어떻게 기억될까. 시코쿠에 오기 전까지 각자 품

고 있던 고민과 아픔의 무게는 얼마나 가벼워졌을까. 나는 얼마만큼 변화했을까. 마지막 납경을 받는데 마음이 울컥했다.

오늘 슈상은 산문 근처 화장실 앞 휴게소에서 노숙을 하고, 나는 근처에 있는 야소쿠보 민슈쿠에서 묵기로 했다. 슈상을 두고 따로 혼자만 지내는 것이 미안한 마음이 들기도 했지만, 지금까지 고생한 나에게 주는 상으로, 따뜻한 숙소에서 맛난 음식을 먹으며 자축하고 싶었다. 민슈쿠에 도착해서 짐을 풀고 먼저 목욕을 했다. 욕조의 물에는 잎사귀들이 떠 있었는데, 푸르스름한 색을 띠며 좋은 향기가 났다. 고단한 몸의 세포 하나하나가 모두 깨어나며 숨 쉬는 듯한 느낌이 들었다. 결원한 오헨로상을 위한 배려였다.

6시에 저녁식사를 했다. 다른 민슈쿠와 다르게 결원했다고 특별히 팥밥을 내어주셨다. 회를 비롯해 푸짐한 반찬들이 마치 성찬을 먹는 듯한 느낌이 들었다. 결원 축하 기념으로 맥주도 한 잔 마시며 오늘 순례를 마친 오헨로상들과 그간 있었던 일에 대한 이야기를 나누었다. 혹시 안 좋았던 일은 없었냐는 질문에 어느 이상한 놈이 내 엉덩이를 만진 적은 있지만 그 외에는 모두 좋았다고 하니 모두들 대신 사과한다며 좋은 기억만 갖고 가달라고 했다. 저녁을 먹은 후에 주인아주머니께서 어제 묵은 아가타상이 전해주라고 했다는 쪽지를 건넸다.

희상, 결원 축하해.
힘내서 끝낸 것에 박수를 보내.
다시 오사카에서 만나자.
– 2010. 5. 5 아가타

갑자기 눈물이 쏟아져 내렸다. 그동안 고마웠던 오헨로 친구들이 차례로 떠오르기 시작했다. 그들과 함께 했기에 가능했던 순례길. 그리고 결원. 혼자만의 힘으로는 불가능했던 길이었다. 시코쿠에 오기 전 몇 년간 나는 어둠 속에 있었다. 친구들도 거의 만나지 않고, 체중도 급격하게 늘어나고, 무언가 노력하기도 전에 포기하곤 해서 가슴이 텅 비어 있었다. 그간 잃어버렸던 빛 하나가 다시 가슴속으로 들어온 느낌이었다. 나는 숙소에 있는 방명록에 글을 남겼다.

88개 절을 모두 끝마치고 1번 절로 갑니다.
42일 간의 여행. 고마운 사람들. 많은 생각이 나네요.
다시 이곳에 오길 바라며…. 감사했습니다.
– 서울에서 희야

스미다상 부부와의 마지막 밤 파티

순례가 끝났지만 5시에 저절로 눈이 떠졌다. 아침을 일찍 먹고 슈상이 기다리는 곳으로 갔더니 만나게 해줄 사람이 있다며 따라오라고 했다. 나를 기다리고 있는 사람은 스미다상이었다. 에히메현 41번 절 류코지(龍光寺)에 갔을 때 네덜란드 오헨로상 두 명과 함께 있던 분이었다. 캠핑카로 여행한다고 해서 순례를 일찍 끝냈을 줄 알았는데, 오쿠보지에서 만날 줄은 전혀 예상치 못했다. 조금 있으니 스미다상의 남편도 왔다.

"저희는 오늘 11번 절 근처에 있는 가모노유 젠콘야도에서 하룻밤을 보낼까 생각 중이에요. 혹시 괜찮으시면 희상과 슈상도 거기서 같이 마지막 날 파티 하는 건 어때요?"

"네, 좋아요! 그럼 저녁에 뵈어요!"

스미다상의 파티 제안에 아침부터 기분이 들뜨기 시작했다. 그들과 헤어져 순례 둘째 날에 묵었던 가모노유 젠콘야도를 향해 다시 걸었다. 88번 절에서 1번 절로 향하는 길은 여러 갈래가 있는데, 377번 도로에서 2번 도로

로 걷는 루트로 걷기로 했다. 처음에 순례를 시작할 때 1번 절을 함께 걸었
던 사람은 아가타상, 순례를 마치고 다시 1번 절로 돌아가는 길은 슈상과
함께였다. 많은 분들의 도움이 있었지만, 특히 두 사람 덕분에 무사히 순례
를 마치게 되었다. 더구나 시작과 마무리를 두 사람과 함께 하게 되다니,
새삼 인연의 신비로움에 대해 다시 생각하게 되었다.

오후 4시쯤 가모노유 젠콘야도에 도착하니 스미다상의 캠핑카가 보였
다. 스미다상은 우선 맥주 한 잔 마시라고 권하며 금세 카레, 샐러드, 고기
조림 등 안주까지 만들어왔다. 거기다 맥주, 와인, 사케 등 술도 다양하게
사왔다. 밥은 옛날 솥밥으로 지어 밥알이 고슬고슬 윤기가 났고, 집밥을
먹는 것처럼 따뜻하고 푸짐했다. 정성스럽게 만찬을 준비한 그 마음이 고
마웠다.

저녁을 먹고 있는데, 자전거 오헨로상 한 분이 젠콘야도에 막 도착했다.
이분도 오늘 결원했다며 저녁자리에 합류하게 되었다. 아침에 숙소에서 몸
무게를 쟀을 때 순례 첫날보다 12kg이 감량되어 있었다. 하지만 이렇게 먹
다가는 금세 예전 몸으로 돌아갈까봐 걱정도 되었지만, 결원을 축하하는

의미에서 기쁜 마음으로 이 시간을 즐기기로 했다.

한참 먹고 있는데 먼저 자겠다고 일찍 들어간 자전거 오헨로상이 방 안에서 갑자기 우리를 향해 조용히 해달라고 소리쳤다. 시계를 보니 아직 7시밖에 되지 않았는데…. 늦은 시간도 아니고 조금 전까지 스미다상이 차려준 음식을 함께 먹었던 사람이 이제 자기가 일찍 자야 되니까 조용히 하라고 큰소리치는 것이 야속했다. 더구나 순례를 시작하는 사람도 아니고, 내일이면 집으로 돌아갈 사람이 지나치게 예민하게 구는 모습에 당황스러웠다. 스미다상과 나는 더 안 좋은 상황이 되기 전에 정리를 하는 게 좋겠다하고, 슈상은 자전거 오헨로상의 행동이 기가 막힌다며 계속 저녁을 즐기자고 했다. 이러다가 괜히 싸움으로 번지지 않을까 걱정이 되어 나도 좀 피곤하니 일찍 자야 할 것 같다고 양해를 구했다.

스미다상은 내일 아침에 먹을 수 있게 주먹밥을 만들어 줄 테니 잠시 기다리라고 했다. 좀 더 시간을 함께 보냈으면 좋았을 텐데, 자전거 오헨로상으로 인해 급작스럽게 저녁을 끝낸 것이 못내 아쉬웠다. 짧았지만 시코쿠에서의 마지막 밤을 좋은 시간으로 만들어준 스미다상에게 감사하고 미안했다. 스미다상 부부는 오늘밤 오사카로 이동할 거라며 작별인사를 건넸다. 허전한 마음에 젠콘야도로 들어가 나도 일찍 잠이 들었다. 새벽에 일어나 밖으로 나왔더니 슈상이 방이 아닌 밖에서 자고 있어 흔들어 깨웠다.

"추운데 왜 밖에서 잔 거야?"

"그놈이랑 같이 자고 싶지 않으니까!"

"어린애도 아니고 왜 그래? 그 사람 입장에서는 그럴 수도 있지."

"난 그런 사람과는 절대 한 방에서 자고 싶지 않아!"

하늘을 보니 비가 쏟아질 것처럼 먹구름이 잔뜩 드리워져 있었다. 비가 오기 전에 걸음을 서둘렀다. 88번 절에서 끝낼 수도 있지만 다시 1번 절로 돌아가 끝맺음을 하고 싶어 슈상과 함께 다시 걷기 시작했다. 그는 가는 길에 은행에 들러 돈을 찾아 나에게 빌린 만 엔을 돌려주었다. 슈상을 끝까지 믿을 수 있어서 다행이었다.

12시 45분. 드디어 1번 절로 돌아왔다. 44일만이었다. 그동안 희로애락을 함께 해준 친구들의 모습이 하나 둘씩 스쳐 지나갔다. 사람으로 인해 받았던 상처는 또 다른 사람들로 인해 회복이 되었다. 납경소에 들어가니 결원을 축하한다며 빵과 차를 내주었다. 그리고 시코쿠 순례 한국어 지도까지 오셋다이로 주었다. 마지막까지 순례자에게 베푸는 정성과 호의에 훈훈한

인심을 느낄 수 있었다.

1번 절의 참배를 마치고 슈상과 오사카로 향했다. 오사카에서 아가타상과 만나 고야산에 마지막 인사를 드리러 가기 위해서였다. 오사카 난바역으로 향하는 버스 창문 너머로 비를 맞으며 걷고 있는 순례자들이 보였다. 언제 다시 이곳에 올 수 있을까. 점점 멀어져가는 시코쿠가 벌써부터 그리워지기 시작했다.

난바역에 도착해서 숙소가 있는 신이마미야로 갔다. 아가타상에게 전화를 해서 내일 고야산에 가는 시간을 약속했다. 슈상은 신이마미야 근처 저렴한 호텔에서 묵을 거라고 했다. 고야산에서 모두 함께 만날 내일을 기대하며 각자의 숙소로 향했다.

고야산에서 순례를 마치며

9시에 신이마미역에서 슈상과 아가타상을 만나 고야산으로 향했다. 오사카에서 기차로 1시간 30분 떨어진 고야산(高野山)은 1,200년 전에 만들어진 불교 성지다. 홍법대사에 의해 시작된 진언밀교(불교의 일파)의 수행도장이자 진언종의 총 본산이 있는 곳으로 해발 900m에 있다. 헨로들뿐만 아니라 일본 사람이라면 살아 있을 때 한번쯤 꼭 가봐야 할 정도로 신성시하는 곳이기도 하다. 고야산에는 120여 개의 사찰들이 있고, 사찰로 들어가는 길 자체가 유네스코세계문화유산에 등록되어 있다.

역에서 만난 아가타상은 평상복 차림에 수염도 말끔히 정리해서 시코쿠에서 본 모습과는 많이 달라 보였다. 더 젊고 건강해 보였다. 고야산에 도착한 우리는 오헨로상 복장으로 갈아입었다. 전차에서 내려 버스를 갈아타고 고야산 오쿠노인 근처까지 간 뒤에 그곳에서부터 걷기로 했다.

하늘을 가릴 정도로 울창한 삼나무와 편백나무 숲이 장관이었다. 무엇보다 아가타상과 슈상 두 사람이 나란히 걷는 모습이 보기 좋아 마음속에 오

래도록 남을 풍경 같았다. 그들은 이제 내가 곁에 없더라도 이야기를 잘 나누는 사이가 되었다. 내가 인연의 끈이 되어 이어진 두 사람의 다정한 모습에 흐뭇했다. 코보대사가 잠들어 있는 곳에서 지난 44일 간의 순례를 무사히 마칠 수 있게 해준 것에 대해 감사의 기도를 드렸다. 마지막 납경을 받고 고야산에서 유명하다는 고마도후(참깨두부)를 먹었다. 갈아서 으깬 흰 참깨에 칡 전분을 섞어 두부처럼 만든 음식인데, 담백한 맛이 마음을 정갈히 해주었다.

고야산에서 순례를 끝마치자 4년 전에 돌아가신 아버지를 이제야말로 잘 보내드릴 수 있을 것만 같았다. 먼저 하늘나라로 간 동생을 위해 시코쿠를 순례한 아가타상의 모습에 그동안 깊은 감동을 받았었다. 그런 아가타상을 보면서 언젠가 그가 세상에 없을 때는 그가 동생을 위해 순례를 한 것처럼 나도 아가타상을 위해 순례를 다시 하고 싶다는 생각이 들었다. 살아 계신 분을 앞에 두고 돌아가시면 당신을 위해 돌아주겠다는 말이 어떻게 들릴지 모르겠지만 나는 솔직하게 내 생각을 말했다.

"아가타상, 아주 아주 나중에… 아가타상이 하늘나라로 가게 된다면… 그때는 아가타상이 동생을 위해 걸었던 것처럼 내가 아가타상의 사진을 들고 돌아 줄게요. 이 말이 조금 이상하게 들릴지 모르겠지만…. 내가 무슨 말 하는지 이해할 수 있죠?"

갑자기 아가타상이 울기 시작했다. 너무너무 고맙다며…. 나도 슈상도 모두 함께 울고 말았다. 꼭 피를 나누어야만 가족이 되는 것은 아니었다. 피를 나누진 않았지만 가족보다 더 가족 같은 사람들이 많다는 것을 순례 길에서 깨닫게 되었다. 그래서 매 순간 만나는 인연들이 더 소중하고 감사했다.

결원의 축하, 눈물의 편지

　고야산에 다녀온 후 5일 뒤에 테루히토상의 집으로 순례 친구 아가타상과, 슈상, 다카하시상을 초대했다. 테루히토상은 오사카에 올 때마다 늘 신세지는 친구이자 일본에서 가장 오래된 나의 친구이다. 가장 소중한 친구이기에 순례 친구들을 소개시켜주고 싶었다. 오늘은 특별히 불고기, 김치찌개, 깻잎, 파전 등 한국 요리를 만들어 친구들에게 대접하는 자리였다. 테루히토상은 고치에서 가장 유명하다는 가츠오 타타키를 준비했다. 파티가 시작되고 맛있는 음식을 먹으면서 다시 한 번 서로의 결원을 축하해 주었다. 오늘 88번 절에 도착해서 결원을 한 다카하시상은 고야산을 가기 위해 저녁쯤에 오사카로 온다고 했다.

　한참 저녁을 먹고 있는데, 슈상이 편지를 꺼내며 그동안 나에게 전하지 못했던 이야기를 편지에 대신 적었다고 했다. 일본어 읽는 것이 능숙하지 못한 나를 위해 테루히토상이 대신 낭독을 해주었다.

희상에게,

결원을 축하한다는 말이 늦어졌네.

5월 5일에 축하한다는 말을 전하고 싶었지만

그날 막상 희상을 보고 있자니

나도 모르게 울컥 눈물이 나오려고 해서 말을 건넬 수가 없었어.

다시 한 번 축하한다는 말을 전하고 싶어.

그리고 수고 많았어.

3월 3일에 야쿠오지 앞에서 희상을 처음 만났을 때

저녁식사를 하며 이야기를 조금 나누다가

나는 다음날 오사카에 돌아갈 예정이었어.

그런데 왠지 희상이 마음에 쓰여 순례를 이어나가게 되었어.

그 후 아가타상을 만나 희상에 대한 이야기를 나누었는데,

아가타상도 희상을 무척이나 걱정하고 있었어.

4월 7일 다시 희상을 만났을 때 안심이 되고 기뻤어.

다음날 생각지도 않게 둘이 츠카지자카 터널 근처 휴게소에서 노숙을 했었는데…. 그래도 따뜻해서 다행이었지? 10일에는 미치노에키(길역)에서, 그리고 그 후 츠야도 젠콘야도까지 재미있게 순례를 할 수 있었어.

난 말로 표현하는 것이 서투른 사람이야.

의사소통을 제대로 못해 짜증나는 일도 많았을 텐데

잘 참아주어서 고마워. 스트레스가 많았을 거야.

그 덕분에 몸무게가 1kg 줄었다고 생각하면 좋지 않을까?

아가타상을 만날 수 있게 된 것도 희상 덕분이야.

희상을 만나지 않았다면 아가타상과 이야기할 기회도 놓쳤겠지.

이번 순례에서 희상에 대한 이야기를 자주 듣게 되었어.

"희상은 지금 어디에 있을까?"

많은 사람들이 희상의 안부를 궁금해 하며 확인하고,

희상의 순례를 신경 쓰는 것 같았어.

희상의 성격이 좋아서 다들 좋아하게 되었다고 생각해.

희상은 오헨로 친구들에게 인기가 많았지.

아가타상과 함께 셋이서 앞서거니 뒤서거니 걸으면서

희상의 속도에 내 걸음이 흐트러지곤 했지만

88번 절이 점점 가까워지자 문득 외롭다는 생각이 들었어.

이별은 언제나 괴로운 일인 것 같아.

하지만 지금까지의 순례 중에 제일 재미있었어.

희상과 아가타상, 두 사람을 만난 덕분이야.

희상, 정말 고마워!

귀국할 때는 재미있는 추억을 많이 갖고 갔으면 해.

24일에는 아가타상의 집에서 다시 만날 거니깐 즐겁게 기다리고 있을게.

추신.

테루히토상에게

순례길의 친구들과 다시 만날 수 있도록 집으로 초대해 주셔서 정말 고맙습니다. 위에 첨부한 노숙 리스트는 희상이 나를 믿고 같이 노숙하거나 젠콘야도에서 묵었던 장소입니다. 정말 재미있게 지냈던 곳이라 정보를 공유합니다. 오늘도 제대로 즐기겠습니다. 감사합니다.

　편지를 읽는 테루히토상의 눈에 눈물이 가득 고였다. 쑥스러워하는 슈상과 아가타상의 눈에도 눈물이 고였다. 편지를 읽는 동안 그들과 함께 했던 시간들이 주마등처럼 스쳐 지나갔다. 힘든 일도 있었지만 함께였기에 헤쳐 나갈 수 있었고, 행복한 추억도 많았다. 슈상은 자신의 표현 방법이 서툴러서 타인에게 가끔 상처 줄 수 있다는 것을, 내가 그런 부분들을 많이 참고 있었다는 것도 알고 있었다.

　사실 젠콘야도나 츠야도는 기회가 되면 자고 싶다는 생각을 했었지만, 노숙을 할 생각은 없었다. 그런데 슈상과 함께 여행하면서 그가 나로 인해 그동안 외로웠던 마음을 조금이나마 떨쳐 버리고 있었다는 것을 느꼈다. 그래서 밤마다 추웠지만 노숙을 함께하며 지낼 수 있었다.

　몇 시간 뒤에 결원을 마친 다카하시상이 도착했다. 헤어지고 근 한 달 만의 재회였다. 갑작스런 전화에도 바로 달려와 준 다카하시상은 지난번보다 훨씬 건강해 보였다.

　나의 첫 순례에서 가장 큰 인연으로 다가와준 아가타상, 슈상, 다카하시상. 그들 덕분에 감사와 행복이 충만했던 나날이었다.

　'모두 고마워요. 함께 한 시간들 영원히 잊지 못할 거예요.'

코보대사의 선물

오후에 다카하시상으로부터 전화가 왔다. 고야산에서 순례를 마치고 오
사카로 돌아가는 중인데, 저녁식사라도 함께 하자는 전화였다. 맛있는 음
식을 대접하고 싶다며 안내한 곳은 도톰보리에 위치한 게요리 집이었다.
이렇게 비싼 음식을 대접받아도 되는 건지 머뭇거리자 다카하시상은 맛있
게 먹으면 된다고 했다. 게튀김, 게샐러드, 게스프, 게초밥 등 진수성찬이
었다. 저녁을 먹고 그냥 헤어지는 것이 아쉬워 답례로 차를 사고 싶어 근처
카페로 갔다.

"몸은 좀 어떠세요?"

"시코쿠 덕분에 많이 좋아졌어."

"그럼 내년에는 다시 학교에 복귀하시는 거예요?"

"그래야 될 텐데…. 아직은 잘 모르겠어."

"한국에 놀러 오실 거죠?"

"응! 꼭 갈게."

"오늘은 어디서 주무실 예정이세요?"

"난바 근처 호텔에서 자고, 내일 아침 일찍 도쿄로 돌아가려고."

순례 초반에 어리바리한 나를 이끌어주며 힘든 길을 함께 걸었던 다카하시상. 순례길에서 헤어지던 날, "희상은 김치를 먹어야 힘이 나니까 이것 먹고 힘내서 순례하길 바라." 하며 김치를 건네주던 일, 길 위에서 불러주었던 아름다운 노래들, 일본어가 서툰 내가 잘 알아듣고 말할 수 있도록 초등학교 선생님답게 또박또박 가르쳐 주었던 일본어⋯. 모두 고마운 기억들뿐이었다. 이제 헤어져야 한다는 사실이 마음 아프지만 영원한 이별이 아닌, 다시 만날 날을 기약하는 이별이라 생각하며 기쁜 마음으로 안녕을 고했다.

다음날은 아가타상의 초대를 받아 슈상과 함께 아가타상이 사는 아파트에 방문했다. 집에 도착하니 차와 과자를 먼저 내어주면서 손을 닦으라고 따뜻한 물수건도 챙겨주셨다. 순례길뿐만 아니라 집에서도 아가타상의 섬세한 배려가 돋보였다. 아가타상은 부엌으로 가서 아내가 테마키즈시(手巻き寿司 손으로 감아서 먹는 초밥) 만드는 것을 도와주었다. 한국에서는 테마키즈시 안에 무순과 날치알 정도가 들어가는데, 아가타상의 테마키즈시에는 다양한 해산물이 들어가 있었다.

아가타상의 부인은 아가타상이 순례길 도중에 종종 전화를 바꿔주어 몇 번 이야기를 나누었는데, 실제로 보니 더 좋은 인상이었다. 아가타상이 여리다 보니 상대적으로 부인이 조금 강한 느낌이 들었지만, 서로의 부족한 부분을 채워주는 느낌이 들어 환상의 커플이라는 생각이 들었다. 일본에서는 친구들을 집으로 초대하는 경우가 흔하지 않다고 들었는데, 집에서 정성 어린 음식들을 준비해 초대해 주셔서 눈물이 났다.

며칠 뒤에는 슈상이 점심을 사겠다고 해서 도톤보리로 향했다. 간단한 타코야끼로 생각하고 슈상이 추천하는 타코야끼 집에 갔는데, 타코야끼 코스요리로 주문해 주었다. 1인분에 3,000엔이나 되는 꽤 비싼 식사였는데, 타코야끼를 비롯해 문어를 활용한 요리들이 연이어 나왔다. 노숙을 하며 돈을 아껴온 슈상에게 이렇게 얻어먹어도 되나 싶을 정도였다.

잠깐 숙소에 들어가서 쉬다가 저녁에는 내가 한국식 이자카야에서 한국 요리들을 대접하고 싶어 다시 만나기로 했다. 아가타상도 불러 함께 신이마미야에 있는 한국식 이자카야에서 노래도 부르고, 한국 요리도 실컷 먹었다. 아가타상의 집 초대가 귀국 전 마지막 만남일 줄 알았는데, 이렇게 다시 만나게 되어 기뻤다.

시코쿠 순례 전에도 나는 일본 여행을 자주 했고, 그때 만나 인연이 된 친구들도 있다. 하지만 아가타상이나 슈상, 다카하시상처럼 서로 다르지만 단단한 끈으로 이어진 듯한 인연을 다시 만나기는 쉽지 않은 것이다. 그것은 아마도 시코쿠 순례길과 코보대사가 나를 위해 마련한 선물이 아니었을까?

시간이 흐른 뒤, 순례 친구들

산 너머 저 하늘 멀리 행복이 있다고 사람들은 말하네.
아~ 사람들을 좇아 나도 찾아갔건만 눈물만 머금고 되돌아왔네.
– 일본 드라마 「단다린 노동기준 감독관」 중에서

동화 속 공주님 이야기는 백마 탄 왕자님을 만나 결혼을 하면서 해피엔딩으로 결말을 맺곤 하는데, 난 그 후의 이야기가 궁금했다. 그들은 그 후에도 정말 행복하게 잘 살았을까? 시코쿠 순례길을 걷고 결원한 순례자들은 자신들의 소원을 이룰 수 있었을까?

첫 순례에서의 가장 큰 보물은 아가타상과의 인연이었다. 아가타상이 홀로 동생의 유골을 묻었던 산길을 나는 두 번째 순례 때 아가타상과 함께 찾아갔다. 아가타상 동생의 유골이 묻혀 있는 곳은 산 위 정상의 풍경이 병풍처럼 펼쳐지는 아름다운 곳이었다. 그의 동생이 생전에 왜 이 길을 좋아했는지 알 것 같았다. 1년 만에 이곳을 다시 찾은 아가타상은 동생에 대한 그리움으로 한참을 울었다. 40번 절에서 41번 절로 향하는 길은 내가 첫 순례 때 걸었던 바닷길과 아가타상이 걸은 산길로 나누어지는데, 나는 아가타상의 동생을 만나러 두 번째 순례 때부터는 매번 바닷길이 아닌 산길을 걸으며 동생의 명복을 빌어주고 있다. 몇 년 전 아가타상은 나에게 자신이 죽으면 자신의 유골의 일부를 동생 곁에 묻어 달라고 부탁을 했다. 산 정상이라 아내는 힘이 부칠 수도 있고 자식들은 그곳이 어디인지 알지 못하니 그 일을 해 줄 수 있는 사람은 나뿐이라는 것이다. 나는 그의 부탁을 꼭 들어 주겠노라고 약속했다. 그날 우리는 또 한번 많은 눈물을 흘렸다. 정확히 말하자면 내가 먼저 제안한 일이었다. 아가타상은 해를 거듭해 성장해 나가는 나의 모습을 기대와 응원으로 함께하고 있다.

자기중심적인 슈상과의 인연은 늘 헤어짐과 화해의 반복이었다. 그는 해를 거듭해도 늘 자신이 마음에 들면 내게 다가왔다가 조금만 마음에 들지 않으면 휙 사라졌다. 슈상은 자신의 도움 없이 혼자서도 잘 해나가는 나에게 쓸쓸함을 느끼고 있는 것인지도 모르겠다. 오랜 노숙 생활을 했던 슈상은 다행히도 몇 년 전부터 노숙 생활을 끝내고 그가 좋아하는 시코쿠 다카마츠에서 살고 있다. 시코쿠에서 슈상에 관한 소문은 여러 형태로 돌고 있지만, 나는 좋은 추억, 소중한 인연으로 간직하고 있다.

학교에 휴직계를 내고 시코쿠 순례를 했던 초등학교 선생님 다카하시상은 순례 후 두 번이나 한국을 방문했고, 나는 한국의 진짜 김치 맛을 보여 줄 수 있었다. 한국의 김치 맛에 다카하시상도 반해 버렸다. 그는 이듬해 시코쿠 순례를 한 번 더 한 뒤 2년간의 휴직을 끝내고 건강하고 밝은 모습으로 학교에 복직을 하여 아이들과 행복한 시간을 보내고 있다.

마츠야마에서 스치듯 만났던 역방향 순례자 오오하시상은 그 후로도 매년 순례길에서 만나 하룻밤 같은 민박집에서 묵으며 인연을 이어가고 있다. 그는 늘 역방향 순례를 하기 때문에 순례 날짜가 달라도 꼭 어딘가에서 한 번은 만날 수 있었다. 오오하시상은 외국인 순례자들에게 관심이 많은데, 한국 사람을 만나면 늘 "희상을 압니까?"라며 나의 친구들을 찾아내 오셋다이를 해 주곤 한다. 덕분에 나의 친구들 중 많은 사람이 순례길에서 오오하시상을 만나 좋은 인연을 맺고 있다.

효녀 아키코상의 아버지는 순례가 끝나고 그 해 가을 세상을 떠났다고 한다. 동생과 둘이 남게 된 아키코상의 소식은 간혹 아가타상을 통해서 듣고 있다. 아키코상은 젊고 씩씩해서 힘든 시간 속에서도 미소를 잃지 않고 살아가리라 믿는다.

하규우앙 젠콘야도에서 내 엉덩이를 만졌던 B상을 나는 그 다음 해 두 번째 순례, 같은 장소에서 또 만나게 되었다. 그날 하루, 또 무슨 일이 생기지 않을까 경계를 했던 나에게 그는 아침 일찍 일어나 젠콘야도 주인할머니를 대신해 아침식사와 점심에 먹을 도시락을 만들어 나에게 전해 주었다. 점심에 먹지 못했던 도시락을 저녁에 숙소에서 펼쳐 보며 많은 생각을 하게 되었다. 첫 순례에서 가장 불쾌한 인연이었던 그 사람을 왜 다시 만나게 되었으며 그런 그에게 왜 이런 호의를 받게 된 것일까? 그건 아마도 누군가를 싫어하는 마음을 갖게 되면 가장 힘든 사람은 본인이라는 사실을 깨우쳐 주려고 한 것은 아니었을까? 아니면 시코쿠에서 좋은 추억만 가지고 가길 바라는 코보대사의 마음이었을까? 그날 저녁 나는 그가 머물고 있는 젠콘야도로 전화를 해서 감사인사를 하고, 혹시라도 한국에 오면 연락하라고 말했다. 그 순간 목구멍에 걸려 있던 가시가 쑥 내려간 것 같은 편안함을 느꼈다. 결국 누군가를 용서할 수 있는 사람만이 내면의 평화를 누릴 수 있다는 생각이 들었다.

순례를 마치고 오사카로 왔을 때 나와 순례 친구들에게 결원 축하파티를 열어 주었던 테루히토상은 정년퇴직을 10개월 남겨둔 2013년 8월 어느 날 갑작스럽게 병으로 세상을 떠났다. 가족이자 친구이자 아버지와 같은 그의 죽음은 한쪽 팔이 떨어져 나간 것처럼 나에게 말할 수 없는 고통과 아픔을 주었다.

생전에 "정년퇴직을 하면 나도 희상처럼 시코쿠 순례를 하고 싶어."라고 했던 그의 꿈을 이루어주기 위해 살아 있었다면 정년퇴직을 했을 2014년 가을, 나는 그의 사진을 들고 다섯 번째 순례를 떠났다. 그리고 그 해 순례 길에는 테루히토상의 사진과 더불어 세월호 사고로 목숨을 잃은 이들과 유가족들을 위해 노랑 리본 배지를 준비해 갔다. 그리고 길에서 만난 순례자와 지역 주민들에게 노랑 리본의 의미를 전하고 배지를 나눠주었다. 그들은 자신의 배낭에 달아 세월호 희생자들의 명복을 빌어주었다.

아름다운 세상을 위하여

시코쿠를 걸을 때마다 「아름다운 세상을 위하여」라는 영화가 떠올랐다. 중학교에 부임한 선생님이 어느 날 학생들에게 과제를 내주는데, 그것은 "세상을 변화시킬 수 있는 아이디어를 생각하고 실천으로 옮겨라."는 것이었다. 다소 거창하고 막연한 과제에 한 학생이 고심하다가 자신의 주변에서 어려움을 겪고 있는 세 사람을 돕게 된다. 그런데 소년은 도움을 준 세 사람에게 엉뚱한 제안을 한다. 그들 역시 또 다른 세 명에게 도움을 주어야 한다는 것이다. 도움을 받은 사람은 도움을 준 사람에게 보답하는 것이 아니라, 세 명의 또 다른 사람들을 도와달라는 것이었다. 세 명에서 시작된 작은 나눔은 또 다른 세 명으로 계속 이어지며 셀 수 없이 뻗어나간다.

"그들이 베푼 것을 돌려준 것일 뿐이에요."

2010년, 시코쿠에서 실제로 그렇게 살고 있는 사람들을 만났다. 천 년이 넘는 시코쿠 순례길의 오랜 전통으로 이어지고 있는 '오셋다이(お接待)'는 바로 이 영화 속 이야기와 닮아있었다. 그들은 순례자를 자신을 대신해서 걷는 사람으로 생각하고 아낌없이 나누었다. 무언가를 되돌려 받기 위해서 나누는 것이 아니라, 아무런 조건 없이 순례자들의 걸음을 응원하고 도왔다. 음식을 대접하는 사람부터 잠자리를 선뜻 내어주는 사람까지, 낯선 순

례자에게 그들이 베푸는 마음은 지역 주민들뿐만이 아니라 순례자들 사이에서도 이어졌다. 길 위에서 만난 순례자들은 자신이 이미 다른 사람들로부터 많은 도움을 받았기에 그것을 다른 누군가에게 돌려준 것일 뿐이라고 했다. 누군가에게 받은 것을 그 사람에게 돌려 갚는 것이 아니라, 그것을 기억하고 다른 사람에게 베푸는 사람들이 그 길 위에 있었다.

1,200km, 45일, 20kg 배낭을 메고 걸었던 순례길은 걷기 좋은 산길만으로 이루어져 있지 않았다. 차가 다니는 아스팔트 포장도로, 어둠을 품은 좁은 터널, 뜨거운 태양을 고스란히 맞아야 하는 들판, 아찔한 해안가 절벽 등 다양한 길을 걸어야만 했다. 그 길은 굴곡진 내 삶과도 닮아 있었다. 때로는 노숙을 하며 배고픔과 통증, 추위에 맞서야 했지만 나는 해냈다. 나는 혼자 출발했지만 혼자가 아니었다. 길 위에서 만난 사람들 덕분에 끝까지 걸어낼 수 있었다. 나이, 국적, 직업은 중요하지 않았다. 아무런 대가 없이 서로 나누는 마음만이 길 위에 존재했다.

2010년 봄 순례를 시작으로 나는 숙명처럼 해마다 이 길을 걸었다. 해를 거듭할수록 나의 순례도 진화해갔다. 언어도, 걷기도, 뭐하나 제대로 해내지 못했던 내가 이제는 순례길에서 만난 한국인과 외국인, 심지어는 일본인에게까지 도움의 손길을 내밀 정도로 순례의 달인이 되어갔다. 그리고 그 길을 단순히 걷는 것에 그치지 않고 활동가로 변신했다. 도쿠시마의 오래된 옛길을 복원하는 작업에도 참여하고, 고치현의 오오츠키 초등학교 3학년 아이들과 츠키야마진자 루트에 순례자들을 위한 순례 표지판 설치작

업에도 참여했으며, 2013년에는 외국인 여성 최초로 공인 센다츠(先達 안내자) 자격증도 받게 되었다. 2014년 가을에는 89개의 헨로 코야 프로젝트를 진행하고 있는 우타 선생님과 함께 한국인, 일본인, 영국인의 기부금을 모아 70번 절과 71번 절 사이에 한일 우정의 헨로 코야(遍路小屋 순례자 쉼터)를 건설하기도 했다.

시코쿠를 걸으며 만나는 사람들에게 내가 늘 하는 이야기 중 하나가 우리 모두는 '지구 시민'이라는 것이었다. 우리는 지구라는 행성에 사는 공동운명체이다. 그러므로 지역을 나누고 나라를 나누기보다 지구 안에서 서로를 바라보고 함께하며, 사람 사는 세상을 만들어 나가기를 나는 꿈꾼다. 언젠가 고야산에 있는 한 절의 부주지스님께서 나를 만난 뒤 이런 말씀을 해주셨다.

"숲(나라)을 보는 것도 중요하지만, 숲 속의 나무(개인) 하나 하나를 보는 것도 소중한 일이라는 것을 희상을 통해 다시 한 번 느끼게 되었어요."

시코쿠에서 순례와 활동을 하며 다른 사람보다 앞서 걷는 사람의 어려움에 대해 뼈저리게 느낄 수 있었다. '이 산을 넘으면 행복이 기다리겠지.'라고 했지만 삶은 만만하지 않았다. 산 하나를 넘으면 더 큰 산이 기다리고 있었다. 앞에서 날아오는 화살을 맞지 않으면 안 되는 일을 홀로 견디다 보면 포기하고 싶을 때도 있었다. 그냥 나만 생각하고 나만을 위한 순례만 했으면 좋았을 것을, 하는 후회가 밀려오기도 했다. 그러나 뒤를 돌아보면 별처럼 빛나는 친구들이 곁에 있었다. 왜 깜깜한 밤에 별이 더욱 빛나는지 그 의미를 알게 해준 고마운 친구들 덕분에 나는 이 길을 계속 걸을 수 있었다.

내가 순례를 통해 달라진 것이 있다면 긍정적인 생각과 손톱만큼의 작은 희망이라도 그것을 믿고 나아가고 있다는 사실이다. 어쩌면 순례자들은 이 길을 다 걷고 결원을 한 뒤 소원을 이루는 것이 아니라 순례길에서의 경험을 통해 한 발 더 나아갈 힘을 얻게 되는지도 모른다는 생각이 들었다.

이 여행기는 내게 풍경처럼 자리 잡은 소중한 순간의 인연들을 담고 있다. 누군가에게 그 인연이 또 다시 닿길 바라는 마음으로. 한국으로 돌아와서도 내가 할 수 있는 만큼 누군가를 도우며 나누는 삶을 살고 있다. 처음에는 아버지의 죽음이 순례길을 걷도록 이끌었지만, 지금은 풍요로운 마음을 나누기 위해 이 길을 걷는다. 88개 사찰을 도는 것만이 순례가 아니라는 것을 깨달았다. 시코쿠는 내 삶의 이정표가 되어 인생이라는 길에 발을 딛고 걷게 해주었다. 그리고 지금 발을 내딛고 있는 일상에서도 나의 순례는 계속되고 있다. 언젠가 시코쿠 순례길을 걷게 될 독자 여러분과의 만남을 즐거운 마음으로 기다리며, 그 아름다운 길에 기꺼이 동행하고 싶다.

2016년 10월 다카마츠에서

책을 쓰는 데 도움을 주신 분들께

부족함이 많은 나에게 길이 되어주고 이정표가 되어준 길 위의 수많은 인연들, 시코쿠 정보를 얻을 수 있었던 다음 카페 '동행이인' 회원들, 불교자료 정리에 도움을 준 박영빈, 이 책에 기꺼이 추천사를 써주신 시코쿠 79번 텐노지 누마노 주지스님, 우타 선생님, 박재희 선생님, 시코쿠 정보에 도움을 준 야마시타, 도베, 유코, 호소가와, 타나카, 에미, 나카이, 이리에, 가와타, 오오무라, 미키, 카가미, 신코, 스즈키, 시미즈, 미야모토, 마리, 히라타, 시라이, 전화영 님, 초고를 읽고 조언을 아끼지 않은 연세대 여행출판과 동기생, 유명종 선생님, 김용택, 허나영, 황영선, 김창현, 이해미, 서진영, 김선경 님, 동행이인 마크를 만들어 준 배동철 님, 한일 우정의 원두막을 후원해 주신 모든 분과 프로젝트 회원들, 응원을 아끼지 않은 다음 카페 '일본여행동아리' 회원들, 나의 사랑하는 가족과 친구들, 아름다운 삽화를 그려주신 아다치상, 그리고 책으로 출간되도록 선뜻 손을 내밀어주신 도서출판 푸른향기 한효정 대표님에게 진심으로 감사의 말을 전합니다.

시코쿠에서 만난 인연들

시코쿠를 걷는 여자

부록

시코쿠 순례

일본 열도는 수많은 섬으로 이루어져 있는데, 크게는 홋카이도, 혼슈, 규슈, 시코쿠로 나누어져 있다. 네 개의 섬 중에서 가장 작은 시코쿠(四国)는 과거에 아와 국(阿波国), 토사국(土佐国), 이요 국(伊予国), 사누키 국(讃岐国) 의 4개의 쿠니(国)가 있었으며 근세 이후는 4개의 쿠니가 있었다는 뜻에서 '시코쿠(四国)'라고 불리기 시작했다. 오늘날에는 도쿠시마현, 고치현, 에히메현, 카가와현 등 4개의 현으로 구성되어 있다.

시코쿠는 이렇다 할 공업이나 특산물이 유명한 것도 아니고, 다른 섬들에 비하면 발전이 더딘 섬이지만 시코쿠 88개소(四国八十八ヵ所), 통칭 헨로(遍路)라는 순례길을 비롯하여 서일본 최고봉인 이시츠치산(石鎚山 1,981m), 츠루기산(剣山 1,995m)과 같은 영산들이 있어 연간 20만 명이 넘는 순례자가 이 섬을 찾아온다.

예로부터 시코쿠를 찾아오는 순례자들을 '오헨로상(お遍路さん)', 혹은 '오시코쿠상(お四国さん)'이라고 불렀다. 백의(白衣)를 입고 삿갓을 쓰고 지팡이를 짚고 걸어가는 순례자의 이미지는 시코쿠를 넘어 일본의 문화 아이콘의 하나가 되었다.

시코쿠 88개소

1200년의 역사를 지니고 있는 시코쿠 순례길은 도쿠시마, 고치, 에히메, 카가와의 네 개의 현에 각각 산재하고 있는 88개소의 절들을 순례하는 것으로 통칭 '헨로(遍路)'라고 불린다. 88개소의 절은 8세기경 일본역사에 큰 획을 남긴 승려 코보대사 쿠카이(弘法大師 空海;774-835)가 수행하던 장소라는 키워드로 연결이 된다. 역사적으로 헨로라는 이름이 문헌에 등장하는 것은 12세기이고 지금과 같이 번호가 매겨지고 길이 연결된 것은 에도시대 후기인 16~17세기로 추정되지만, 코보대사가 입적한 지 얼마 지나지 않은 때부터 순례자들이 생겨났다고 한다. 순례길은 어떤 루트로 걸었느냐에 따라 조금씩 다르지만, 보통 88개소의 절을 순례할 경우 1,200km, 번외사찰 20개소를 함께 108개의 절을 순례할 경우는 1,400km정도 된다.

벳카쿠(번외사찰) 20개소

시코쿠 88개소의 순례자들이 길을 가면서 만나게 되는 여러 사찰이나 암자, 불당 등은 대부분 코보대사와 인연이 있는 성지들이다. 이 중에 20곳의 사찰들이 모여 만들어진 것이 '벳카쿠(別格) 20개소'라고 불린다. 20개소에서 유명한 것은 20개소 기념염주로, 각각의 절에서 절의 이름이 들어간 염주알을 다 모으면 하나의 염주가 완성된다. 88개소와 함께 도보순례가 가능하지만, 88개소와는 달리 헨로길이 모두 정비되어 있지 않아 고생하는 경우가 종종 있다. 한국어판 헨로지도로는 순례하기 어렵고 일본어판이나 영어판 지도가 필수다.

벳카쿠 20개소 중 가장 유명한 곳은 8번 도요가하시(十夜ヶ橋)일 것이다. 이곳은 옛날 코보대사가 시코쿠를 순례할 때 묵을 곳이 마땅치 않아 다리 아래에서 하룻밤을 지냈는데, 이때 하룻밤이 꼭 열흘 밤처럼 길게 느껴졌다고 하는 곳이다. 이때부터 헨로길의 다리 아래에는 코보대사가 쉬고 있다는 전설이 생겨서 오헨로상들은 다리를 건널 때 지팡이를 짚지 않고 손에 든 채로 건너는 관습이 생겼다.

코보대사 쿠카이

자동차

순례길이 정비되고 차도가 늘면서 자동차로 순례하는 이들도 많이 늘어났다. 자동차로 순례하면서 다른 곳도 살짝 들를 수 있어 관광을 함께 겸할 수 있다는 점, 짐을 싣고 다닐 수 있으므로 짐에 대한 부담이 없다는 점 등의 장점이 있다. 단 일본은 우리나라와 비교해서 고속도로나 개인도로의 통행료가 만만치 않다는 게 단점이다. 실제 자동차 순례자들 중엔 숙식을 자동차에서 모두 해결하는 오헨로상들도 적지 않다. 88개소만 모두 돈다고 가정할 경우 평균 7~10일이 걸린다.

오토바이

오토바이 순례는 자동차 순례와 거의 동일하다. 88개소 기준 평균 7~10일 소요.

자전거

자동차와 마찬가지로 차도를 따라 가는 경우가 많은 자전거 순례지만 종종 도보길과 겹쳐서 달리기도 한다. 짐을 자전거에 싣고 달리므로 많은 짐을 가지고 다닐 수 있지만 산 위의 절 등을 참배하는 데에는 힘든 점이 많다. 주행시간은 식사시간을 포함하여 대략 하루에 7시간에서 10시간 정도이고, 88개소만 돈다고 가정할 경우 평균 20일 전후로 걸린다.

도보

가장 전통적인 방법이자 헨로를 헨로답게 느낄 수 있는 순례법으로, 자동차 등의 교통수단을 이용하는 순례자들과 구별해서 일명 아루키 헨로상(歩き遍路さん), 혹은 아루키상이라고 불린다. 도보로 순례한다고 해도 숙소를 잡아가면서 순례를 할지, 완전히 노숙을 하면서 순례할지, 어떤 길을 택할지 등에 따라 짐의 양, 걷는 일정에 큰 차이가 있다. 하지만 도보순례의 가장 큰 의미는 느긋하게 즐기면서 걷는다는 것이다. 88개소 기준 평균 45일 전후면 아무리 체력이 약한 사람도 모두 걸을 수 있다는 것이 도보순례자들의 통설이다.

순례방식

다른 곳과는 달리 시코쿠 순례에서는 절을 참배하는 것을 '친다(打つ)'라는 단어를 사용한다. 이는 옛날 순례자들이 각 절을 참배하고 절의 기둥이나 벽 등에 자신의 이름, 사는 곳, 소원 등을 써넣은 동판이나 목판의 '후다(札)'를 못으로 쳐서 붙인 것에서 유래한다. 현재는 건물 보호 등의 이유로 금지된 관습이지만 용어는 여전히 사용되고 있다.

전부치기(通し打ち)

88개소를 모두 한 번에 다 순례하는 것을 말한다.

끊어치기(区切り打ち)

88개소를 한 번에 돌지 않고. 부분적으로 끊어서 순례하는 것이다. 보통 시간을 오래 낼수 없는 직장인 등이 많이 사용하는 방법으로, 몇 년에 걸쳐서 순례하는 이들도 적지 않다.

일국 참배(一国参り)

옛날 일본은 가장 큰 행정구역을 '쿠니(国)'로 나누었다. 시코쿠(四国)라는 이름도 섬에 4개의 쿠니가 있어서 유래한 것이다. 일국 참배란 시코쿠의 네 쿠니 중 한 곳만을 다 순례함을 말한다. 다시 말해 현재의 네 현 중 한 현의 절들을 모두 참배함을 말한다. 끊어치기와 함께 시간적 여유가 없는 사람들이 많이 사용하는 방법이다. 첫 번째 현인 도쿠시마는 88개소에 속한 절만 돌 경우 7~10일 내에 모두 순례할 수 있다.

역순례(逆打ち)

전부치기 순례와는 반대로 88번부터 1번의 순으로 거꾸로 순례하는 것이다. 역순례를 위한 안내문이나 표식이 거의 전무하므로 보통 순례에 비하여 두세 배는 더 힘들다고 한다. 시코쿠 순례의 원조라고 불리는 에몬 사부로가 죽기 전 마지막 순례를 역으로 함으로써 코보대사를 만났다는 데에서 기인하여, 거꾸로 순례하다 보면 오헨로상을 보살펴주는 코보대사와 한 번은 직접 마주칠 수 있다는 전설이 전해지다 보니 역으로 순례하는 이들도 적지 않다.

옛날 시코쿠에 순례 오는 이들 중에는 불치병이나 난치병 등에 걸려 부처님과 대사님의 은혜로 병이 낫길 바라는 이들이 많았다. 이들은 병이 낫지 않고, 길에서 도중에 죽더라도 순례의 공덕으로 더 좋은 곳으로 다시 태어난다고 믿었기에 수의의 색깔인 흰옷을 순례의 복장으로 삼았다. 오헨로상이라고 하면 바로 떠오르는 하얀 옷에 삿갓을 쓴 모습은 여기서 유래하였다.

이 외에도 여러 가지 순례용품들이 오헨로의 요건으로 여겨지고 있다.

삿갓
(菅笠 스게가사)

백의
(白衣 하쿠이)

와게사
(輪袈裟)

즈타부쿠로
(頭陀袋)

금강지팡이
(金剛杖 콘고즈에)

삿갓(菅笠 스게가사)

삿갓은 원래 순례자들이 길을 가다가 죽으면 얼굴을 덮는
관 뚜껑과 같은 역할을 했다고 한다. 물론 비를 막거나 햇빛
을 가리는데도 실용적인 물건이다. 삿갓은 미륵보살을 상징
하는 범자(梵字) 'Yu'자가 쓰여 있는 부분이 정면으로 오게 쓰
는 것이 올바르게 쓰는 것이다. 범자 주변으로 4구의 게송이
쓰여 있는데, 코보대사가 지은 것으로 그 뜻은 다음과 같다.

> 迷故三界城 깨닫지 못했을 때는 온 누리가 다 있었으나
> 悟故十方空 깨닫고 나니 온 우주가 텅 비었네
> 本來無東西 본래 동서가 없었으니
> 何處有南北 하물며 남북이 있겠는가.
> – 동국대 불교대학 김호성 교수 역

백의(白衣 하쿠이)

수의의 색이 하얀색인 것과 깨끗한 몸과 마음을 상징하는 뜻에서 백의가 순례의 유니폼
이 되었다. 전통적인 백의는 소매가 달린 것과 조끼형식의 오이즈루(笈摺) 두 종류로 최근
에는 그냥 하얀색 조끼나 옷을 입고 순례하는 이들도 있다. 이 백의에도 납경을 받을 수 있
는데, 납경을 받은 백의는 일본에서 최고의 수의라 하여서 납경용 백의도 판매되고 있다.

금강지팡이(金剛杖 콘고즈에)

콘고즈에란 오헨로상이 짚고 다니는 지팡이로 약칭해서 '즈에'라고 부른다. 즈에의 손잡
이가 되는 윗부분엔 오륜탑(五輪塔)이 새겨져 있는데 오륜탑은 우주를 구성한다고 하는 다
섯 가지 요소를 상징하는 탑으로 만든 것인데 위에서부터 아래로 범자 Kha, Ha, Ra, Va, A

가 써져 있다. 각각 공(空), 풍(風), 화(火), 수(水), 지(地)를 뜻한다. 이 오륜탑은 일본에서는 예로부터 죽은 자의 넋을 달래기 위해 세워지는 경우가 많았다. 그러기에 예전에는 오헨로상이 길에서 쓰러져 죽으면 묘비를 대신하여 무덤 위에 꽂았다고 한다.

또 시코쿠 순례에서 콘고즈에는 코보대사와 함께하는 동행이인의 상징물로, 지팡이 자체에 코보대사가 깃들어 있다고 한다. 그래서 콘고즈에를 사용하는 데는 여러 가지 규칙이 있다.

1. 오래 사용하여 지팡이 끝이 닳아 나뭇결이 일어났을 때엔(헨로에서는 이걸 꽃이 폈다라고 한다.) 칼 등으로 자르지 않고 돌 등에 비벼서 다듬는다.
2. 숙소에 도착하면 지면에 닿은 지팡이 끝을 깨끗이 씻어 토코노마(床の間), 혹은 자신의 머리맡에 세워둔다. '토코노마'란 일본 전통가옥에서 꽃이나 족자 등을 장식하기 위해 벽장처럼 방 한쪽에 작은 단을 만들어둔 곳을 말한다.
3. 다리를 건널 때엔 다리 아래에서 쉬고 있을지도 모를 코보대사를 위해 지팡이를 짚지 않고 손에 든 채로 건넌다.
4. 화장실을 가거나 담배를 피울 때에는 다른 깨끗한 곳에 세워둔다.

전통적인 콘고즈에는 순례자의 신장에 딱 맞게, 혹은 어깨 높이까지 오도록 길게 만들었는데, 흔히 판매되고 있는 것은 허리 높이 정도의 길이이다. 편의를 위해서라고 하지만 등산용 스틱처럼 기능성으로 만들어진 것도 아니고, 콘고즈에는 그냥 각목으로 만들어지므로 자신의 신장 정도의 긴 것이 걷는 데는 편하다.

즈타부쿠로(頭陀袋)

즈타부쿠로는 헨로 중에 자주 쓰게 되는 물건들을 넣을 수 있는 가방으로, 주로 납경장이나 향, 초, 염주, 지도 등을 넣어 다닌다. 원래 즈타부구로는 스님들이 이리저리 떠돌며 수행을 할 때 필요한 물건들만 딱 넣을 수 있도록 만든 작은 가방으로 목에 걸고 다니는 형식으로 무명으로 만들어진 주머니였으나, 헨로에서는 소품을 넣는 가방의 역할이 더 크므로 방수가 되거나 작은 주머니들이 많이 달린 것 등 여러 가지 스타일의 즈타부쿠로가 있다.

납찰(納札 오사메후다)

오사메후다. 줄여서 '오후다'라고 불리는 이 종이쪽은 순례자의 이름, 순례일, 소원 등을 써서 각 후다쇼의 본당과 대사당에 올리게 된다. 또 오셋타이를 받았을 때에도 감사의 뜻으로 드려야 하므로 후다 뒤

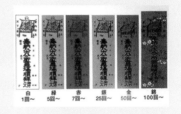

에 '감사합니다', '나무다이시헨죠콘고', '시코쿠 순례 ○○번째' 등을 써둔 답례용 후다를 미리 몇 장씩 써서 가지고 다니면 편하다.

이 후다는 순례를 몇 번이나 했는가에 따라 색이 달라지는데 1~4회는 흰색, 5~6회는 녹색, 7~24회는 빨간색, 25~49회는 은색, 50~99회는 금색, 100회 이상은 비단으로 만든 후다를 사용한다.

순례 중에 만약 금색이나 비단으로 된 후다를 받게 되면 순례길의 안전을 지켜주는 부적이 된다고 한다. 이 때문에 종종 어떤 헨로들은 후다 상자를 뒤적여서 찾는 경우도 있는데, 이는 엄청난 실례가 된다. 단 자신의 후다를 넣으려고 봤더니 비단이나 금이 있는 경우엔 가져가도 좋다고 하며 실제 비단후다를 사용하는 센다츠들은 일부러 이를 위해 후다 상자가 아닌 불전함이나 본당의 창문 등에 몇 장씩 올려두는 경우도 있다. 또 정말 옛날 방식으로 나무판이나 동판으로 된 후다를 쓰는 센다츠들도 가끔씩 존재하는데, 이런 것들은 대부분 스님이나 수행자들이 만드는 것이 많아 이분들의 후다를 집에 모셔두면 1년간 집안이 편안하다고 한다. 또 헨로 길 중에 친해져서 서로 주소 등을 교환할 때도 이 후다에 써서

교환하므로 오헨로상들 사이에서 명함과도 같은 역할을 한다.

납경장(納経帳 노쿄쵸)

각 후다쇼들의 납경을 받기 위한 빈 공책을 말한다. 보통 비
단 등으로 표지를 장식하고, 88개소와 고야산 오쿠노인의 페이
지로 구성되며 벳카쿠 20개소의 납경장은 별도로 있다. 보통
서너 장의 여벌 페이지가 붙어 있어 후다쇼들 말고도 납경을
받고 싶은 절에서 납경을 받을 수 있다. 예를 들어 교토의 토지
(東寺), 고야산의 콘고부지(金剛峰寺) 등. 납경장에 따라 1번 절
의 페이지가 두 장이 있는 것이 있는데, 이는 88번에서 순례를
마치고 감사 참배(お礼参り)를 위해 1번 절로 돌아와서 납경을 받기 위한 페이지로, 이때
받는 납경은 처음 1번 절에서 받는 납경과는 다른 양식이다.

와게사(輪袈裟)

와게사는 불교의 가사(袈裟)를 간략하게 축소하여 만든 것이다. 가사란 스님들이 의식이
나 기도를 할 때 입는 의복으로 어깨에 걸치는 갈색, 혹은 붉은색의 긴 천을 말한다. 이것
을 접어서 목에 거는 양식으로 만든 것이 와게사인데, 이 와게사는 순례길을 걷거나, 후다
쇼에서 기도하는 동안에는 반드시 목에 걸고 있어야 하고, 식사를 하거나 화장실을 갈 때
는 벗는 것이 예의이다. 하지만 특별히 종교적으로 큰 의미 없이 걷는 이들은 와게사를 생
략하는 경우가 많다.

염주(数珠 쥬즈)

우리나라와 마찬가지로 일본불교에서도 기도할 때 염주를 사용한다. 단 우리나라와 다
른 것이 있다면 일본은 종파에 따라 염주의 모양이 다르다는 것이다. 헨로길에서는 보통

코보대사가 당에서 유학을 마칠 때 혜과 아사리로부터 물려받아 가져왔다는 염주와 똑같은 모양의 염주를 사용하며 후다쇼 등지에 서 많이 팔고 있다.

또 일본에서는 염주를 목에 걸고 다녀서는 안 되는데, 일본에서는 역사적으로 목에 염주를 건다는 것은 파계한 승려, 혹은 전쟁에서 패하여 곧 참수당할 병사 등을 상징하므로 목에 걸어선 안 되며, 손 에 쥘 때는 왼손에 쥐고 다녀야 한다고 한다.

지령(持鈴 지레이)

지령은 손에 쥐고 기도할 수 있게 만든 작은 종을 말한다. 하지만 오헨로상들이 모두 스 님이나 불교신자인 것도 아니고 보통은 즈타부쿠로나 배낭에 매달아 등산용 종과 같은 용 도로 사용된다.

각 절에 도착한 오헨로상들은 몸과 마음을 경건히 하고 본당, 대사당의 순서로 참배를 한다. 개인의 신앙이나 시간에 따라 참배하는 방법도 여러 가지지만 여기서는 가장 일반적으로 행해지는 참배법을 소개한다.

1. 산문(山門 산몬)

절의 대문에 해당하는 큰 문으로 여기서부터 경내라는 뜻을 가지고 있다. 문에 들어서기 전에 합장하고 허리를 숙여 예를 표한다. 대부분의 헨로길은 이 산문을 통해 들어가게 되어있지만 길에 따라 절의 측면이나 뒤로 들어가는 경우도 있다.

2. 쵸즈야(手水屋)

참배에 앞서 손과 입을 씻어 몸을 정결하게 하는 곳이다. 생긴 것이 꼭 우리나라의 약수터처럼 생겨서 음료수로 마시곤 하는데 일반적으로 쵸즈야의 물은 상수도가 아니므로 주의하자. 손과 입을 씻는 방법은 다음과 같다. 국자를 잡고 물을 떠서 왼손과 오른손, 그리고 입을 헹궈 뱉어 낸다. 마지막으로 국자에 물을 뜬 뒤, 수직으로 세워 자루를 씻는다.

3. 종루(鐘楼 쇼루)

종루에 가서 합장으로 예를 표하고 범종을 한 번 친다. 사찰에 자신이 왔다는 것을 알리는 뜻이다. 절에 따라 특정시간에는 치지 못하게 된 곳이나 아예 칠 수 없는 곳도 있다. 이른 아침과 저녁때에 종을 치는 것은 주변에 실례가 되니 주의. 참배가 끝나고 다시 종을 치는 것은 참배로 맺은 부처님과의 좋은 인연에 좀을 치는(끝을 보는) 의미라 하니 치지 말도록 하자.

4. 본당(本堂 혼도)

절의 본존을 모시고 있는 전각이다. 우리나라 사찰의 대웅전이
나 큰 법당에 해당된다. 참배에 앞서 본당 앞의 촛대와 향로에
준비한 초와 향을 올린다. 초와 향을 켤 때 다른 사람의 초에서
불을 옮겨 사용하면 그 사람의 업을 대신 짊어지게 된다는 속설
이 있으니 주의하자.

초와 향을 공양했으면 정면에 걸려있는 와니구치(鰐口)라고 하
는 징을 밧줄을 이용해서 두 번 치는데 이는 부처님께 자신이
왔다는 뜻을 알리는 것이다. 준비해둔 오사메후다를 후다 상자
에 넣고, 만약 보시를 하고 싶다면 불전함에 돈을 넣도록 하자.

이제 독경을 한다. 뒤에 오는 오헨로들에게 실례가 되지 않도록
정면은 피해 서고, 후다쇼 등지에서 팔고 있는 순례용 불경을
읽어도 좋고, 자신이 따로 하는 기도가 있다면 그것을 해도 좋
다. 일본어로 하든, 한국어로 하든 어떻게 기도하던지 자유다.
단지 자신의 마음을 담아서 조용히 마음을 가다듬어 보자. 기도
가 끝나면 합장하고 "감사합니다."라고 한마디만 더 붙인다면
훌륭한 기도가 될 것이다.

5. 대사당(大師堂 다이시도)

코보대사를 모신 당이다. 간혹 코보대사와 함께 그 절에 인연이 깊은 스님을 같이 모시
고 있는 경우도 있다. 초와 향을 올리고 기도하는 방법은 본당과 동일하다.

6. 납경소(納経所 노쿄쇼)

시코쿠 순례의 꽃이라고 할 수 있는 납경을 받는 곳이다. 납경을 받을 때에는 해당하는 절의 페이지를 펴서 납경을 써주시는 분께 정중히 드리자. 얼핏 보기에는 붓으로 몇 자 날려 쓰고 도장 세 개를 찍는 것에 불과하지만 그 의미는 이 절의 본존과 역사를 담아 주는 것이니 소홀히 하지 말자. 납경소의 운영시간은 일반적으로 오전 7시부터 오후 5시까지이다. 납경료는 각각 납경장 300엔, 족자 500엔, 백의 200엔으로 백의에 받을 경우 묵서(붓글씨)는 빠지고 도장만 받게 된다.

7. 산문(山門 산몬)

절을 나서기 전 몸을 돌려 다시 산문에서 절을 향해 합장하고 예를 표한 뒤 다음 절로 향한다.

1200년의 역사 동안 헨로 위에는 시코쿠만의 풍습과 용어들이 생겨났다. 그 중에 가장 많이 듣고 보게 되는 용어들을 간단히 정리해보았다.

동행이인(同行二人)

'두 사람이 함께 걷는다.'라는 뜻이다. 몸은 혼자서 순례할지라도 마음만은 항상 헨로 길을 만든 코보대사와 함께 걷는다는 뜻이다.

오다이시상(お大師さん)

시코쿠 순례길을 만든 코보대사 쿠카이(弘法大師 空海)를 간단히 '대사님'이라고 부르는 말이다.

코보대사는 774년 지금의 카가와현 젠츠지시의 75번 영장 젠츠지에서 지방호족의 아들로 태어났다. 어릴 때부터 영민하여 15세에 당시의 수도였던 나가오카쿄(長岡京)로 상경하여 유학을 배웠으나, 불도에 뜻을 두고 곧 스스로 출가하여 유명한 산과 바닷가를 돌며 수행하였다. 시코쿠 순례길 위의 사찰과 번외사찰들은 대부분은 이때 시작되었다고 한다.

20세가 되던 해 나라로부터 허가를 받아 정식으로 출가하여 여러 고승들을 찾아 다니며 수행을 계속했지만 만족하지 못하던 중 804년, 당으로 유학을 떠나 당시 진언종의 7대 조사였던 혜과(惠果)를 만나 모든 법을 전해 받고 진언종의 8대 조사가 되는데, 이때 신라의 승려들과도 교류가 있었다고 전한다. 실제 진언종의 계보에서 코보대사는 『왕오천축국전』으로 유명한 신라의 혜초스님의 조카뻘이 되고 코보대사 스스로 남긴 기록 중에도 신라의 승려들과 만난 기록들이 보인다.

810년 일본조정으로부터 진언종의 포교를 인가 받아 널리 포교하였고, 황자나 귀족의 자식들과 같은 높은 신분의 이들도 스스로 제자로 들어가 출가한 이들도 많았다. 또 이 기간에 다시 시코쿠를 방문하여 사찰들을 건립하고 저수지 등을 만드는 활동을 하였다.

816년에 진언종의 근본도량으로 고야산(高野山)을, 823년엔 사가천황으로부터 교토의 토지(東寺)를 하사 받아 진언종의 가르침을 더욱 널리 펴다가 835년 고야산에서 7일간 명상에 들어, 앉은 채로 열반에 들었다.

후다쇼(札所)

시코쿠에는 헨로와 관련이 있는 절들이 여러 곳에 존재한다. 그 중에 88개소에 속한 절들을 부를 때는 '후다쇼'라고 부른다. 앞에서 옛날 순례자들이 절에 자신의 이름, 사는 곳, 소원 등을 써넣은 동판이나 목판의 '후다(札)'를 벽에 붙이고 갔다고 설명했는데. 여기서 유래된 용어이다.

칸소지(関所寺)

시코쿠 88개소의 후다쇼들 중에는 코보대사가 오헨로의 행동을 점검하고 살피는 절이 있어 순례 중에 올바른 마음을 가지고 순례하지 않은 이는 이곳에서 어떻게든 발이 묶여 더 이상 나아갈 수 없다고 한다. 칸소지는 19번 다츠에지(도쿠시마), 27번 코우노미네지(고치), 60번 요코미네지(에히메), 66번 운펜지(카가와)로 각 현에 한 곳씩 존재한다.

오쿠노인(奧之院)

오쿠노인은 일본불교에서 찾아 볼 수 있는 전각으로, 그 절을 창건하는데 특별한 인연이 있는 부처나 보살, 혹은 스님을 모시고 있는 곳이다. 보통 절과는 떨어진 외딴 곳에 있는 경우가 많다. 오쿠노인도 그 규모가 여러 가지로 자그마한 사당 하나만 있는 곳에서 하나의 독립된 사찰로 있기도 하는 등 헨로를 돌면서 후다쇼의 오쿠노인을 들르는 것도 하나의 재미이다.

납경(納経)

전통적으로 오헨로상들이 각 절을 돌면서 집에서 사경해 온 반야심경을 한 부씩 봉납(奉納)하고, 쌀이나 약간의 금전을 보시하는 것을 납경(納經)이라고 했다. 이 납경의 증명으로 사찰에서는 순례자가 들고 온 빈 공책에 본존의 이름과 절의 이름을 써주고 도장을 찍어주었다. 이것이 후대로 오면서 책에 글과 도장을 받는 것을 '납경을 받다'라는 말로 변하였다. 경전을 베껴 와서 절에 봉납하는 것도 참배 시에 독경하는 것으로 대체되었다. 물론 전통적으로 사경을 봉납하는 분들도 여전히 존재한다.

납경은 이곳 시코쿠뿐만 아니라 일본의 여러 사찰들에서 흔하게 이뤄지고 있지만, 이곳 시코쿠의 납경은 헨로를 돌았다는 하나의 증거가 된다는 점에서 더욱 특별하다 하겠다. 납경은 제일 첫머리에 봉납(奉納)이라는 글이 쓰여지고 본존을 상징하는 범자(梵字)와 본존의 이름, 마지막으로 절의 이름이 쓰여지고 도장으로 절의 번호, 본존, 사인(寺印). 이렇게 3개의 도장이 찍힌다. 각 절마다 절의 특색이 살아있는 도장은 납경의 소소한 재미이다.

오스가타(御影)

오스가타란 납경을 받고 나면 한 장씩 받게 되는 작은 종이인데 각 후다쇼의 본존의 모습이 그려져 있다. 현대에 와서 새롭게 그린 그림을 오스가타로 주는 곳도 있지만 대부분 옛날의 목판화를 그대로 프린트하여 주기에 각 부처님들의 표정이 제각각 다른 점이 재미있다. 일본의 오헨로상들 중엔 이 오스가타를 모아 족자나 병풍으로 만들어 집안에 모시는 이들도 있으며, 오스가타를 보관하는 파일도 별도로 판매되고 있다.

센다츠(先達)

센다츠의 사전적 정의는 '특정 분야에 미리 통달하여 남을 인도하는 일, 또는 사람'이라는 뜻으로 헨로에서는 시코쿠를 4회 이상 순례하여 다른 오헨로상들을 인도할 수 있는 사람을 일컫는다. 4회 이상 시코쿠를 순례하고, 88개소에 든 후다쇼 중 한 곳의 주지로부터 추천을 받아 시코쿠 88개소를 대표하는 영장회(靈場会)에서 연수를 받으면 공인 센다츠가 된다. 공인 센다츠는 영장회에서 지급되는 빨간색 석장(錫杖)과 센다츠 전용 와게사(輪袈裟), 납경장을 사용하며 보통 단체 순례자들을 안내하는 가이드와 같은 일을 주로 맡게 된

다. 이 센다츠에도 단계가 있는데, 가장 윗 단계의 센다츠는 후다쇼의 주지들 중에 선출된다.

공인 센다츠라고 해서 모두 도보로 순례했다고 생각해서는 안 된다. 옛날에는 모두 도보로 순례한 사람만 센다츠로 인정했다고 하는데, 최근에는 자동차나 자전거 등 도보 이외의 방법으로도 순례를 해도 센다츠가 될 수 있다. 또 영장회 등과는 관계없이 여러 차례 순례를 한 오헨로상도 센다츠로 불리는 경우도 있다.

헨로 고로가시(遍路ころがし)

순례길 중 특히 험한 오르막길을 이르는 말로 순례자를 굴러 떨어뜨린다는 뜻이다. 대표적으로 12번, 20번, 21번, 27번, 60번, 66번, 81번, 82번으로 오르는 길들이 있다. 만약 후다쇼에 올라갔다가 다시 내려온다면 산 아래의 가게나 민가 등에 짐을 잠시 맡기는 방법도 있지만 다음 후다쇼로 향하는 길이 산을 넘어 있다면 결국 짐을 짊어지고 산을 넘어야 한다.

오셋다이(お接待)

오헨로상에게 물 한 잔이나 간식거리 같은 것부터 크게는 금전이나 잠자리 등을 보시하는 것을 말한다. 시코쿠 주민들에게 오헨로상은 그저 순례자를 넘어서 코보대사의 또 다른 모습으로 받아들여지기에 공덕을 쌓기 위하여 여러 가지 오셋타이를 한다. 요즘에는 가는 길에 다음 후다쇼까지 차로 태워주는 오셋타이도 종종 존재한다. 오셋타이를 거절하는 것은 큰 실례이므로 절대 거절해서는 안 된다. 단, 차로 태워주려는 오셋타이만은 정중히 거절해도 된다.

나무 다이시 헨죠콘고(南無大師遍照金剛)

'나무 다이시 헨죠콘고'란 '변조금강(遍照金剛)인 코보대사께 귀의합니다.'라는 짤막한 기도문으로 정식명칭은 '고호고(語宝号)'이다. 후다쇼에서 기도를 마칠 때, 혹은 셋타이를 받을 때 자주 듣게 된다. 뿐만 아니라 헨로를 돌면서 입게 되는 백의나 지팡이에도 이 기도문이 쓰여 있고, 길가의 헨로 이정표에도 붙어있는 등 '동행이인'이라고 하는 헨로의 모토를 느끼게 해준다.

순례 중 이용하게 되는 숙박 형태는 여러 가지가 있는데 우선 유료로 묵는 곳으로 료칸, 민슈쿠, 호텔, 국민숙소 등이 있으며, 그 외에 조금 저렴한 숙소로 유스호스텔, 게스트하우스가 있다. 그리고 절에서 운영하는 슈쿠보가 있다. 그 외에 무료 또는 최소한의 경비로 묵을 수 있는 방법은 젠콘야도와 츠야도를 이용하거나 텐트 또는 침낭을 이용한 노숙 등이 있다. 노숙을 하더라도 온천은 꼭 이용해서 몸의 컨디션을 잘 조절하길 바란다. 아무리 치안이 안전한 일본, 특히 시코쿠라 하더라도 젠콘야도, 츠야도, 노숙의 경우 여성 순례자들에게는 위험할 수 있으니 주의하기 바란다. 숙박에 대한 내용은 본인 자신의 경험에 근거하였으므로 취향에는 개인차가 있을 수 있다.

숙박소의 종류와 특징

1. 료칸(旅館), 민슈쿠(民宿), 국민숙소(国民宿舎)
평균 숙박요금 : 1박 2식 6,000엔~7,500엔 / 스도마리(음식 불포함) 3,000엔~4,000엔

시코쿠에서의 료칸은 민슈쿠와 크게 다르지 않다. 그리고 국민숙소는 료칸과 민박보다 조금 더 큰 시설이라고 생각하면 된다. 1박 2식을 기준으로 묵지만 꼭 1박 2식이 아니더라도 저녁식사만 또는 아침식사만 주문할 수도 있으며, 그 외에 식사를 제외한 스도마리로(素通り)도 묵을 수도 있다. 큰 대욕장이 있는 곳도 있지만 한 두 명이 사용하는 목욕탕도 있기 때문에 온 순서대로 목욕을 하게 된다. 도착을 하고 나서도 주인이 목욕물의 준비가 끝날 때까지는 기다려야 한다. 작은 목욕탕이라 하더라도 탕 속의 물은 그날 숙박하는 사람들이 모두 함께 사용하기 때문에 탕 속의 물을 호텔처럼 자신만 사용하고 빼내 버리면 안 된다. 예약은 하루 이틀 전에 하는 것이 좋으며, 늦더라도 당일 오전까지는 꼭 하도록 하자. 특히나 인기가 있거나 그 지역에 숙박소가 별로 없는 곳은 빠른 예약을 하지 않으면 낭패를 볼 수 있다. 일본은 예약한 인원의 음식만을 준비하기 때문에 당일 오후에 예약하는 경우 식사 포함 예약이 불가능할 경우가 있다. 아무리 늦어도 당일 오전까지는 꼭 예약

을 하도록 하자. 일본어가 서툰 사람이라면 당일 묵은 곳에서 다음날 묵을 숙소 예약을 부탁하면 친절하게 도와준다. 세탁과 건조기는 대부분 설치되어 있으며, 이용료를 내야 하지만 오셋다이로 무료로 가능한 곳도 많다. 카드를 이용할 수 없는 곳이 대부분이니 꼭 현금을 준비해 갈 것.

2. 호텔

평균 숙박요금 : 숙박만 4,000엔 ~ 5,000엔

호텔은 주로 숙소에서 자신만의 편안한 시간을 보내고 싶은 분들이 주로 이용을 한다. 료칸과 민슈쿠는 거의 인터넷이 불가능 하지만 호텔이라면 와이파이가 가능한 편이다. 식사는 주로 주변에 식당 또는 슈퍼에서 사와서 방에서 먹으면 된다. 방에 화장실과 욕실이 있어서 기다리지 않고 맘껏 씻을 수 있다는 장점이 있다. 세탁과 건조기는 유료로 코인란도리를 사용한다.

3. 슈쿠보(宿坊)

평균 숙박요금 : 1박 2식 6,000엔 ~ 7,000엔 / 스도마리 4,000엔

절에서 운영하는 유료 숙박 시설이다. 단체 순례자들을 위해 설치해 놓은 절이 많지만 개인이 묵어도 상관은 없다. 다만 절에 따라서는 단체 순례자가 없을 때는 개인 순례자를 받지 않는 경우도 있다. 절에서 운영하는 숙박 시설이지만 58번 센유지를 제외하고는 생선과 고기 요리도 나오며 술도 주문해서 마실 수 있다. 절에서의 숙박이라 저녁, 또는 아침 예불에 참여해야 한다.

4. 게스트하우스, 유스호스텔

평균 숙박요금 도미토리 2,500엔~3,500엔

보통의 숙소에 비해 조금 더 저렴한 비용으로 묵을 수 있으며 대부분 와이파이가 가능하

다. 주로 도미토리로 이용을 한다. 꼭 순례자가 아니라 일반 관광객도 만날 수 있으며 전 세계 사람들과 교류가 가능하기도 하다. 유스호스텔의 경우 원래 회원이어야만 회원가로 할인을 해 주지만 순례자들의 경우 회원가로 해 주는 곳도 많다.

5. 젠콘야도(善根宿)

보시와 같은 의미로 순례자들을 위해 무료 또는 최소한의 가격으로 비상업적으로 운영 하는 곳이다. 젠콘야도의 경우 예약이 필요한 곳과 하지 않고 그냥 찾아 가는 곳으로 나눠 진다. 숙박 리스트의 내용에 예약 필요라고 적혀 있는 곳은 미리 꼭 전화를 할 것. 젠콘야 도의 시설은 우탕그라 젠콘야도처럼 민슈쿠라 해도 과언이 아닐 것 같은 좋은 시설도 있 지만 열악한 시설도 많이 있다. 그러나 이 모든 것이 상업적이 아니라 선의로 제공하는 곳 이니 되도록 불평 없이 늘 감사의 마음으로 이용해 주길 바란다. 대부분의 경우 숙박만 가 능한 곳이니 자신이 먹을 음식은 준비해 가도록 하자. 젠콘야도를 이용할 경우 늦어도 6시 전에는 도착하도록 하자. 늦은 밤의 방문은 그곳을 제공한 분들에게 민폐를 끼칠 가능성이 많다. 남녀 별실이 가능한 곳도 있지만 같은 방에서 모두 자는 경우도 많고 때에 따라서는 그날 먼저 온 성별만이 묵을 수 있는 경우도 있다. 이불은 있는 곳과 없는 곳도 있으니 숙 박 리스트를 꼭 참조할 것. 젠콘야도는 매너가 생명이다. 자신의 행동으로 인해 다음에 이 용할 순례자들의 소중한 공간이 사라질 수도 있으니 늘 깨끗이 이용하고 매너를 지키자. 작은 선물을 준비해 가서 젠콘야도를 제공해 주신 분들께 드린다면 그분들에게 소중한 추 억이 될 것 같다.

6. 츠야도(通夜堂)

절에서 운영하는 무료 숙박 형태이다. 옛날에는 88개 대부분의 절에서 츠야도를 운영했 다고 하나 세월과 비매너의 순례자들로 인해 지금은 운영하는 곳이 많지는 않다. 이곳을 이용할 사람들은 늦어도 납경시간 전인 5시까지는 도착해야 이용할 수 있다. 창고처럼 생긴 곳부터 종루 위의 한쪽 공간에 설치되어 있는 곳 등 절마다 다르며 음식은 제공하지 않고 숙박만이 가능하다.

7. 노숙

노숙은 주로 미치노 에키(道の駅), 헨로 코야(遍路小屋), 공원, 휴게소, 폐교, 해변가 등에서 하는 경우가 많다. 미치노 에키의 경우 영업이 끝난 뒤 이용하도록 하자. 노숙 장소에 "野宿は遠慮します。"라고 적혀 있는 곳은 노숙을 금지한다는 이야기니 이런 문구가 있는 곳에서의 노숙은 피하도록 하자. 노숙을 할 때는 주변에 이곳에 노숙이 가능한지 확인을 해 보고 되도록 날이 어두워진 늦은 시간에 텐트 또는 침낭을 펼치길 바란다. 또 아침에는 해가 떠오르기 전에 노숙 장비를 정리하도록 하자. 자신의 쓰레기는 꼭 들고 가고 주변을 피해가 가지 않도록 하자. 노숙을 할 때 백의, 삿갓, 지팡이 등의 순례 용품을 이용해 자신이 순례자임을 표시하지 않으면 경찰에 신고를 당할 수도 있다. 노숙 순례를 계획하는 사람이라면 이 세 가지는 되도록 꼭 구매를 하자.

* 숙박 리스트는 7년간의 순례 기간 동안 경험했거나 확인한 곳을 기본으로 했으며 그 외에 일본 순례 친구들이 알려준 곳과 다음 카페 '동행이인'의 노숙 리스트를 첨삭해 만들었음을 알립니다. 리스트에 있는 곳은 2016년 8월 현재까지 확인한 결과이며 젠콘야도와 츠야도의 경우 사정에 의해 폐쇄되는 경우가 많으니 이용하기 전 다시 한 번 현지에서 확인하기 바랍니다.

자주 묻는 질문

Q1. 서울에서 시코쿠 관련 쿠폰이나 안내 전단지를 받을 수 있는 곳이 있나요?

A1. '브라이트 스푼(BRIGHT SPOON)'과 화인존(FINE ZONE)'이라는 회사에서 시코쿠에 관련된 일들을 대행하고 있다. 특히 다카마쓰로 가는 비행기 티켓을 구입한 사람들은 비행기 티켓을 보여주면, 카가와관광협회에서 한국 관광객 전용으로 발행한 쿠폰북을 선물로 받을 수 있다. 쿠폰북 안에는 다카마쓰공항에서 리무진을 탈 때 사용할 수 있는 무료티켓과 리츠린공원 무료입장권, 쇼도시마 페리 무료승선티켓이 있다. 그 외에도 시코쿠 관련 정보가 들어 있는 전단지도 챙겨준다.

브라이트 스푼(BRIGHT SPOON) www.brightspoon.com
주소_서울 중구 무교로 15, 남강타워 1703호 BRIGHT SPOON   전화번호_02-755-1266

화인존(FINE ZONE) www.finezone.co.kr
주소_서울시 중구 다동 88 동아빌딩 4층 FINE ZONE   전화번호_02-725-8233

Q2. 비행기 티켓은 어느 지역으로 구매해야 하나요?

A2. 오사카 간사이공항 또는 다카마츠로 구입해야 한다. 만약 순례 마지막에 고야산을 갈 경우라면 갈 때는 다카마츠로, 올 때는 오사카 간사이공항으로 구입하면 편하다. 다카마츠로 가는 비행기는 아시아나 항공 뿐이었는데, 2016년 10월부터 저가항공 에어서울이 취항해 저렴한 가격으로 다카마츠로 갈 수 있게 되었다.

에어서울 홈페이지 flyairseoul.com

Q3. 1번 절 료젠지로 가는 방법은?

A3. 시코쿠 순례를 시작하기 위해 출발점인 1번 절 료젠지로 가려면 도쿠시마현에 위치한 JR 반도(板東)역으로 가야 한다.
간사이공항 → 고속버스(www.kate.co.jp)를 타고 도쿠시마역 → 열차를 타고 JR 반도역 → 도보로 10분 → 1번 절 료젠지
오사카 난바역 OCAT 터미널(ocat.co.jp) → 도쿠시마 나루토니시(鳴門西)역 → 도보 20분 → 1번 절 료젠지
다카마츠공항 → 리무진 버스 타고 JR 다카마츠역 → 열차를 타고 도쿠시마역 → JR 반도역 → 도보로 10분 → 1번 절 료젠지
다카마츠공항 리무진 시간표 www.kotoden.co.jp/publichtm/bus/limousine/index.html

Q4. 순례를 끝내고 오사카에서 고야산으로 가는 방법은?

A4. 난바(難波)역에서 난카이선을 타고 고쿠라바시(極楽橋)역에서 내려 케이블카를 타고 고야산 (高野山)역에서 하차. 도보 또는 난카이 린칸 버스를 타고 오쿠노인마에(奥の院前)역에서 하차. 오 사카에서 당일로 고야산에 다녀올 경우 간사이 스룻토 패스를 이용하면 저렴하게 다녀올 수 있다. 고야산에서 하룻밤 묵을 경우는 패스를 사용할 필요가 없다.

Q5. 순례 기간은 얼마나 걸리나요?

A5. 88개소 절만 순례하는 경우 약 1,200km이며, 보통은 40~45일 걸린다. 88개소와 번외사찰 20 개를 합한 108개소 절을 모두 순례하면 약 1,400km이며, 번외사찰의 경우 산길이 많아 50~55일 정도가 걸린다.

Q6. 순례 비용은 얼마나 드나요?

A6. 하루 평균 1박 2식. 민박을 할 경우 평균 8,000엔 정도, 게스트하우스 등 저렴한 숙소를 이용하 면 평균 4,000엔. 노숙과 젠콘야도를 병행해서 하는 경우는 2,000엔 정도 든다.

납경을 받을 경우 89(88개소+고야산) x 300엔 = 26,700엔

순례용품 등을 구입하는 데 8,000엔 정도

총 비용은 항공권을 포함해 한국 돈으로 많게는 500만 원에서 적게는 150만 원 정도면 가능하다.

Q7. 순례용품은 어디서 구입하는 것이 좋은가요?

A7. 대부분 순례자들은 1번 절에 도착해 순례용품을 구입한다. 순례용품 중에서 잇뽀잇뽀도(いっ ぽ一歩堂)에서 만든 물품이 다양하고 실용적이다. 10번 절 근처의 상점가에서 잇뽀잇뽀도에서 만 든 제품을 구입할 수 있다. 특히 백의는 기능성 옷으로 구김이 안가고 금방 마르는 재질이라 강력 추 천한다.

いっぽ一歩堂 홈페이지 www.ippoippodo.com

Q8. 지도는 어떤 것을 구매하는 것이 좋은가요?

A8. 순례자용 지도는 일본어, 영어, 한국어판이 있다.

일본어판은 헨로보존협회에서 발행한 〈四国遍路ひとり歩き同行二人〉이 최신정보와 순례길이 자 세히 나와 있다. 지역 주민에게 지도를 보여주며 길을 묻거나 순례자들과 정보를 교환할 때 편리하 다. 그리고 번외사찰로 가는 길도 자세히 나와 있다.

영어판은 무양당에서 발행한 〈Shikoku Japan 88 Route Guide〉라는 지도가 있다. 이 지도는 주로 외국인들이 가지고 다니는데, 순례에 관한 간단한 설명과 절에 대한 설명도 나와 있다. 또한 번외사찰로 가는 길도 소개되어 있다.

한국어판은 무양당에서 발행한 〈시코쿠 88개소 순례여행 안내 지도〉가 있다. 영어판과 같은 구조로 되어 있지만 번외사찰에 관한 길은 88개소에서 좀 멀리 떨어져 있는 곳은 나와 있지 않다. 2008년에 발행한 책인데, 수요가 많지 않다보니 지금은 절판되었다고 한다. 최근 도쿠시마현 관광협회에서 〈시코쿠 순례길 안내(한국판)〉을 PDF 파일로 만들었다. 순례 중에 필요한 정보를 이곳에서 손쉽게 볼 수 있다.

www.henro88map.com/pdf/Henro_Korea.pdf

Q9. 길을 잃을 염려는 없나요?

A9. 반도역에서 1번 절까지는 길바닥에 그려져 있는 녹색 선을 따라 걸으면 쉽게 찾아갈 수 있다. 그 외에는 현에서 만든 순례 표시와 시코쿠보존협회, 그리고 지역 주민과 순례 경험이 많은 순례자들이 초행자들을 위해 다양한 헨로 스티커를 전봇대나 길 위에 붙여 놓았기 때문에 그것을 보고 걸으면 된다. 그러나 아무리 표시가 잘 되어 있어도 초행자들은 가끔 헤매기도 한다. 시코쿠 복장을 하고 길을 잘못 들어서게 되면 지역 주민들이 순례길을 알려 주기도 한다. 헨로 스티커는 다양한 사람들이 초행자에게 보내는 오셋다이와도 같은 것이다.

Q10. 인터넷은 사용 가능한가요?

A10. 아쉽지만 일본 순례길은 한국처럼 와이파이가 가능한 곳이 많지 않다. 주로 게스트하우스나 호텔, 최근에는 카가와현에서 와이파이 존을 만들어 가고 있지만 아직도 부족한 상태이다. 유심 칩을 구해서 사용하기를 추천한다.

일본 전화와 인터넷을 사용 가능한 유심 칩을 빌려주는 곳 www.talkndata.co.kr

인터넷이 가능한 유심 칩을 빌려주는 곳(전화는 말톡 어플을 이용해 편리하게 사용할 수 있다.)
www.maaltalk.com

Q11. 순례 중에 현금 인출 방법은?

A11. 해외에서 사용 가능한 체크카드를 만든 뒤 우체국에서 찾아 쓰면 편리하다. 일주일 정도 사용할 금액을 인출하여 가지고 다니는 것이 좋다. 순례 지도에 우체국 위치가 표시 되어 있기 때문에 편

리하게 찾을 수 있다. 일본에서는 결제할 때 현금만 받는 곳이 많으니, 신용카드보다는 현금을 준비하도록 하자.

Q12. 식수가 필요한 구간은 어디이며 어떻게 준비해야 하나요?

A12. 일본은 자판기의 천국이라고 해도 과언이 아니다. 산길이 아니면 식수를 보충할 곳은 얼마든지 있다. 꼭 식수를 준비해야 하는 구간은 12번 쇼산지로 향하는 구간으로 하루 종일 산길을 걸어야 하기 때문에 충분히 준비해서 산행을 시작해야 한다. 그 외에 번외사찰 1번 타이산지, 7번 킨잔슛세키지, 60번 요코미네지도 긴 산길 구간이니 충분한 식수를 준비하자. 그 외 산길 구간은 중간 중간 자판기 등이 있어 걱정하지 않아도 되지만, 그래도 산길을 걸을 경우는 충분히 준비하는 것이 좋다.

Q13. 도시락을 준비해야 하는 구간은?

A13. 삶은 계란이나 초콜릿, 사탕, 빵, 라면 등 비상식은 늘 준비하는 것이 좋다. 점심과 간식이 필요한 구간은 11번 후지이데라~12번 쇼산지, 20번 카쿠린지~22번 뵤도지, 7번 킨잔 슛세키지의 산길, 60번 요코미네지 산길, 65번 산카쿠지~66번 운펜지 구간, 80 고쿠분지~82번 네고로지, 88번 오쿠보지로 향하는 산길과 번외사찰 20번 오쿠보지로 향하는 길에는 제대로 된 식당이나 편의점이 없으니 비상식을 꼭 준비하도록 하자.

Q14. 화장실이 급한 경우 어떻게 하나요?

14A. 일본은 모든 편의점 안에 화장실이 있다. 물건을 꼭 사지 않아도 편의점이나 주유소에서 간편히 사용할 수 있으며, 상점이 없는 곳에서는 민가에 부탁해도 순례복장을 입고 있으면 흔쾌히 허락해 준다.

Q15. 신발은 어떤 것을 준비하는 것이 좋을까요?

A15. 시코쿠 순례길은 산길이나 흙길보다는 콘크리트길이 많은 편이다. 따라서 등산화보다는 트레킹화를 추천한다. 그리고 노숙을 하는 사람의 경우는 가벼운 슬리퍼를 준비해 노숙 장소에서 사용하도록 하자. 만약 배낭 무게를 감당할 자신이 있는 사람이라면 트레킹화 외에 런닝화를 준비해 평지에서 신고 걸으면 발이 무척 편하다. 트레킹화를 살 경우는 자신의 발 사이즈보다 5~10mm 큰 신발을 사야 발톱이 뽑히는 일 없이 편하게 신을 수 있다. 걸을 때는 신발 끈을 꼭 묶어 발이 쏠려 물집이 잡히지 않게 하고, 쉴 때는 신발을 벗어 휴식을 취해 주도록 하자.

Q16. 순례 때 유용했던 물품은?

A16. 노숙을 할 계획이 있는 사람이라면 옷핀이나 빨래집게를 준비해 가면 양말 등을 말릴 때 유용하게 쓰이며, 헤드랜턴은 노숙 또는 터널을 통과할 때 꼭 필요하다. 또한 보조 배터리는 용량이 큰 것으로 준비하는 것이 좋다. 절에서 손바닥만 한 삿갓에 짚신이 매달려 있는 기념품을 파는 곳이 있는데, 나의 경우 17번 절에서 구입해서 노숙을 할 때 텐트 밖에 걸어 놓고 순례자라는 표식을 했다. 그리고 낮에는 배낭 뒤에 매달고 걸었다. 얇은 천으로 만든 보조가방이 있으면 숙소나 짐을 맡기고 걸을 때 유용하게 쓰인다. 또한 한국에서 기념이 될 만한 작은 기념품을 준비해 가면 현지에서 좋은 추억을 남길 수 있다.

Q17. 비가 올 경우 필요한 물품은?

A17. 순례 시기인 봄과 가을 모두 비가 많이 내린다. 특히 가을은 태풍이 올 경우도 있다. 비가 조금 올 경우는 배낭 커버만을 한 상태로 걷지만, 하루 종일 오는 경우 판쵸 우의를 이용해 이중으로 비를 막아주는 것이 좋다. 방수 바지를 따로 준비해 가면 좋다. 비가 와서 신발이 젖은 경우는 신문지를 신발 안에 꾹꾹 채워 물기를 한번 빼 주고 다시 한 번 마른 신문지를 넣어 놓으면 다음날 대부분 마른다.

Q18. 노숙을 할 때 어디서 씻을 수 있을까요?

A18. 노숙을 하는 경우라도 목욕을 하는 것이 좋다. 근처 공중목욕탕이나 온천을 이용하도록 하자. 오랜 노숙은 몸을 망칠 수 있으니 돈을 너무 아끼지 말고 일본의 천연온천을 즐겨 보도록 하자. 때때로 온천이나 공중목욕탕이 없는 경우는 화장실에서 간단히 얼굴 등을 씻고 편의점 등에서 받아둔 물티슈로 몸을 닦기도 한다. 온천을 이용할 때 충전이 필요한 물건을 카운터에 부탁하면 대부분 거절하지 않고 해준다.

Q19. 짐을 다음 숙소로 보내는 방법이 있나요?

A19. 산티아고 순례길처럼 숙소에서 숙소로 보내는 전문 시스템은 아쉽게도 없다. 필요 없는 짐은 소포로 집으로 보내는 방법뿐. 하지만 시코쿠 전체에서 가장 힘든 소산지를 걷는 구간은 짐을 보내는 방법이 있다. 찬네루칸 게스트하우스(チャンネルカン ゲストハウス)와 요시노야 료칸(吉野旅館)에 묵는 사람이라면 오후 5시 이전에 보낼 짐을 준비해 주인에게 말하면 1,300엔 정도의 비용으로 다음날 묵을 곳으로 보내준다.

Q20. 짐을 맡아 주는 곳이 있나요?

A20. 10번 키리하타지는 333개의 계단이 있는 곳이다. 절 근처 족자나 순례용품을 만드는 상점에서 순례자들을 위해 짐을 부탁하면 맡아준다. 35번 쇼류지로 가기 전 토사시 관광회사에서도 짐을 맡아준다. 회사 콘테이너 건물에 짐을 편안히 맡기고 가라는 안내 문구가 적혀 있다. 38번 왕복구간을 걸을 계획이라면 숙소에 짐을 놓고 다녀오거나, 71번 이야다니지 산문 아래 하이쿠아(俳句茶屋)에 짐을 맡겨 두고 절에 다녀오면 편하다.

Q21. 번외사찰의 염주는 어떻게 구입하며 만드나요?

A21. 번외사찰 20개소에서 각각의 절 이름이 적혀 있는 염주 알을 판매한다. 염주 알은 남성용(갈

색)과 여성용(빨간색)이 있다. 가운데 중앙에 들어가는 큰 염주 알에는 코보대사의 모습이 들어가 있으며, 20개의 절 중 한 곳에서 3년에 한 번씩 돌아가며 판매한다. 지금은 번외사찰 8번 토요가하시에서 판매하고 있으며, 2017년까지 판매하고, 2018년부터는 다른 절에서 판매할 예정이다. 염주를 만드는 데 드는 시간은 대략 2주 정도이다. 하지만 10번 기리하타지 산문 아래 순례용품 만드는 가게에서는 외국인 순례자에 한해 당일로 만들어 주기도 한다.

Q22. 번외사찰 중에 납경을 오셋다이 해주는 곳이 있나요?

A22. 번외사찰 14번 츠바키도에서는 걷는 순례자들에 한해서 납경료를 받지 않고 무료로 묵서와 도장을 찍어준다. 번외사찰을 함께 순례하는 경우가 아니더라도 88개소 납경장 뒤편 공란에 받을 수 있다. 걷는 순례자들을 무척이나 소중히 여기는 곳이니 지나가는 길에 한번 들러 보도록 하자.

Q23. 납경장에 묵서를 붓이 아니라 솔로 써주는 곳이 있다고 하던데?

A23. 3번 절 순례길을 따라 3km로 더 가면 3번 절의 오쿠노인(奧の

院)인 아이젠인(愛染院)에서 솔로 기념 묵서를 써준다. 주지스님이 계신 경우 88개소 납경장 뒤편에 써주며 안 계신 경우는 종이에 미리 써놓은 것을 주신다. 물론 이곳에서도 납경을 받을 때는 300엔을 내야 한다. 주지스님은 영어가 능숙하고 한국을 방문한 적도 있어 한국 순례자들에게 무척이나 친절하다.

Q24. 여자 혼자 순례를 하면 위험한가요?

A24. 일본은 치안이 잘 되어 있는 나라이다. 특히나 시코쿠의 경우는 더욱 더. 유료 숙박소에서 묵으며 해가 떨어지기 전까지 순례를 하는 경우는 특별히 위험한 경우는 많지 않다. 다만 노숙 순례를 하는 사람이라면 이야기가 다르다. 젠콘야도와 츠야도의 경우 혼숙을 하는 경우도 많기 때문에 누구와 묵게 되느냐에 따라 위험할 수도 안전할 수도 있기 때문이다. 침낭만을 이용한 노숙은 권하지 않으며, 노숙을 계획한다면 꼭 텐트를 구입하는 것이 좋다. 텐트 안에 있으면 그 안에 여자가 있는지 남자가 있는지 쉽게 노출되지 않기 때문이다. 여자 혼자라면 너무 외진 곳에서의 노숙은 가급적 피하고 늘 안전을 최선으로 생각해 살펴보도록 하자. 특히 노숙으로 순례를 하고 있는 프로 헨로들 중에는 친절을 가장해 다가왔다가 물건을 훔쳐 달아나는 경우도 있으니 주의해야 한다. 카가와현으로 갈수록 납경장을 훔쳐가는 도둑들도 있으니 각별히 유의하자.

Q25. 38번 절에서 39번 절로 향하는 길은 세 가지 루트가 있던데, 어느 길이 좋은가요?

A25. 38번 절에 갔다가 드라이브인 스이사에서 346번 도로를 걷는 길이 39번 절로 향하는 최단코스이다. 그러다 보니 가장 많은 순례자들이 이 코스를 선택한다. 또, 38번 절에 갔다가 안슈쿠 민슈쿠를 지나 21번으로 향하는 길은 최단코스보다 3km 정도 멀며 길이 좁다는 단점이 있다. 두 코스 모두 안슈쿠에서 38번 절까지 같은 길을 왕복해야 해서 지루할 수 있다는 단점이 있는 반면, 반복코스라 숙소에 짐을 놓고 가볍게 다녀올 수 있다는 장점이 있다. 그 외에 38번 절에서 츠키야마 신사로 향하는 길은 다른 코스에 비해 40km 정도 더 걸어야 한다. 그러나 같은 길을 반복해서 걷지 않아도 되기 때문에 지루하지 않고 해변가를 따라 걷기 때문에 운치도 있다. 또한 츠키야마 신사로 향하는 산길은 매년 10월에 오오츠키 초등학교 3년생들이 순례자들을 위해 헨로 판넬을 만드는데 예쁜 그림과 함께 응원의 메시지가 순례자들에게 감동을 선사한다. 때론 멀리 돌아가는 길이 많은 것을 보고 느끼게 해 준다.

Q26. 결원서는 어디서 어떻게 받을 수 있나요?

A26. 87번 절에서 88번 절 사이 마에야마 헨로 교류살롱에서 걸어서 순례를 한 순례자들에게만 결원서를 무료로 만들어 준다. 또한 이곳에는 헨로에 관한 다양한 자료들이 전시되어 있다. 그리고 88번 오쿠보지에서 2,000엔을 내고 결원서를 발급받을 수 있다. 다만 결원서를 받기 위해서는 순례를 다 돌았다는 증명이 되는 납경장이 있어야만 가능하다. 납경장만 있다면 걷는 순례자 외에 차나 오토바이, 자전거 등 순례 방식과 상관없이 결원서를 받을 수 있다.

88번 절에서 받은 결원서   헨로 교류살롱에서 받은 결원서

Q27. 한일 우정의 헨로 코야(韓日友情の遍路小屋)**는 어떻게 만들어졌나요?**

A27. 순례 중에 헨로 코야 프로젝트에서 만든 코
야(小屋)에서 잠깐의 휴식을 취하거나 때론 노숙
을 할 경우가 있었는데, 코야의 디자인이 그 지역
의 문화 등을 포함해 만든 경우가 많았다. '저렇게
멋진 프로젝트를 하는 사람들은 누구일까?' 궁금증
이 생겼고, 우연히 프로젝트 멤버를 만나게 되어 긴
키대학의 건축과 교수인 우타 선생님에 관한 이야기를 듣게 되었다. 도쿠시마 출신의 우타 선생님
은 자신의 고향을 위해 89개의 헨로 코야를 만드는 프로젝트를 시작하게 되었는데(88개소 + 고야
산을 의미), 그 뜻을 함께 하는 사람들이 모여 현재 55개의 코야가 완성되었다. 우타 선생님과 나
는 2013년 봄 프로젝트 멤버의 소개로 만나게 되었으며, 2014년 헨로 코야 프로젝트 총회에 초청
받아 강연을 하던 중 순례길에 한일 우정의 헨로 코야를 만들고 싶다는 꿈을 이야기하자, 우타 선
생님은 좋은 생각이라며 함께 만들자고 했다. 2014년 봄에서 가을까지 한국, 일본, 영국 친구들의
기부금을 모아 70번과 71번 사이에 53째 헨로 코야를 한일 우정의 헨로 코야로 만들게 되었다. 이
지역은 녹차 생산지로 유명한데, 한국과 일본 또한 차 문화가 있기에 녹차 잎을 모티브로 해서 만
들었다. 이곳에서 매달 둘째, 넷째 주 토, 일요일에 지역 봉사자들이 순례자들을 위한 오셋다이 행
사를 한다. 특히 수타로 즉석에서 만들어주는 우동은 순례자들에게 인기가 높다. 순례길에 꼭 들러
이곳의 따뜻한 마음을 느껴보길 바란다.

헨로 코야 프로젝트 홈페이지 www.geocities.jp/henrogoya/index.html

Q28. 한일 우정의 길도 있다고 하던데?

A28. '(사)제주올레'와 '걷는 시코쿠 추진협의회'가 한일 우정의 길을 네 개 현에 한 코스씩 만들어 놓았다. 도쿠시마현은 순례의 시작점인 반도역에서 5번 절 지조지까지, 고치현은 36번과 37번 사이의 토사구레역에서 카게노역으로 향하는 소에미미즈 헨로 길, 에히메현은 미사카 고개에서부터 번외사찰 9번 몬쥬인까지, 카가

와현은 80번 고쿠분지에서 82번 네고로지로 향해 번외사찰 19번 코우자이지까지가 우정의 길로 지정되어 있다. 반도역 앞에는 제주 올레의 심볼인 조랑말 모양의 간판에 우정의 길에 관한 설명이 적혀 있다.

Q29. 일본 드라마 〈걷고 걷고 걷고~ 시코쿠 헨로길 歩く 歩く 歩く 四国遍路道〉에서 나온 젠콘야도가 순례길에 정말 있나요?

A29. 에히메현 46번 절로 향하는 미사카 고개(三坂峠)를 지나 산길을 내려가면 사카모토야(坂本屋)라고 하는 100년이 넘는 역사가 오롯이 느껴지는 옛 가옥이 있는데 이곳이 드라마 속에서 젠콘야도로 나온 곳이다. 옛날에는 숙박업소로 번성했던 곳이지만, 지금은 사람이 살지 않는 빈집이다.

15년 전 건물을 철거하려고 했으나, 이곳을 보존하고 활용하고자 하는 지역 주민들의 간절함에 집주인이 무료로 이곳을 빌려주었다. 매년 3월에서부터 11월까지 토, 일요일 오전 9시부터 오후 3시까지 30여 명의 봉사자들이 교대로 이곳에서 순례자들에게 음료나 간단한 음식을 오셋다이 해주고 있다. 예전에도 오셋다이 장소로 유명해서 찾아오는 이들이 많았지만, 드라마 방영 후 일반 관광객들도 많이 찾아온다.

Q30. 오셋다이 장소로 또 유명한 곳이 있나요?

A30. 오셋다이 장소는 시코쿠 전역에 다양한 형태로 있지만 그중 에히메현의 '사카모토야', 카가와현의 '한일 우정의 헨로 코야' 외에 유명한 곳이 두 군데 더 있다. 한 곳은 23번 절과 24번 사이의 무기 경찰서 앞 국도 55번 도로를 따라가면 터널 앞 오른쪽에 '헨로 코야 50번 무기(牟岐)'가 있는데, 이곳에서 봉사자 단체들이 순례자들에게 간단한 음식과 음료를 접대하고 있다 (3~5월, 9~11월, 매주 화~일요일, 오전 9시~ 오후 4시). 두 번째로는 카가와현의 85번 절로 올라가는 케이블카 타는 곳에서 순례길을 따라 150미터 올라가면 왼쪽에 '진앙(仁庵)'이라는 가정집처럼 생긴 오헨로 휴

게소가 있다. 목요일은 정기휴일이며 오전 10시부터 오후 4시까지 순례자들을 위한 간단한 음식과 음료를 접대해 주는데, 이곳의 커피 젤리가 인기가 좋다. 접대 외에도 일본 다도 체험이 가능하다.

Q31. 장기간 휴가를 낼 수 없는 사람에게 추천해 줄 다른 순례지가 있나요?

A31. 시코쿠 88개 순례 이외에 카가와현 다카마츠에서 배를 타고 쇼도시마(小豆島)로 가면 '쇼도시마 88개소(小豆島八十八ヶ所)' 순례가 있다. 쇼도시마에 내려오는 이야기에 따르면 코보대사가 고향인 사누키를 떠나 교토로 다녀올 때 쇼도시마를 거치면서 쇼도시마의 곳곳에서 기도와 수행을 하였다고 한다. 그렇게 만들어진 쇼도시마 순례길은 시코쿠 88개소와 같이 1,200여년의 역사를 자랑하는 순례길이다. 총 거리는 약 150km이며 걸어서 7일 정도 걸린다. 시코쿠 88개소만큼이나 매력적인 절들이 많다.

쇼도시마 순례 홈페이지 reijokai.com

에히메현의 이마바리에서 차를 타고 쿠루시마 해협 대교를 건너면 오오시마(大島)가 있다. 그 오오시마에는 '오오시마 시마시코쿠 88개소(大島島四国88ヵ所)' 라고 불리는 순례길이 있는데, 1807년 시코쿠와 비슷하게 순례길을 만들어 놓았다. 시코쿠 순례나 쇼도시마 순례와 달리 주지스님이 계신 절은 4개뿐이고, 나머지는 작은 당(堂)으로 구성되어 있다. 4개의 절 이외에는 사람이 상주하고 있지 않지만, 매년 4월 셋째 주 토, 일, 월요일 3일간 섬 전체의 주민들이 88개소에 나와 다양한 오셋다이를 해 주는 풍습이 있다. 큰 봉지를 들고 다니면서 오셋다이 물품들을 받아도 넘칠 만큼의 다양한 선물을 받는다. 그리고 이 기간은 납경도 받을 수 있다. 시코쿠 사람들도 친절하지만 주변 섬사람들의 친절도 가히 상상을 초월한다. 총거리는 약 66km이며 걸어서 3일 정도 걸린다. 순례를 할 경우 시마시코쿠 순례 기간인 4월 셋째 주 토~월요일을 추천한다.

시마시코쿠 순례 홈페이지 shima-shikoku.com

숙박업소 정보

도쿠시마
숙소
(1번~23번 절)

~1번 마츠다 죠타쿠 젠콘야도 松田真乗宅 善根宿　　　　　　　　　　　　　　　　　　　　　젠콘야도

나루토 산넨안 젠콘야도를 운영하던 마츠다상이 1번절이 위치한 반도(板東)역 근처로 다시 이사를 해서 2018년 7월부터 운영 중인 젠콘야도. 젠콘야도 문패에는 「마츠다 츠토무 松田つとむ」라고 써 있다. 1번 절 료젠지까지 동행해 주며 절에서의 예법도 알려 준다. 전화 또는 메일로 예약 필수. 1박 2식 제공. 샤워 가능. 이불 있음. 숙박료 는 젠콘야도이기 때문에 무료로 운영하고 있지만 매달 1번절 료젠지에서 순례자들을 대상으로 오셋다이 행사를 하고 있으니 그것을 지원하는 의미로 기부금을 조금 내 주시면 좋겠습니다.

add 〒 779-0230 鳴門市大麻町坂東字東山田2-1
tel 088-678-4916 / (H.P) 080-3920-5503 마츠다(松田)
homepage sannenan.jimdo.com　　　e-mail narutosannenan@yahoo.co.jp
price 순례자의 자율적 기부금으로 운영

2번 고쿠라쿠지 슈쿠보 極楽寺 宿坊　　　　　　　　　　　　　　　　　　　　　　　　　　　　　슈쿠보

체크인은 오후 1시~5시. 입욕시간은 오후 4시~9시. 오후 5시가 지나 도착하는 경우 연락을 해주길 원함. 지나다 가 이곳에서 점심을 먹고 싶다면 예약할 것. 식대는 1,000엔. 예불시간은 아침 6시.

add 〒 779-0225 德島県鳴門市大麻町檜字段の上12
tel 088-689-1112
homepage www.tv-naruto.ne.jp/gokurakuji
price 1박 2식 6,480엔 / 스도마리(식사 불포함 숙박만) 5,000엔

3~4번 타비비토노 야도 미치 시루베 旅人の宿 道しるべ　　　　　　　　　　　　　　　　　　　게스트하우스

3번 절에서 도보로 12분 거리에 위치. 1번 절에서 5번 절까지 픽업 서비스 가능. 숙박하기 4일전에는 예약을 원함. 출발 전 한국에서 이메일 또는 전화로 예약을 하는 것이 좋다.

add 〒 779-0104 德島県板野郡板野町吹田字平山93-11
tel 088-672-6171
homepage www.h7.dion.ne.jp/~tabiyado　　　e-mail lamp-an@m5.dion.ne.jp
price 도미토리 2,625엔 / 저녁식사 1,050엔 / 아침 525엔

5~6번 미조부치 공무점 젠콘야도 溝渕工務店 善根宿

5번 절에서 6번 절로 향하는 현도 12번 도로를 걸어서 가면 약 10분 정도 거리에 위치해 있다. 예약 없이 선착순으로 3명 정도 숙박이 가능하며 남녀혼숙을 하게 된다. 얇은 담요 몇 장이 구비되어 있으나 묵을 경우 침낭이 필요함. 싱크대와 커피 등이 방안에 있으며 밖에 화장실과 세면대가 있다. 숙박료는 300엔이며 무인 젠콘야도이므로 테이블 위 깡통 저금통 안에 숙박료를 넣으면 된다. 잔돈 300엔을 미리 준비해서 갈 것. 근처에 편의점과 온천이 있음. 숙소 안에서는 담배와 가스 사용 금지. 도로 바로 옆이라 밤에는 시끄러울 수 있다.

add 5번 절 납경소에 문의
price 1박 300엔

6번 안라쿠지 슈쿠보 安楽寺 宿坊

저녁 7시 본당에서 예불이 있음. 되도록이면 오후 6시 이전에 도착해야 예불에 참석하기 편리하다. 안라쿠지의 저녁 예불은 볼거리도 많고 특이해서 인기가 있다.

add 〒 771-1311 德島県板野郡上板町引野8
tel 088-694-2046
price 1박 2식 7,200엔 / 스도마리 4,600엔

6번 안라쿠지 츠야도 安楽寺 通夜堂

산문 2층에서 노숙가능. 가운데 종과 도르래가 있어서 사이드에서 자야 한다. 두 명이 가장 편안하게 사용할 수 있는 공간과 양 측면에 한 명씩 잘 수 있는 공간이 있다. 납경소에 문의하면 안내해 준다. 화장실은 산문에 들어서서 왼쪽을 보면 있다. 근처 식당은 없으며 1.3km 거리에 편의점이 있음.

add 〒 771-1311 德島県板野郡上板町引野8
tel 088-694-2046

6번 이시다 민슈쿠 いしだ 民宿

안라쿠지에서 100미터 더 가면 있다. 하루에 3팀 정도 받을 수 있는 민박집으로 인상 좋은 노부부가 운영하는 곳. 마치 시골집에 놀러 온 것처럼 편안한 곳이다.

add 〒 771-1509 德島県阿波市土成町高尾字法教田172-19
tel 0883-24-3335
price 1박 2식 6,200엔 / 스도마리 4,000엔

7번 쥬라쿠지 슈쿠보 十楽寺 宿坊

방이 트윈룸으로 구성되어 있어 혼자 묵을 경우와 둘이 묵을 경우 가격이 조금 다르다. 호텔처럼 편안하고 시설이 깨끗하고 좋아 인기가 있다. 아침 예불은 날짜에 따라 할 때도 있고 안 할 때도 있는데 하는 경우 아침 6시 30분이라고 한다.

add 〒 771-1509 徳島県阿波市土成町高尾字法教田58
tel 088-695-2150
price 1명이 묵을 경우 1박 2식 7,900엔 / 스도마리 5,900엔
2명이 묵을 경우 1박 2식 7,100엔 / 스도마리 5,100엔

7~8번 오쿠다야 민슈쿠 越久田屋 民宿

세탁기 사용료 200엔, 건조기 사용료 200엔, 체크인 2시부터 가능. 3번 절에서 11번 절까지 30분 전에 전화를 하면 픽업 서비스 가능. 매주 4째 주 수요일은 정기휴무. 근처 온천에서 목욕할 수 있게 600엔 온천 티켓을 오셋다이로 줌. 식사는 온천에 있는 식당에서 하거나 근처 슈퍼에서 음식을 사 가지고 와서 숙소에서 먹어도 된다. 온천과 슈퍼 갈 때 픽업 서비스 가능. 친절하고 맘씨 좋은 곳이라 순례자들에게도 인기.

add 〒 771-1508 徳島県阿波市土成町宮川内字宮ノ下31-1
tel 088-695-5322
homepage www.san-yo.co.jp/okudaya
price 스도마리 4,000엔 * 스도마리(식사 불포함)로만 운영

8번 고민가의 숙소 사토야마베 古民家の宿 里山辺

8번 절 쿠마다니지에서 서쪽에 위치해 있으며 헨로 지도에는 나와 있지 않은 곳이다. 1번 절에서 11번 절까지 픽업 서비스를 해 줌. 옛 가옥의 멋스러움과 자연식의 맛난 음식으로 평판이 좋다. 무료 인터넷 서비스도 갖추고 있다.

add 〒 771-1503 徳島県阿波市土成町浦地1493
tel 088-618-0036 / (H.P) 090-2892-4460
homepage d.hatena.ne.jp/satoyamabe
price 1박 2식 6,500엔 / 스도마리 4,000엔

10번 킨세이 민슈쿠 錦青 民宿

식사 없이 스도마리로만 운영하고 있음.

add 〒 771-1623 德島県阿波市市場町切幡観音189
tel 0883-36-5657 / (H.P) 090-1172-3440
price 스도마리 2,800엔

10~11번 헨로코야 제45호 쿠우카이안 키리하타 へんろ小屋 第45号 空海庵・切幡

10번 절에서 약 1.7km, 시코쿠 전력 변전소가 있는 현도 12호선 교차로 앞 서쪽에 있음. 키리하타지의 전설을 모티브로 만든 원두막으로 1~2층으로 만들어져 있다. 바로 옆에 간이 화장실은 있으나 식수는 없다.

add 〒 771-1627 德島県阿波市市場町大野島

11번 가모노유 온천 젠콘야도 鴨の湯温泉 善根宿

11번 절 후지이데라 앞에서 2km정도 떨어져 있음. 젠콘야도를 이용할 사람은 온천 카운터에 가서 알리고 방명록에 연락처를 기입함. 온천이 쉬는 날은 그냥 사용하면 됨. 자전거를 빌려 줌. 남녀별실. 화장실 있음. 유료로 세탁기와 건조기 사용할 수 있음. 온천 입욕료 450엔. 오헨로상에게는 360엔으로 할인해 준다. 정기휴일- 매주 수요일. 12월 31일, 1월 1일 / 온천 영업시간 오전 10시 30분부터 오후 9시 30분

add 〒 776-0033 吉野川市鴨島町飯尾415番地の1
tel 0883-22-1926
price 무료

11번 찬네루칸 게스트하우스 チャンネルカン ゲストハウス

세탁기 사용료 무료, 건조기 사용료 100엔. 와이파이 가능. 2015년 11월에 오픈한 깨끗하고 다정다감한 게스트하우스. 부부가 운영 중인데 무척 친절하다. 특히 여주인이 손님에게 오셋다이로 제공하는 귀여운 쿠키의 맛이 일품이다. 5번 절부터 11번 절까지 픽업 서비스를 해 주며 근처 슈퍼나 저녁을 먹는 장소까지 데려다 주기도 한다. 1~3일 전까지는 50%, 당일은 100%의 예약 캔슬 비용이 있음. 라인을 이용하는 사람이라면 게스트하우스 찬네루칸을 찾아서 등록하면 라인 메시지를 통해서도 예약이 가능하다. 다음날 쇼산지는 시코쿠의 순례길 중에서 가장 난코스 중 하나이다. 다음 묵을 곳으로 이곳에서 전날 택배 발송이 가능하다. 가방을 보낼 사람은 묵는 당일 오후 5시까지 접수를 해야 다음날 도착이 가능하다. 금액은 가방 1개당 1,300엔 정도. 보낼 때는 다음날 순례 중에 필요한 물건을 같이 보내는 일이 없도록 조심할 것 특히 납경장.

add 〒 776-0014 德島県吉野川市鴨島町知恵島740-1
tel 0883-24-7059
homepage sites.google.com/site/guesthousechannelkan   e-mail axtrading.chk@gmail.com
price 도미토리 2,900엔, 다다미방(1~3인) 1인 이용시 1인당 3,500엔 / 2인 이용시 1인당 3,100엔

11번 아카츠키안 젠콘야도 暁庵あかつきあん 善根宿

게스트하우스 찬네루칸 게스트하우스에서 그리 멀지 않은 곳에 위치해 있다. 〈사다〉 낚시 도구점(さだの釣り具店前) 앞에 있음. 이불, 세탁, 목욕 가능. 남녀 별실. 식사는 근처 편의점에서 사다 먹거나 밖의 음식점을 이용해서 먹으면 됨. 가끔 오셋다이로 토미우라상이 만들어 줄 때도 있다. 숙박 전 미리 예약 전화할 것.

tel (H.P) 090-3657-7165 토미우라(富浦)
price 1박 1,000엔

11번 요시노야 료칸 吉野 旅館

음식 솜씨 좋고 친절한 여주인과 걸어서 순례한 경험이 있는 남편과 아들이 있다. 다음날 쇼산지는 시코쿠의 순례길 중에서 가장 난코스 중 하나이다. 다음 묵을 곳으로 이곳에서 전날 택배 발송이 가능하다. 가방을 보낼 사람은 묵는 당일 오후 5시까지 접수를 해야 다음날 도착이 가능하다. 비용은 가방 1개당 1,300엔 정도, 보낼 때는 다음날 순례 중에 필요한 물건을 같이 보내는 일이 없도록 조심할 것! 특히 납경장.

add 〒 776-0033 德島県吉野川市鴨島町飯尾天神ノ下1441-1
tel 0883-24-1263
price 1박 2식 6,500엔 / 스도마리 4,500엔

11~12번 류스이안 柳水庵 아래 휴게소

4명정도 숙박 가능한 휴게소. 물과 화장실 있음. 급박한 경우 이외에는 사용하지 말 것. 11번 절에서 12번 절까지 지리상으로는 13km이지만 하루가 꼬박 걸리는 시코쿠 순례 중 가장 난코스에 해당하는 길이다. 그 사실을 모르고 아침에 10번 절에서 출발하는 사람들이 12번 절까지 가겠다고 출발하는 경우가 있다. 그런 경우 대부분 12번 절에 가지 못하고 이곳까지 오는 경우가 많다. 문제는 이곳은 숙박이 금지되는 경우가 많다는 사실이다. 예전에 한 순례자는 관리인이 야밤에 퇴실을 요구하는 바람에 비가 억수로 쏟아지는 상황에서 산길을 헤매다 발을 부상당한 일도 있다. 이곳은 맷돼지, 뱀의 출몰이 많은 곳이니 여성의 경우라면 절대 산속이나 이곳에서 묵지 않도록 하자. 되도록이면 11번 근처에서 숙박한 뒤 다음날 12번 절 쇼산지를 오르도록 하자.

price 무료

12~13번 쇼산지 슈쿠보 焼山寺 宿坊

3월~5월, 9월~11월에만 운영한다. 식사는 방에 가져다 주며 각자의 방에서 먹는다. 아침 예불시간은 6시이지만 대부분 하지 않는다고 한다. 운영을 안 할 경우도 많으니 묵을 예정이라면 미리 확인하는 것이 좋다.

add 〒 771-3421 島県名西郡神山町下分字中318
tel 088-677-0112
price 1박 2식 6,000엔

12~13번 스다치칸 젠콘야도 すだち館 善根宿

12번 쇼산지에서 3.3Km정도 하산하면 오헨로역(おへんろ駅)이라는 커다란 간판이 보이고 거기서 20미터 앞에 스다치칸이라고 적혀 있는 가게가 나온다. 노부부가 운영하는 곳이다. 늦은 시간까지 쇼산지에서 내려오지 못할 경우 전화하면 데리러 오기도 함. 소박하며 정감 넘치는 곳으로 마치 시골 외할머니 외할아버지 집에 온 것처럼 편안한 곳이다. 저녁은 노부부가 운영하는 가게에서 옹기종기 모여 앉아 먹는데 간혹 바쁘거나 할머니 몸이 안 좋을 때는 온천에 갔다가 그 근처에 있는 야키니쿠 가게에서 저녁을 먹기도 한다. 아침을 먹은 뒤에는 점심에 먹을 주먹밥도 준비해 주신다. 설거지나 주먹밥 만드는 것을 도와주면 할머니에게 도움이 될 것 같다. 남녀 별실. 이불 있음. 예약필수.

add 〒 771-3421 德島県名西郡神山町下分字鍋岩180
tel 088-677-1180
price 도미토리 1박 2식 3,000엔 * 온천을 갈 경우 1000엔 추가

12~13번 다마가도게 다이시도 玉ヶ峠 大師堂

스다치칸에서 헨로길로 1시간 정도 더 올라가면 언덕 꼭대기에 있는 대사당. 8명 정원.
전기 사용가능. 화장실 있음. 수도가 있긴 하나 단수가 잦으니 주의할 것.

12~13번 아미다도 阿弥陀堂

다마가도게(玉ヶ峠) 고개를 넘어 내려가 현도와 만나는 지점. 식수, 화장실 없음. 헨로지도 p.5

12~13번 카미야마 온천 神山温泉 주차장 근처의 휴게소

카미야마 온천 주차장 안쪽의 현수교를 지나서 있는 휴게소에서 노숙가능. 화장실 있음.

12~13번 우에무라 료칸 植村旅館

쇼산지로 향하는 산길 중간 류스이안에 도착하기 전에 전화를 주면 그곳으로 짐만 미리 픽업이 가능하다. 그러나 때에 따라 바쁠 때는 해 주지 않으니 중간에 짐을 부탁할 예정이라면 미리 확인할 것. 류스이안 근처에서 짐을 넘겨준 뒤 납경장과 필요한 도구만 가볍게 챙겨서 쇼산지에 오른 뒤 쇼산지에서 다시 10km 더 걸으면 우에무라 료칸이 나온다. 류스이안 후로 짐이 가벼운 상태이니 체력에 자신이 있는 남자라면 가능한 코스이다. 그러나 무리는 하지 말자. 픽업 서비스 없음.

add 〒 771-3202 德島県名西郡神山町阿野本名12-1
tel 088-678-0859
price 1박 2식 7,000엔 / 스도마리 5,000엔

13번 다이니치지 슈쿠보 大日寺 宿坊

인간문화재 이매방 선생님에게 춤을 사사받고 2005년 문화재청으로부터 준문화재인 전수교육 조교로 임명된 무용가 묘선스님이 주지스님으로 계신 곳. 간혹 순례자가 한두 명 밖에 묵지 않는 시즌이나 한국에서 단체 무용가들이 공연으로 인해 묵는 경우 슈쿠보를 운영하지 않을 때도 있다. 공연이나 강연으로 절에 계시지 않을 때를 제외하고는 슈쿠보에서 묵게 되면 아침 예불시간에 묘선스님을 만날 수 있다. 예불시간 아침 6시 30분.

add 〒 779-3132 德島県徳島市一宮町西丁263
tel 088-644-0069
price 1박 2식 6,300엔

16~17번 사카에 택시 젠콘야도 米タクシー 善根宿

16번에서 17번 절로 가는 국도 192호 바로 옆. 사무실 2층을 개조한 젠콘야도. 못 찾으면 근처 가게 등에 물어볼 것. 다들 알고 있는 유명 젠콘야도. 이불 있음. 목욕, 세탁가능. 주인아저씨의 농담이 짙다. 방은 두 개라 남녀 분리해서 사용할 수 있음. 예약 전화는 미리 해도 좋고 하지 않아도 괜찮다.

tel 088-642-1391
price 무료

17번 이도지 츠야도 井戸寺 通夜堂

선착순으로 한 사람만 묵을 수 있음. 일행일 경우 2명까지 가능.

add 〒 779-3118 德島県徳島市国府町井戸北屋敷80-1
tel 088-642-1324

17번 온야도 마츠모토야 おんやど 松本屋

17번 이도지 산문 바로 왼쪽 편에 위치해 있다. 주인아주머니의 음식 솜씨가 뛰어나며 무척이나 친절하다. 숙박 시설도 깨끗하고 고풍스러우며 민박집에서 아침에 맞이하는 17번 절 풍경도 무척이나 아름답다.

add 〒 779-3118 德島県徳島市国府町井戸北屋敷76-2
tel 088-642-3772
price 1박 2식 7,000엔 / 스도마리 4,500엔

17~18번 아루키 헨로야도 비잔 歩き遍路宿 びざん

걸어서 순례를 하는 순례자들을 위한 전용 민박. 17번 이도지에서 약 4.5km 국도 192호 도로 사코 고방마치(佐古五番町)버스 정류소 앞. 체크인 오후 2시부터 5시까지 / 체크아웃 오전 8시 / 오후 9시 이후는 외출 금지이니 주의할 것.

add 〒 770-0025 德島県 德島市佐古五番町8-11
tel 088-635-1478
homepage sites.google.com/site/yadobizan   e-mail arukihenroyado.bizan@gmail.com
price 1박 2식 6,500엔 / 스도마리 4,500엔

17~18번 비즈니스 료칸 키쿠노 ビジネス旅館 菊乃

JR 도쿠시마 역에서 걸어서 6분.

add 〒 770-0844 德島県德島市中通町2-15
tel 088-623-5010 / (H.P) 090-1003-5125
homepage d51498.com/hotel/886235010
price 스도마리 3,000엔 (2명 이용시 방 하나에 5,000엔)

17~18번 도쿠시마 다이이치 호텔 德島第一ホテル

도쿠시마현청 근처에 있다. 이와 토미다역(阿波富田)에서 도보로 10분. 오헨로 플랜으로 받으려면 체크인 할 때 백의나 납경장 또는 순례자임을 증명할 수 있는 것이 필요하다. 증명할 수 없으면 일반 요금으로 받음. 순례자들에게는 체크인 할 때 생수 또는 음료수 1병을 서비스로 주며 지친 몸을 편안히 쉴 수 있도록 입욕제도 한 봉지 선물해 준다. 이곳은 스도마리와 식사 포함의 금액이 크게 차이가 없기 때문에 식사 포함으로 예약하는 것이 좋다. 아침과 저녁은 뷔페로 제공되며 간혹 손님이 적은 경우 볼륨 넘치는 정식(日替わり定食)으로 바뀌기도 한다. 숙박 요금은 날짜 별로 변동이 있기 때문에 홈페이지를 통해 확인하면 예약하기가 편하다. 전화로 문의할 경우 날짜를 정하고 문의해야 확실한 가격을 알 수 있다. 와이파이 가능. 캔슬 요금 당일 오전 50%, 정오부터 100%. 아침식사 6시~9시, 저녁식사 18시~19시

add 〒 770-0942 德島県德島市昭和町1丁目15番地
tel 088-655-5151
homepage www.kenchoumae-daiichi.com/baked
price 1박 2식 포함 오헨로 플랜 숙박비 싱글 5,288엔~6,788엔 1인당 / 세미더블 4,644엔~ 5,144엔
      / 에코노미 트윈 5,144엔 ~ 5,644엔

17~18번 지죠인 地蔵院 근처의 정자

노숙

화장실 있음.

17~18번 오츠루 료칸 大鶴 旅館

료칸

아와 토미타(阿波富田)역 근처.

add 〒 770-0933 德島県德島市南仲之町1丁目41
tel 088-653-0768
price 스도마리 3,000엔

18~19번 마루하시 부부 젠콘야도 九橋夫婦 善根宿

젠콘야도

부부가 운영하는 젠콘야도. 19번 절 근처. 오전 예약필수.

tel (H.P) 090-8691-3436 마루하시(九橋)
price 무료

19번 다츠에이지 슈쿠보 立江寺 宿坊

슈쿠보

입실 시간 오후 1시~5시. 늦는 경우 전화로 연락 바람. 예불시간 오후 5시.

add 〒 773-0017 德島県小松島市立江町若松13
tel 0885-37-1019
homepage www.tatsueji.com
price 1박 2식 6,500엔 스도마리 4,900엔

19번 후나노 사토 민슈쿠 鮒の里 民宿

민슈쿠

19번 다츠에이지에서 600미터 앞에 위치해 있다. 스도마리의 경우는 별관에서 묵게 되기 때문에 식사 포함으로 본관에서 묵는 것을 추천한다. 이른 봄과 늦가을과 겨울에 화로 불에 구워 먹는 표고버섯 맛이 일품인 곳이다. 숙박을 하지 않는 사람에게도 오셋다이로 차를 대접하기도 함. 다정다감한 할머니와 할아버지는 순례자들을 위해 헨로 스티커를 붙이기도 하고 카쿠린지와 다이류지의 옛길 청소 봉사도 한다.

add 〒 773-0017 德島県小松島市立江町ノ上40-1
tel 0885-37-1127
price 1박 2식 6,500엔 / 스도마리 4,000엔

19번 JR 다츠에역 JR 立江駅 노숙

무인역으로 노숙가능. 화장실 있음.

19~20번 쥬코코쥬안 寿康康寿庵 젠콘야도

19번 다츠에지에서 4.5Km 정도 떨어진 곳. 헨로미치 도중에 있음. 버스 정류장에 안내판이 붙어있음. 공중화장실 있음. 전기 포트로 뜨거운 물 사용가능. 식수는 내부의 싱크대의 수돗물로 가능함. 근처에 가게나 식당이 전혀 없으므로 유의.

price 무료

19~20번 미치노에키 히나노사토 카츠우라 道の駅 ひなの里かつうら 노숙

19번 다츠에이지에서 약 10km에 위치. 건물 뒷편 잔디밭에서 텐트도 가능하며, 화장실 있음. 근처에 편의점, 무료 와이파이 사용가능. 미치노에키에 노숙할 때는 영업시간이 끝난 시간에 텐트를 치도록 하자. 때에 따라 노숙금지를 하기도 한다. 미치노에키 직원 분에게 반드시 확인 후 사용하자.

homepage hinanosato.blog10.fc2.com

19~20번 헨로코야 제 11호 카츠우라 へんろ小屋 第11号 勝浦 노숙

미치노에키 히나노사토 가츠우라 근처에 있다. 헨로 코야의 윗부분에는 이 지역에서 유명한 귤의 모양이 올려져 있다. 헨로 코야의 안에는 이불이 놓여 있기도 하지만 그리 깨끗한 편은 아니다. 식수, 화장실, 도시락 구매 등은 미치노에키에서 이용하면 된다.

add 〒 771-4303 徳島県勝浦郡勝浦町生名

19~20번 카쿠후테이 민슈쿠 鶴風亭 民宿 민슈쿠

19번 다츠에이지에서 10km. 카네코야 민박집과 가까운 곳에 위치해 있다. 소규모로 운영하고 있는 민박집으로 방은 2개 밖에 없다. 집이 무척이나 예쁘며 홈스테이를 하는 것 마냥 편안하다. 식사 후 아저씨의 퉁소(샤쿠하치 尺八) 소리를 청해 들어 보자.

add 〒 771-4303 徳島県勝浦郡勝浦町生名字屋敷 76-4
tel 0885-42-4656 / (H.P) 090-8970-4724
price 1박 2식 6,000엔 / 스도마리 4,000엔

폐교된 초등학교를 2002년 3월 숙박체험시설로 오픈했다. 지역 주민들이 함께 운영하고 있다. 이 지역은 지역 공동체가 모범적으로 마을을 가꾸고 빛내고 있는 곳이다. 번외사찰 3번 절에서 4.5km 전에 있으며 번외사찰을 함께 도는 사람이라면 이곳만큼 최적의 장소는 없다. 88개소 절만 순례하는 경우라도 카쿠린지로 가는 산길 초입에 있는 카츠우라 미치노에키로 픽업 서비스를 해주니 이용하는데 문제 없다. 번외사찰 3번 절로 픽업 서비스도 가능하다. 대욕장이 있어 기다리지 않고 바로 목욕을 할 수 있으며 수건도 선물로 주니 사용하고 가지고 가도 된다. 무료 와이파이도 가능. 이곳의 운영자 모든 분들이 무척이나 친절하고 열정적이다. 이 지역은 순례 이외에도 여자 아이들의 날인 히나마츠리(ひな祭り)로 유명한 지역 중에 하나이다. 이 지역의 히나마츠리 기간인 2월 3째 주 일요일부터 3월 2째 주 일요일까지는 히나마츠리를 보러 오는 일반 관광객으로도 넘쳐나니 미리 예약을 하는 것이 좋다. 히나마츠리 기간에 묵게 된다면 근처 모리모토상의 개인 저택에 전시 등 볼거리가 많으니 카운터에 이야기해서 꼭 관람하길 추천한다. 이 기간에 순례를 하는 분들은 이 지역의 명물 히나마츠리를 듬뿍 느끼고 가길 바란다. 3월 벚꽃 계절에 점심 바이킹(뷔페)를 일시적으로 운영하기도 한다.(1,000엔)

add 〒 771-4308 徳島県勝浦郡勝浦町坂本字宮平1-5
tel 0885-44-2110
homepage www18.atpages.jp/fureaisakamoto
price 1박 2식 7,020엔 / 스도마리 4,320엔 / 점심 오니기리 주문시 1개 70엔

20번 가쿠린지에 가는 등산 초입 길에 있는 휴게소. 나무와 초가를 얹은 친환경적인 휴게소. 노숙하기 알맞게 되어 있다. 화장실은 있지만 식수는 없다.

20번 카쿠린지에서 2.3km. 스이이바시(水井橋) 버스 정류소 가기 전 19번 도로가 만나는 지점 근처에 있다. 노숙과 캠핑 가능. 화장실 있음. 조금 아래에 휴게소도 하나 있음. 근처에 음식점이 없으니 이곳에서 노숙을 할 예정이라면 미리 그날 저녁과 다음날 아침, 점심에 먹을 음식을 꼭 챙겨서 올 것.

20~21번 아오이 민슈쿠 果樹オーナーの宿 碧い

과수원과 민박을 운영하고 있는 아오이는 무척이나 고급스럽고 깨끗한 민박으로 이로리 앞에서 먹는 식사 시간이 무척이나 분위기 있고 즐겁다. 아오이는 헨로 길에서 조금 떨어져 있기 때문에 지도에 나와 있지 않다. 원래는 일반인을 대상으로 운영하던 곳이었으나 20번 절부터 22번 절 사이 숙박이 곤란한 순례자들을 위해 순례자들도 편하게 이용할 수 있도록 특별 가격으로 운영하고 있다. 원래 일반인 숙박비는 1만엔 이지만 오헨로상들에게는 오셋다이 요금으로 식사 포함 7,000엔에 제공하고 있다고 한다. 식사는 일반인 손님과 오헨로상이 크게 차이는 없지만 일반인의 경우 디저트와 식사 전 술이 조금 제공된다고 한다. 세탁을 할 경우 하라상(여주인)이 주는 세탁물 봉지에 담아서 건네 주면 건조기 사용료 100엔만 받고 오셋다이로 직접 해서 가져다 주신다. 목욕탕은 방마다 개별로 설치되어 있어서 기다리지 않고 바로 사용할 수 있다. 방이 총 4개이며 각 방마다 2개의 침대가 놓여져 있다. 순례자가 많은 시즌에 혼자 묵을 경우 다른 사람과 함께 묵을 경우도 있다. 중년의 부부가 순례자들을 위해 힘쓰고 있다. 주인 부부는 시코쿠 순례에 관심이 많으며 온라인과 오프라인 모두에서 여러 활동도 하고 있다. 거실과 복도에는 시코쿠 순례 사진가로 유명한 미야모토상의 사진이 전시되어 있어 또 다른 볼 재미를 더 한다. 아오이에 묵을 경우 20번 카쿠린지에 도착했을 때 전화를 준 뒤 2.5km 산길을 내려오면 스이이바시(水井橋)역으로 데리러 온다. 또는 21번 다이류지에서 전화하고 4km 산길을 내려와 과거 민박집이 있던 류잔소나 사카구치야가 있는 곳으로 와 달라고 해도 된다. 20번 카쿠린지 아래 스이이바시역에서부터 22번 보도지까지 유동적으로 픽업 서비스가 가능하니 그날의 컨디션을 보고 정하면 된다. 다음날도 원하는 곳으로 다시 데려다 준다. 다음날 점심에 먹을 오니기리를 오셋다이로 준비해 준다.

add 〒 771-5172 徳島県阿南市吉井町片山12
tel 0884-25-0267
homepage aoi-kajyu.com   e-mail aoi-kajyu@mb.pikara.ne.jp
price 1박 2식 포함 7,000엔 / 스도마리 5,500엔

21~22번 미치노야도 소와카 道の宿 そわか

온천만 이용하는 경우 350엔(온천 이용시간 15:00~22:00). 세탁 300엔. 건조기 30분 100엔. 와이파이 가능. 민박집의 이름인 소와카는 소(そ)는 そうじ (청소) 와(わ)는 웃음(わらい) 카(か)는 감사(かんしゃ)란 의미를 담아 만들었다. 21번 다이류지에서 로프웨이를 타고 내려왔을 때, 산 아래 탑승장 바로 옆에 위치해 있다. 예약 캔슬 요금은 전날은 50%, 당일은 100%, 연락 없이 묵지 않은 경우 100%.
*민슈쿠 소와카에서 22번까지는 대략 13Km, 도보로 내려왔을 때(사카구치야 루트)와 거리상 별 차이는 없다. 로프웨이는 편도 1,300엔

add 〒 771-5203 徳島県那賀郡那賀町和食郷字田野５０－１
tel 0884-62-0701
homepage yado-sowaka.com
price 싱글 1박 2식 6,800엔 / 스노마리 4,500엔
      도미토리 1박 2식 4,800엔 / 스도마리 2,500엔 (자신의 침낭 사용시 1박 2식 4,000엔 / 스도마리 1,800엔)

21~22번 에모토 비즈니스 료칸 えもと ビジネス旅館　　　　　　　　　　　　　료칸

아세비 버스 정류장(또는 아세비 헨로코야) 또는 22번 뵤도지로 픽업 서비스를 해 준다. 순례길에서 벗어나 있기 때문에 예전에는 크게 알려지지 않았지만 21번과 22번 사이에 있던 류잔소와 사카구치야가 문을 닫고 나서 곤란해 있는 순례자들에게 인기가 있다.

add 〒 779-1402 徳島県阿南市桑野町井ノ口原56-6
tel 0884-26-0052
price 1박 2식 7,020엔 / 스도마리 4,860엔

21~22번 미치노 에키 와지키 道の駅 わじき　　　　　　　　　　　　　노숙

노숙가능. 화장실 있음.

21~22번 헨로코야 제47호 오오네 へんろ小屋 第47号 大根　　　　　　　노숙

21번 다이류지에서 8.9km, 고개를 넘어 도로가 나오기 바로 전 왼쪽에 있다. 22번 뵤도지에의 2km 앞. 8.5m의 높은 헨로코야라 멀리서도 바로 알아 볼 수 있다. 3인 정원. 화장실. 식수 없음.

22번 사잔카 민박 山茶花 民宿　　　　　　　　　　　　　　　　　　민슈쿠

22번 뵤도지 산문 바로 오른쪽에 위치해 있다. 친절하고 음식도 맛있다.

add 〒 779-1510 徳島県阿南市新野町秋山188-1
tel 0884-36-3701
price 1박 2식 6,500엔 스도마리 4,000엔

22번 젠콘야도 기쿠야 善根宿 喜久屋　　　　　　　　　　　　　　　젠콘야도

22번 절에서 순례길을 따라 500미터 정도에 위치해 있다. 젠콘야도 건물에서 200미터를 더 가면 관리자가 있는 오렌지 건물의 키쿠야 철물점(喜久屋金物店)이 있다. 가게 앞에 철로 만든 순례자 모형의 인형이 있다. 그곳에서 젠콘야도 이용 허가를 받고 묵으면 된다. 젠콘야도를 이용하는 대신 키쿠야 잡화점에서 간단한 가게 일을 도와주어야 한다. 일을 도와주고 나면 컵라면을 오셋다이로 주기도 한다. 화장실. 욕실. 이불 있음. 욕실의 물은 5분 사용에 100엔.
* 규칙사항 – 실내에서는 금연 금주. 소등은 밤 9시까지. TV는 끄고 잘 것. 방명록은 꼭 기입할 것. 쓰레기는 남기지 말고 정리해서 들고 갈 것.

tel 0884-77-0880
price 무료

22~23번 이야다니칸논 弥谷観音 근처의 정자

노숙

노숙가능. 화장실 있음.

22~23번 타이노하마 田井／浜 정자

노숙

키키(きき)역에서 조금 더 가면 있다. 노숙가능. 화장실 있음.

23번 오야도 히와사 게스트하우스 お宿 日和佐 ゲストハウス

게스트하우스

세탁기 무료. 건조기 1시간에 100엔. 와이파이 가능. JR 히와사 역에서 걸어서 약 10분 거리. 23번 야쿠오지 가기 전 700미터 앞 야쿠요케 다리(厄除け橋)를 건너서 오른쪽 귀퉁이의 작은 계단에 내려가면 바로 왼쪽에 있다. 다이쇼(大正) 시대에 지어진 준공 약 100년의 가옥을 개조한 민박 숙소로 깔끔하고 매력적이다. 2015년 9월에 프랑스 남편과 일본인 부인이 오픈한 곳이다. 일본어, 영어, 프랑스어로 손님을 응대한다. 주인 부부가 없을 때는 아들 부부가 운영을 함. 주변 슈퍼에서 음식 재료를 구입해 취사도구를 이용해 요리를 해먹을 수도 있다. 그렇지 않으면 사다 먹거나 나가서 먹으면 된다. 예약은 전화 또는 메일로 가능하다.

add 〒 779-2305 徳島県海部郡美波町奥河内字本村148-1
tel 0884-70-1242
homepage oyadohiwasa.com   e-mail oyadohiwasa@gmail.com
price 스도마리 4,500엔

23번 야쿠오지온천 슈쿠보 야쿠시카이칸 薬王寺温泉宿坊 薬師会館

민슈쿠

옛날에 야쿠오지 슈쿠보로 사용한 적이 있으나 지금은 아니다. 이곳에 묵으면 아침에 하는 야쿠오지 예불시간을 알려주며 참여할 분들은 다녀오라고 한다. 야쿠오지의 아침 예불시간은 6시이다. 이곳에 묵지 않는 분들도 혹시나 예불 참여를 하고 싶은 분은 이 시간까지 본당으로 가면 무료로 참여할 수 있다. 이곳에 묵으면 옆 건물에서 온천을 할 수 있다. 온천은 한번만 무료로 다녀올 수 있으니 주의. 픽업 서비스도 해준다. 캔슬 요금 7일 전부터 30%, 전일 50%, 당일 100%.

add 〒 779-2305 徳島県海部郡美波町奥河内字寺前256-7
tel 0884-77-1138
homepage yakuouji.biz
price 1박 2식 6,980엔 / 스도마리 5,480엔

노숙가능. 화장실, 식수 있음. 무료 와이파이존. 근처에 식당, 편의점, 온천 등이 있다.

* 야쿠오지 온천 이용료 500엔. 영업시간 13시 ~ 21시.

고치
숙소
(23번~39번 절)

23~24번 코마츠다이시 小松大師 근처 휴게소
노숙

노숙가능. 세면장 화장실 있음.

23~24번 아즈마 민슈쿠 あづま民宿
민슈쿠

무기역 근처에 있다. 주인아주머니의 인품이 높아 한번 이용하면 단골이 되어 버리는 민박집이다.

add 〒 775-0006 德島県海部郡牟岐町大字中村字本村104
tel 0884-72-0141
price 1박 2식 6,500엔 / 스도마리 4,000엔

23~24번 테바지마 게스트하우스 出羽島 ゲストハウス
게스트하우스

테바지마(出羽島)는 도쿠시마현의 남부, 무기초 근해 4km의 작은 섬마을이다. 섬에는 차가 한 대도 없기 때문에 배기가스나 달리는 차가 없어 도시의 소란도 잊을 수 있는 조용한 섬이다. 때묻지 않은 웅장한 대자연이 이곳에 펼쳐져 있으며 무기 오오시마(大島) 방면으로부터 떠오르는 아침 해와 시코쿠 산지의 석양은 이곳에서밖에 볼 수 없는 멋진 풍경. 쇼와 초기 무렵 가다랭이의 대생산지로 번성했을 때는 1,000명 가까이 살던 곳이었으나 지금은 70명 정도가 살고 있는 섬이다. 이 섬에 게스트하우스가 있다. 이곳에 가는 방법은 무기역에서 멀지 않은 곳에 테바지마로 갈 수 있는 연락선을 탈 수 있는 곳이 있으니 주변에 문의할 것. 연락선은 각 항구에서 6번 왕복 배가 있으니 운행 시간을 꼭 체크할 것. 순례길에서 독특한 체험이 가능한 게스트하우스이다. 때론 이곳에서 기분 전환을 해 보는 것도 좋을 듯싶다. 일반 관광객뿐만 아니라 입소문으로 외국인 순례자들도 늘고 있다.

add 〒 775-0013 德島県海部郡牟岐町出羽島45-2
tel 0884-72-3510 / (H.P) 090-7574-7879
homepage www.tebajimaguesthouse.com
price 1박 2식 6,000엔(일반 손님) / 1박 2식 4,000엔(오헨로상)

* 연락선 오이케마루(大生丸) 테바지마(出羽島) ↔ 무기(牟岐)

牟岐港発		7:00	8:20	11:10	13:30	16:00	17:20
出羽島港発	6:30	7:25	9:00	12:20	15:00	16:35	

편도 소요시간 15분 / 운임편도 230엔 / 정원 70명
날씨로 인해 배가 결항될 수도 있으니 미리 전화해서 확인할 것.

테루지마 연락사업유한회사(出羽島連絡事業有限会社)
add 〒 775-0006 德島県海部郡牟岐町大字中村字本村5-7   tel 0884-72-2360

23~24번 사바다이시 슈쿠보 鯖大師 宿坊

슈쿠보

번외사찰 3번 절이다. 사바세(鯖瀬)역 근처에 위치해 있다. 주지스님은 아루키 헨로 경험이 많은 분으로서 순례 길에 노란색 헨로 표식도 만들어 산길 등에 붙여둘 정도로 아루키 오헨로상에게 애정이 많다. 슈쿠보에서 묵을 경우 예불은 그날 그날에 따라 다르지만 아침, 저녁으로 2번 할 경우와 둘 중 하나를 할 때가 있다. 아침과 저녁에 예불 방식이 조금 다르며 볼거리가 가득하니 꼭 한번 경험해 보는 것이 좋다. 저녁식사는 5시에 하고 6시부터 예불, 아침은 5시 50분에 예불을 하고 아침식사는 6시 30분에 한다.

add 〒 775-0101 德島県海部郡海陽町浅川字中相15
tel 0884-73-0743
homepage www.sabadaishihonbou.jp
price 1박 2식 6,800엔

23~24번 사바다이시 츠야도 鯖大師 通夜堂

츠야도

츠야도에 묵는 사람도 예불에 참석할 수 있으니 예불시간을 물어 보고 참석해 보자.

add 〒 775-0101 德島県海部郡海陽町浅川字中相15
tel 0884-73-0743

23~24번 이쿠모토 료칸 生本旅館

료칸

카이후(海部)역에서 걸어서 4분 거리. 주인아주머니의 음식 솜씨가 뛰어나고 친절하다.

add 〒 775-0302 德島県海部郡海陽町奥浦字町内171-1
tel 0884-73-1350
price 1박 2식 7,560엔 / 스도마리 4,320엔

23~24번 카이후 민슈쿠 海部民宿

민슈쿠

카이후(海部)역에서 1분 거리. 준공 50년 호텔을 리노베이션한 복고풍 느낌이 드는 숙소.

add 〒 775-0302 德島県海部郡海陽町奥浦字西分22-1
tel 0884-73-4522
price 1박 2식 7,500엔 / 스도마리 4,000엔 / 도미토리 3,000엔

일본 조동종에서 9번째로 역사가 깊은 고찰. 하지만 대부분의 건물이 재건되어 절 자체는 새롭다. 참선을 하는 건물은 헨로코야를 만들고 있는 우타선생님이 지은 건축물이다. 아와가이난역(阿波海南駅)을 지나 편의점 로손(Lowson)옆으로 난 국도 193호를 타고 4km정도 걸어 들어가서 요시노바시(吉野橋)라는 큰 다리를 건너 들어가면 멀리 절이 보인다. 샤워, 세탁가능. 남녀별실. 아침과 저녁 제공하며 한국 절에서 먹는 방식으로 식사를 한다. 단 절에서 묵는 것이라 절의 모든 생활 규칙을 따라야 한다. 1,000엔 템플스테이라고 말해도 손색이 없다. 단지 저렴한 가격에 숙박하고 싶어서 가는 사람이라면 이용하지 않는 것이 좋다. 종교색이 싫거나 규칙에 얽매이는 것이 싫은 사람도 마찬가지. 젊고 잘생긴 주지스님이 계시는데 한국 해인사 승가대학의 교수를 지내셔서 한국어가 매우 능숙하다. 한국 절과 교류가 많은 주지스님은 한국인들이 오면 무척이나 반겨주신다. 아침에는 예불과 좌선을 하며 발우공양을 한다. 죠만지는 좌선이 무척이나 유명하다. 매일 아침 좌선을 하기 위해 절에 오는 신도들도 무척이나 많다. 아침 출발 시간이 좀 늦어지더라도 아침 예불과 좌선에 꼭 참석하길 추천한다. 상당수의 한국인 순례자들이 결원하고 나서도 다시 찾는, 천엔이 아깝지 않은 곳이다.

add 〒 775-0308 德島県海部郡海陽町吉田
tel 0884-73-2093
homepage jomanji.web.fc2.com
price 1박 1,000엔

노숙가능. 근처에 시시쿠이 온천이 있어서 목욕을 할 수 있다.
시시쿠이 온천은 600엔. 오전 11시~오후 10시.

시시쿠이(宍喰) 역에서 도보 7분. 23번절 야쿠오지(薬王寺) 에서 35km거리. 식사는 지역의 신선한 재료를 이용한 가정식 요리를 제공하고 있다. 음식 솜씨가 일품. 채식주의자를 위한 음식도 가능하니 혹시라도 고기를 먹지 않는 사람은 예약 시 미리 상담하길 바람. 외국인 순례자 환영. 영어로 대화 가능. 와이파이 사용 가능.

add 〒 775-0501 德島県海部郡海陽町宍喰浦宍喰145
tel 0884-70-1509
homepage mitsuka-shishikui.jimdo.com
price 1박 2식 7,200엔 / 스도마리 4,500엔

야쿠오지에서 40km 위치에 있다. 와이파이 가능. 저녁식사는 오후 6시 아침식사는 오전 7시. 아침에 일찍 출발하는 사람들에게는 도시락을 준비해 준다. 이곳에서 15km까지는 식당이 없으므로 다음날 점심에 먹을 오니기리를 주문 (오니기리 350엔) 하거나 미카도 식당에서 점심을 먹어야 한다.

add 〒 781-7414 高知県安芸郡東洋町生見7-1
tel 0887-24-3838
homepage ikumiten.com
price 1박 2식 6,200엔 / 스도마리 3,800엔

23~24번 토우요우 다이시 메이토쿠지 츠야도 東洋大師 明德寺 通夜堂 츠야도

국도 55호 옆으로 약간 들어감. 헨로 지도에는 '메이토쿠지(明德寺)'라는 이름으로 표기되어 있으며 가는 길에 안내판이 잘 되어있어 못 찾을 염려 없음. 묵을 사람은 주지스님께 허락을 받고 이용할 것. 3시 이전에 도착하는 순례자는 정중히 거절하니 유의하자. 세탁, 샤워가능. 터프한 외모의 주지스님은 모습과는 달리 이야기를 나눌땐 무척이나 상냥하다. 주지스님은 전부 노숙을 통해 시코쿠 순례를 한 경험이 있어 노숙 순례자들에 대해 애정이 많다.

add 〒 781-7301 高知県安芸郡東洋町大字野根丙2246
tel 0887-23-9777

23~24번 롯지 오자키 민슈쿠 ロッジおざき 民宿 민슈쿠

23번 절에서 60.2km 거리. 이 구간은 꼭 묵게 되는 구간인데 근처에 민박집이 도쿠마스와 함께 이곳밖에 없기 때문에 미리 예약을 하지 않으면 묵기 힘들 수도 있다. 민박집에서 바라보는 석양과 아침 해가 무척이나 아름답다. 여주인의(며느리)의 마음씀씀이가 빛이 났던 곳이다. 순례자들의 점심 오니기리를 응원의 메시지를 적은 편지와 함께 오셋다이로 준다. 음식도 푸짐하고 맛있다. 순례를 마친 순례자들의 감사 편지로 넘쳐나는 곳.

add 〒 781-7220 高知県室戸市佐喜浜町709-3
tel 0887-27-2065
price 1박 2식 6,500엔 / 스도마리 4,000엔

23~24번 도쿠마스 민슈쿠 德増民宿 민슈쿠

23번 절에서 60.8km 거리. 이 구간은 꼭 묵게 되는 구간인데 근처에 민박집이 롯지 오자키와 함께 이곳밖에 없기 때문에 미리 예약을 하지 않으면 묵기 힘들 수도 있다. 1974년에 창업을 해서 수많은 유명인사들이 방문한 곳이다. 88세의 할머니부터 손자까지 3대가 함께 전통을 이어나가며 운영하고 있다. 픽업 서비스도 가능하다. 신선한 해산물과 직접 키운 산나물로 만든 푸짐한 요리가 나온다. 역사를 온몸으로 새겨 넣은 할머니 손요리에는 어머니의 맛이 담겨 있다. 손자가 저녁식사 중에 간단히 음식 소개를 할 정도로 음식에 대한 자부심이 크다.

add 〒 781-7220 高知県室戸市佐喜浜町107-5
tel 0887-27-2475
price 1박 2식 7,000엔 / 스도마리 4,000엔

24번 호츠미사키지 헨로센타 最御崎寺 遍路センタ 슈쿠보

호츠미사키지의 슈쿠보이다. 이곳은 코보대사의 수행 장소였던 동굴(미쿠라도우)에서 가장 가까운 절이기도 하다. 슈쿠보는 1998년 완공했으며 현대적인 시설과 함께 산해진미를 담은 사와치요리와 카츠오 타다키와 온천이 대 호평인 곳이다. 거기다 가격까지 저렴해 인기가 많아 미리 예약을 하지 않으면 묵지 못할 수도 있다. 예불시간은 아침 6시에서 6시 30분까지.

add 〒 781-7101 室戸市室戸岬町4058-1
tel 0887-23-0024
homepage **hotumisaki24.wix.com/hotumisakizi24**
price 1박 2식 6,500엔 / 스도마리 4,200엔

26번 콘고쵸지 슈쿠보 金剛頂寺 宿坊 슈쿠보

아침 예불시간은 오전 6시.

add 〒 781-7108 高知県室戸市元乙523
tel 0887-23-0026
price 1박 2식 6,300엔

26~27번 키라멧세 무로토 미치노에키 キラメッセ室戸 道の駅 노숙

노숙가능. 미치노 에키에서 식사를 구입할 수 있음. 화장실 있음. 콘고쵸지에서 산길을 따라 내려오면 오른쪽에 음식 맛이 좋은 싯토로토(シットロト) 카페가 있다. 그곳에서 식사를 하고 느긋이 있다가 미치노 에키가 문 닫을 때쯤 노숙장소로 이동하는 것이 좋다.

26~27번 미치노 에키 타노에키야 道の駅 田野駅屋 노숙

노숙가능. 화장실, 식수 있음. 편의점도 있음. 화장실 뒤에서 노숙하면 좋다. 무료와이파이 가능

26~27번 타비노 야도 미소노 旅の宿 美園 젠콘야도

타노(田野)역에서 걸어서 3분. 전문 숙박업소에서 하는 곳이 아니라 가정집에서 빈방을 제공하는 형식으로 미소노 젠콘야도로 불리우기도 한다. 유쾌하고 입담 좋은 미소노상이 운영하는 곳. 지도에 나와 있지 않은 곳이니 타노역이나 미치노 에키에서 전화하면 데리러 온다.

add 〒 781-6410 高知県安芸郡田野町942-1
tel 0887-38-2224 / (H.P) 090-7579-1281
price 1인실 1박 3,000엔 / 도미토리 2,500엔, 조식 300엔 / 저녁 500엔

26~27번 하마요시야 浜吉屋

민슈쿠

27번 코노미네지에서 4km 떨어져 있는 숙박. 코노미네지에 갈 때 이곳에 묵으며 짐을 놓고 왕복하면 무척이나 편리하다. 절과의 거리는 4km지만 산길 코스라 시간이 걸리니 납경 시간을 맞출 수 없을 때는 다음날 아침에 다녀오는 것이 좋다.

add 〒 781-6422 高知県安芸郡安田町唐浜1226
tel 0887-38-6589
price 1박 2식 7,000엔/ 스도마리 4,500엔

27번 코노미네지 츠야도 神峯寺 通夜堂

츠야도

코노미네지는 정식으로는 츠야도가 없지만 납경소 앞의 휴게소를 곤란한 사람들이 있을 경우 내어준다. 다다미 2장의 크기. 전기 사용가능. 이불도 있다. 두 사람 정도 묵을 수 있는 공간이다. 하지만 5시 가까이 돼서 가야만 묵을 수 있게 해준다.

27~28번 미치노 에키 오야마 道の駅 大山

노숙

노숙가능. 이곳에서 파는 아키시(安芸市)의 명물 치리멘돈(チリメン丼)이 무척이나 유명하니 이곳을 지나가는 사람들은 한번 먹어 보길 추천한다.

27~28번 하기모리상의 젠콘야도 萩森さんの善根宿

민슈쿠

JR 니시분(西分)역에서 조금 못 미쳐 선로 아래에 컨테이너 박스처럼 생긴 젠콘야도. 예약 전화 필수. 19시를 넘으면 숙박 금지. 담요 있음. 전기 사용불가. 남녀 별실. 이곳의 젠콘야도의 평은 극과 극 일 정도로 상반되어 평가된다. 하기모리상은 노숙과 젠콘야도에 정보가 밝아 지도에 다 표시 해 줄 정도로 열정적이지만 자신이 싫어하는 젠콘야도에 대해 나쁜 이야기도 많이 한다.

tel 0887-33-3762 / (H.P) 080-1995-4375 하기모리(萩森)
price 콘테이너 200엔 / 하기모리상 집 1,000엔

28번 다이니치지 츠야도 大日寺 通夜堂

츠야도

두 명 정도 잘 수 있는 ㄱ자 형태의 공간. 저녁에 납경소 직원이 보온 물통과 녹차, 과자 등을 오셋다이로 가져다준다.

add 〒 781-5222 高知県香南市野市町母代寺476-1
tel 0887-56-0638

 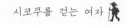

28~29번 헨로코야 제 5호 카모하라 & 히타카 젠콘야도 へんろ小屋 第5号 蒲原 & ヒダカ 善根宿　노숙&젠콘야도

노숙가능. 오른쪽 언덕 길을 오르면 히타카(ヒダカ)기연(技研)이라는 회사가 나온다. 카모하라 헨로코야는 이 회사의 사장인 이시카와상의 도움으로 만들어졌다. 이시카와상은 안타깝게도 몇 해 전 세상을 떠났고 지금은 사위가 이시카와상의 유지를 받들어 이어나가고 있는 곳이다. 히타카 회사가 일하는 월요일부터 금요일까지 오후 5시 이전에 도착하면 헨로코야가 아닌 그곳 회사의 주차장 부분에 콘테이너로 만든 깔끔한 젠콘야도의 개별실에서 잘 수 있다. 침대가 놓여져 있는 방에는 깔끔하게 세탁된 이불이 있으며 방은 3개가 있다. 화장실과 세면장은 회사에서 사용하면 된다. 세탁가능. 저녁에는 직원들이 모두 퇴근하여 순례자만 남게 된다. 젠콘야도에 오기 전 저녁거리를 준비해 오는 것이 좋다. 금,토,일 또는 회사의 휴일과 오후 5시 이후 직원들이 퇴근한 후에는 젠콘야도를 이용할 수 없다. 이용하려면 도착 전 미리 전화로 확인할 것.

add 〒 783-0042 日本高知県南国市岡豊町蒲原587-261 有限会社 ヒダカ技研
tel 088-846-5757

30~31번 하리야마 하시 게스트하우스 はりやま橋ゲストハウス　　　게스트하우스

에도시대의 역사가 있는 우오노타나(魚の棚)의 아담한 상점가 안에 탄생한 일본식 모던 게스트하우스. 65년 정도 옛날에 지어진 폭 3미터 정도의 작은 건축물을 새롭게 단장해 일본풍과 현대풍이 융합한 공간으로 최근 탄생하였다. 코치역에서 걸어서 10분 거리. 밤에는 숙박 손님들과 한 잔 하며 즐거운 시간을 보낼 수 있다.

add 〒 780-0822 高知県高知市はりまや町1-6-11 2F 魚の棚商店街
tel 070-4032-6308
homepage henro-guesthouse.com/harimaya　　e-mail harimaya@henro-guesthouse.com
price 도미토리 1박 2,600엔 (금/토/휴일 전날 2,800엔, 연말연시/GW/추석/요사코이축제/실버워크 기간 3,800엔)

30~31번 카츠오 게스트하우스 カツオゲストハウス　　　게스트하우스

고치역에서 걸어서 10분. 고치의 명물 카츠오를 주제로 꾸민 게스트 하우스로 인테리어가 무척이나 매력이 넘친다. 잡지사 부편집장을 그만 두고 게스트하우스를 차린 젊은 여주인은 30개국의 나라를 여행을 한 경험이 있으며 상냥함과 밝음이 손님들에게 호평을 받고 있다. 늘 만실 일 경우가 많다. 저녁이면 손님간의 커뮤니케이션도 활발한 곳이다. 와이파이 가능. 예약은 3개월 전부터 가능하며 1주일 전부터는 캔슬 요금이 적용됨.

add 〒 高知市比島町4-7-28（産業道路沿い比島交通公園西横）
tel 070-5352-1167
homepage katuo-gh.com　　e-mail katuo.gh@gmail.com
price 도미토리 2,800엔 / 개인실 1인당 3,800엔 (개인실은 2층에 1개 있으며 2명부터 예약가능)

30~31번 호텔 고치 프라자 ホテル高知プラザ

토사덴테츠 치요리쵸 잇쵸메역(土佐電鉄知寄町1丁目駅) 바로 앞에 있다. 게스트하우스에서 도미토리가 아닌 혼자 늦은 시간까지 고치 시내를 관광하며 보내고 싶은 분에게 추천. 와이파이 가능. 프론트에 항상 사람이 상주하는 건 아니니 도착 시간을 대충 알려줘야 한다. 도착 후 열쇠를 받은 뒤 자유롭게 출입하면 됨. 아침에는 프론트 열쇠 넣는 박스에 넣어두고 출발할 것. 방문이 자동으로 잠기니 열쇠를 방에 놓고 나와 곤란한 일이 생기지 않게 하자.

add 〒 780-0806 高知県高知市知寄町1-6-10
tel 088-884-6661
price 1박 1인실 2,980엔

31번 치쿠린지 위로 올라가면 있는 전망대

노숙가능. 화장실 있음. 유명한 뷰포인트라 사람이 늦게까지 오기도 한다.

32번 젠지부지 주차장 대합실

노숙가능. 화장실, 전기 사용가능. 납경소에 문의

add 〒 783-0085 高知県南国市十市3084
tel 088-865-8430

32~33번 우라도 대교 浦戸大橋 직전 공원 휴게소

화장실, 식수 있음.

32~33번 사카모토 민슈쿠 坂本民宿

젠즈부지 6.6km. 젠즈부지에서 보통의 경우는 무료 배를 타고 셋케이지로 향하지만 이곳에 묵을 경우는 배가 아닌 우라도 대교를 건너야만 한다. 민박 근처에서 멀지 않은 곳에 유명한 관광 포인트인 가츠라하마와 고치의 유명한 사카모토 료마의 기념관이 있으니 시간을 가지고 관광을 겸해 묵으면 좋을 것 같다. 주인아주머니의 음식 솜씨가 좋으며 튀김 요리의 경우 식사 중에 따뜻하게 튀겨서 내어 주신다.

add 〒 781-0262 高知県高知市浦戸457
tel 088-841-2348
price 1박 2식 6,800엔 / 스도마리 4,500엔

33번 셋케이지 츠야도 雪蹊寺 通夜堂

식수는 츠야도 옆의 수도에서. 화장실은 절의 화장실을 사용. 전기 콘센트 있음.

add 〒 781-0270 高知県高知市長浜857-3
tel 088-837-2233

33번 고치야 高知屋

33번 셋케이지 산문 바로 앞에 위치해 있다. 순례자들의 치유와 접대의 마음으로 소중히 대하고 있다.

add 〒 781-0270 高知県高知市長浜658
tel 088-841-3074
price 1박 2식 6,500엔 /스도마리 4,000엔

34번 다네마지 츠야도 種間寺 通夜堂

납경 필수. 오후 5시부터 입실가능. 4시~5시 사이에 도착하도록 하자. 시코쿠 절의 츠야도 중 가장 시설이 좋다. 깨끗한 이불 제공. 사용한 이불의 시트는 매번 세탁을 하는 것 같다. 방 안에 샤워가 가능한 시설이 있다. 근처에 식당이 없으니 미리 먹을 것을 준비해 오는 것이 좋다. 전기 콘센트 있음.

add 〒 781-0321 高知県高知市春野町秋山72
tel 088-894-2234

35번 키요타키지 츠야도 清滝寺 通夜堂

새로 지은 다다미방으로 깨끗하다. 납경 필수. 전기 콘센트 있음. 저녁에 먹을 것은 미리 챙겨서 갈 것. 납경소에 문의하면 전기포트를 빌려주므로 컵라면 가능. 식수는 츠야도 내 싱크대 사용. 남녀 별실.

add 〒 781-1165 高知県土佐市高岡町丁568-1
tel 088-852-0316

35~36번 츠카지자카 터널 塚地トンネル 앞 헨로 휴게소

노숙가능. 츠카지 자카 터널 앞에서 헨로미치로 들어가는 등산로 앞 작은 공원에 있음. 화장실도 있지만 식수로는 불가.

36~37번 버스정류장 개조 노숙 시설

노숙

우사오오하시(宇佐大橋)에서 약간 서쪽. 항구 맞은편. 목욕을 할 사람은 산요소(三陽荘)에서 온천만 사용 가능하니 그곳을 이용하고 이곳으로 이동하는 것이 좋다. (온천요금 600엔)

36~37번 제 17호 헨로코야 스자키 へんろ小屋 第17号 須崎

노숙

식수, 화장실, 전기 콘센트 있음. 바로 옆에 있는 민가에서 관리함. 피해가 되지 않도록 주의. 특히 화장실 옆의 세탁기는 그 집의 가정용이므로 사용하지 말 것

36~37번 미치노 에키 카와우소노 사토 스사키 道の駅 かわうその里すさき

노숙

줄여서 보통 미치노 에키 스사키라고 부른다. 화장실에서 식수조달 가능. 근처에 슈퍼마켓 있음.

36~37번 JR 카게노 影野 역/ JR 니이다 仁井田 역

노숙

무인역. 노숙가능. 화장실 있음.

37번 이와모토지 슈쿠보 岩本寺 宿坊

슈쿠보

본당의 500점 이상의 천장화가 유명한 곳이다. 그중 마릴린 먼로의 천장화가 있으니 찾아보는 재미를 느끼시길. 시만토쵸의 식재료를 이용해 만든 풍부하고 맛있는 음식과 친절함으로 순례자들에게 무척이나 평판이 좋은 슈쿠보 중 하나. 아침 예불은 6시.

add 〒 786-0004 高知県高岡郡四万十町茂串町3-13
tel 0880-22-0376
price 1박 2식 6,800엔 / 스도마리 4,300엔

37번 이와모토지 츠야도 岩本寺 通夜堂

츠야도

절 옆 주차장에 츠야도가 있는데 다른 절의 츠야도를 상상하면 안된다. 주차장 뒤에 있는 차고를 내어준 형태인데 텐트가 없는 노숙 순례자라면 조금 춥거나 무서울 수 있다. 하지만 텐트를 치고 잔다면 나쁘지 않은 공간이다. 묵을 사람은 납경소에 문의할 것. 절에서 조금 떨어져 있는 곳에 슈퍼가 있으며 저녁쯤에 가면 반값 도시락 등을 살 수 있다.

add 〒 786-0004 高知県高岡郡四万十町茂串町3-13
tel 0880-22-0376

37~38번 제 13호 헨로코야 사가 へんろ小屋 第13号 佐賀 　　　　　　　노숙

이와모토지에서 10km 거리에 있다. 노숙가능. 원두막 안에 코보대사상이 있는데 그 등 뒤쪽이 고야산이 있는 방향
이라고 한다. 근처에 사가 온센이 있으니 이곳에서 시코쿠에서 유일한 고농도를 자랑하는 천연 온천를 즐겨보자.
(600엔) 사가온센은 숙박도 가능한 곳인데 이곳에서 운영하는 레스토랑에서 식사만 이용할 수도 있다.

add 〒 789-1703 高知県幡多郡黒潮町拳ノ川2161番地
* 토사사가온센 코부노사토 土佐佐賀温泉 こぶしのさと　tel 0880-55-7011　homepage **www.kobushino-sato.jp**

37~38번 토사 서남 대규모 공원 土佐西南大規模公園 　　　　　　　　　　　노숙

사가코엔(佐賀公園)역 근처. 화장실 식수 있음.

37~38번 토사 유토피아 컨트리 클럽 土佐ユートピアカントリークラブ 　　　　　　호텔

37번 이와모토지와 제휴하고 있어 클럽 내 롯지(ロッジ)에서 묵을 수 있다. 예약 필수. 도보순례자에 한해 미치노
에키 비오스 오오가타로 픽업 서비스 가능하다. 한국어 헨로지도 p.30-b '도사 유토피아 CC'

add 〒 高知県幡多郡黒潮町浮鞭3878番地
tel 0880-43-2345
homepage **www.tosa-yutopia.com**
price 1박 2식 5,400엔 / 스도마리 2,700엔

37~38번 미치노에키 비오스오 오오가타 道の駅 ビオス おおがた 　　　　　　　노숙

노숙가능. 상점가에 맛있는 음식을 많이 파니 저녁을 이곳에서 먹어도 좋을 것 같다. 특히나 이곳에서 유명한 카
츠오 타다키 햄버거를 한번 맛보는 것도 좋다.

37~38번 다이시도 바이신안 大師堂 梅心庵 　　　　　　　　　　　　　　　　노숙

배를 타고 시만토를 건너 갈 예정인 사람이 가는 순례길에 있다. 근처에 시만토노야도(四万十いやしの里)가 있
으며 그곳에서 온천(680엔)과 식사를 할 수 있다. 이곳 말고도 근처에 찾아보면 텐트를 이용해 노숙할 만한 곳이
있다. 배를 타고 건널 예정인 사람은 미리 배를 운영하는 곳에 전화해서 아침 배 시간을 예약하고 선착장으로 이동
하기 바란다.
* 배 예약 – 오키 아키요시(沖 章栄) tel (H.P) 090-8698-3809 / 이용료 500엔

37~38번 드라이브인 스이샤 ドライブ・イン 水車 　　　　　　　　　　　　　노숙

신이즈타 터널(新伊豆田トンネル)을 지나면 바로 보임. 커다란 물레방아가 있는 곳. 화장실에 휴게소가 딸려 있
는데 이곳에서도 노숙가능. 화장실의 물을 식수로 가능.

37~38번 구모모 민슈쿠 久百々 民宿

민슈쿠

38번 콘고후쿠지에서 19.6km 떨어져 있다. 순례자들이 주로 이곳에 묵을 때는 이틀을 예약해 다음날 콘고후쿠지를 가방 없이 왕복으로 다녀온다. 자칭 모나리자로 불리우는 구모모 여주인은 밝은 성격과 웃음 가득한 얼굴로 손님을 편안하게 해주며 한 분 한 분에게 정성을 다한다. 인기가 좋은 곳이라 만실일 경우가 많기 때문에 2~3일 전에 예약하는 것이 좋다.

add 〒 787-0244 日本高知県土佐清水市久百々120
tel 0880-84-1664
price 1박 2식 6,500엔 / 스도마리 4,000엔

37~38번 오키노 하마 민슈쿠 大岐の浜 民宿

민슈쿠

38번 콘고후쿠지에서 19km 떨어져 있는 코하마(小浜) 버스 정류소 근처에 있음. 한국 헨로 지도의 경우 P.33 '운전교습소'라고 써 있는 근처. 자전거 무료로 대여해 줌. 38번까지 짐을 놓고 왕복 가능한 거리이다.

add 〒 787-0301 高知県土佐清水市大岐3182番地
tel 0880-82-8304
homepage sky.geocities.jp/yado_ookinohama
price 1박 2식 6,800엔 / 스도마리 4,200엔 (자신의 침낭을 사용할 경우 2,500엔)

37~38번 진베에 히로바 じんべえ広場

노숙

노숙가능. 이부리항 근처에 있다. 콘고후쿠지에서 12.5km 떨어져 있다. 식수, 화장실 있음. 근처에 식당이 없으니 먹을 것을 챙겨서 가자. 이부리에서 잡힌 고래상어를 이 수족관에서 키워 오사카 카이유칸으로 옮겨진다. 토, 일요일는 수족관을 무료로 관람이 가능하니 기회가 된다면 관람해 보자.

37~38번 젠콘야도 츠로헨로코야 善根宿 津呂遍路小屋

젠콘야도

콘고후쿠지에서 7km 전에 있음. 원래는 할머니가 관리하던 젠콘야도인데 몇 년 전 돌아가신 뒤 방치되었다. 그러던 어느 날 아들이 할머니의 뜻을 이어나가고 싶다는 생각을 갖고 우연히 신문에서 순례 이야기를 책으로 낸 만화가의 기사를 읽고 그분을 찾아가 이곳의 관리를 부탁해 지금은 만화가 아저씨가 작품을 그리며 젠콘야도를 새롭게 단장해 관리하고 있다. 1층 츠로헨로코야는 자유롭게 쉬다 가거나 묵을 수 있게 꾸며 놓았고 위쪽에 만화가가 살고 있는 집 안에 묵는 경우에는 다음에 묵는 사람들을 위해서 약간의 기부금(1,000엔 정도)을 내고 묵으면 된다. 집 안에는 목욕과 세탁이 가능하며 이불도 있음. 근처에 식당이 없으니 먹을 것을 미리 준비해 올 것.
*최근 만화가가 관리하고 있는 집을 오너의 조카가 오헨로하우스로 운영을 할 계획이라고 한다. 오헨로하우스로 운영하는 경우 2,800엔 유료숙소로 변경된다고 한다.

price 츠로헨로코야 무료 / 위의 가정집 기부금 1,000엔~

37~38번 이-하토-브 게스트하우스 イーハトーブ Guesthouse

38번 절에서 8.5km 전 쿠보츠(窪津) 버스 정류소 근처 흰 양옥 건물 벽에 Guesthouse IHATOBU라고 써 있다. 이곳의 주인은 39번 절로 향하는 츠키야마 진자 루트에 위치한 토사시미즈 존만 자료관(土佐清水市ジョン万資料館)에서 우미카제 쇼쿠도(海風食堂)을 운영하고 있다. 오전 9시부터 오후 4시까지 아침과 점심을 제공하는 식당. 그렇기 때문에 체크인은 되도록 오후 4시 이후에 하는 것이 좋으며 혹시라도 일찍 도착하거나 가방을 두고 38번 절에 다녀 올 경우는 미리 전화를 하면 주인이 없어도 들어 갈 수 있도록 준비해 둔다. 외국에서 일을 한 경험이 있는 카미지마상은 영어도 가능. 음식도 수준급이니 음식 포함으로 숙박하기를 추천한다. 와이파이 가능. 방은 3명이 함께 이용하는 침대 방이 2개, 2명이 이용하는 침대 방이 1개가 준비되어 있다. 이곳을 같이 관리하고 있는 사에코상은 많은 이들에게 천사로 불리우는 여인. 시코쿠에서 꼭 천사를 만나 밝은 기운을 얻어 가시길.

add 〒 787-0312 土佐清水市窪津482-8
tel 070-5510-3525
price 스도마리(숙박만) 평일 4,000엔 / 주말 4,500엔 | 아침 500엔 / 저녁 1,000엔

38번 콘고후쿠지 슈쿠보 金剛福寺 宿坊

인기 있는 슈쿠보지만 단체 손님이 없을 때는 종종 운영하지 않을 때가 있으니 묵을 사람은 미리 체크하는 것이 좋다. 주지스님을 비롯해 납경소, 슈쿠보에서 일하는 모든 분들이 너무도 친절한 곳이다. 아침 예불 6시.

add 〒 787-0315 高知県土佐清水市足摺岬214-1
tel 0880-88-0038
price 1박 2식 6,500엔 / 스도마리 4,200엔

38~39번(반복 루트) 쿠로우사기 농가 민슈쿠 くろうさぎ 農家民宿

콘고후쿠지에서 반복 구간을 걷다가 21번 도로 루트로 걷는 코스에 있다. 21번 도로 코스는 길이 좁아 걷기에는 가장 불편한 방향이지만 이 농가 민박에 묵기 위해서라면 걸을 맛이 난다. 이곳 주인은 농사를 짓고 일본식 막걸리 도부로쿠(どぶろく) 공장을 운영하기도 한다. 가족들과 즐거운 시간을 가지며 식사를 할 수 있고 낚시를 좋아하는 아저씨가 잡은 생선이나 강에서 잡은 게요리, 해산물, 산나물 등이 나온다. 2012년 신축한 건물이라 무척이나 깨끗한 곳이다. 식사와 함께 이곳의 명물인 일본식 막걸리 도부로쿠 한 잔도 주문해서 맛보면 좋을 것 같다.

add 〒 787-0812 高知県幡多郡三原村下長谷1110-1
tel 0880-46-2505
blog ameblo.jp/miharakurousagi
price 1박 2식 6,500엔 / 스도마리 4,000엔

38~39번(반복 루트) **우메노키공원&미하라무라 이고이노모리** 梅ノ木公園&三原村いごいの森　　노숙

나카스지가와 댐 앞의 터널 바로 옆. 다리 아래로 내려가면 있는 공원 휴게소에서 노숙가능. 화장실 있음. 댐 전망대 원두막에서도 노숙가능. 주변에 식당이 없으니 먹을 것 준비해서 갈 것

38~39번(츠키야마진자 루트) **유히 민슈쿠** 夕日民宿　　민슈쿠

콘고후쿠지에서 반복 구간이 아닌 올 때와 다른 길로 걷는 사람들이 묵는 코스이며 절에서는 7km 떨어져 있다. 유히 민박은 높은 곳에 위치해 있는데 그곳에서 바라보는 아시즈리 미사키의 풍경이 무척이나 아름답다. 민박집의 이름처럼 저녁노을이 무척이나 아름다운 곳이기도 하다. 마음 속 시름을 모두 날려 버릴 것 같은 풍경이 펼쳐진다. 주인아주머니는 호탕하면서도 친절함이 넘치며 한번 묵은 순례자는 꼭 기억할 정도로 순례자들에 대한 애정이 깊다. 요리 솜씨도 무척이나 좋아서 푸짐하고 맛있는 음식이 나온다. 한번 묵은 사람은 그 매력에 푹 빠져 매번 찾아오는 곳이기도 하다.

add　〒 787-0316 高知県土佐清水市松尾921-9
tel　0880-82-9864
homepage　yuuhi.jog.buttobi.net
price　1박 2식 7,500엔 / 스도마리 5,000엔

38~39번(츠키야마진자 루트) **제 35호 헨로코야 토사시미즈** へんろ小屋　第35号　土佐清水　　노숙

38번 콘고후쿠지에서 22km 지점에 미치노에키 메지카노 사토 시미즈(道の駅めじかの里土佐清水)의 옆에 있다. 노숙가능.

38~39번(츠키야마진자 루트) **가나에사키 민슈쿠** 叶崎民宿　　민슈쿠

38번 콘고후쿠지에서 33km 지점에 위치해 있다. 친절한 할머니가 가족 같은 분위기로 저렴한 가격에 운영하고 있다.

add　〒 787-0562 高知県土佐清水市大津1263-7
tel　0880-87-0207
price　1박 2식 6,000엔 / 스도마리 3,000엔

콘고후쿠지에서 54km 지점. 세탁기는 없지만 근처 1분 거리에 코인 란도리에서 하면 된다. 이자카야(居酒屋)를
운영하는 아저씨가 운영하는 민박집이다. 아침식사는 하지 않고 저녁만 제공된다. 아침식사를 원할 경우는 500엔
에 오니기리를 만들어 준다. 멀지 않은 곳에 아침 7시 30분이면 문을 여는 찻집이 있으니 그곳에서 모닝 셋트를 먹
는 것이 좋다. 이자카야를 운영하는 만큼 음식 솜씨는 믿고 먹어도 된다. 저렴한 값으로 먹는 푸짐하고 맛있는 저
녁식사에 감탄이 절로 나온다. 식사는 숙소 1층에 위치한 가게 안에서 한다.

add   〒 788-0302 高知県幡多郡大月町弘見1379-1
tel   0880-73-1324
homepage   **hatago.boy.jp**
price   1박 1식(저녁식사포함) 4,000엔 / 스도마리 2,500엔

39번 엔코우지에서 6km 지점에 있다. 노숙가능. 오코노미야끼(お好み焼き) 가게에서 노숙이 가능한지 물어보면
안전한 장소를 알려 준다. 저녁은 오코노미야끼 집에서 느긋하게 먹어보자. 주인아저씨가 별자리 보는 것을 좋아
해 천제망원경을 가지고 있다. 기회가 된다면 함께 별을 감상할 수도 있다. 아저씨에게 잘 이야기하면 가방을 맡아
주기도 하니 짐을 맡겨 두고 39번 절에 다녀와서 묵으면 편하다.

39~40번 잇뽄마츠 온센 아케보노소우 一本松 温泉 あけぼの荘   노숙

노숙가능. 39번 엔코우지에서 18.5km. 순례길에서 조금 벗어난 56번 도로에 있다. 온천 위의 야구장 옆에서 노숙이 가능하다. 화장실, 식수, 전기 콘센트가 있다. 온천 510엔.

add 〒 798-4402 愛媛県南宇和郡愛南町増田5470番地
tel 0895-84-3260
homepage www.town.ainan.ehime.jp/kanko/sightseeing/shukuhaku/akebonoso.html

40번 칸지자이지 슈쿠보 観自在寺 宿坊   슈쿠보

이 절은 스도마리로만 운영을 하며 아침 예불시간도 없다. 식사는 사 가지고 와서 먹거나 근처 맛있는 식당과 편의점도 있으니 그쪽에서 이용하면 된다. 걷는 순례자에게는 자전거도 빌려준다.

add 〒 798-4110 愛媛県南宇和郡愛南町御荘平城2253-1
tel 0895-72-0416
homepage www.kanjizaiji.com
price 스도마리 4,000엔

40번 칸지자이지 츠야도 観自在寺 通夜堂   츠야도

방 안에 1, 2층으로 잘 수 있는 공간이 있고 3명 정도 이용할 수 있다. 남녀 혼숙 금지. 먼저 온 성별이 그날 묵을 수 있다. 납경 필수.

add 〒 798-4110 愛媛県南宇和郡愛南町御荘平城2253-1
tel 0895-72-0416

40번 야마시로야 료칸 山代屋旅館   료칸

1912년에 창업해 오래도록 유지하고 있는 료칸이다. 세탁은 오셋다이로 해 준다. 식사 코스는 6,800엔 이외에도 다양한 코스가 있으니 홈페이지를 참조할 것. 요리가 무척이나 맛있고 푸짐한 곳 중 하나이다. 당일 캔슬할 경우 캔슬비가 부과된다.

add 〒 798-4110 愛媛県南宇和郡愛南町御荘平城2270
tel 0895-72-0001
homepage www.yamashiroyaryokan.jp
price 1박 2식 6,800엔 / 스도마리 4,000엔 (2명이 묵을 경우 1인당 3,800엔)

 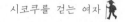

40~41번 카시와 자카 헨로야도 柏坂 遍路宿

40번 칸지자이지에서 10km, 데ㆍ아이ㆍ21 맞은편에 있다. 간판이 따로 있지 않고 종이로 적혀있음. 빨간색 지붕의 가라오케 가게를 찾으면 된다. 가라오케 문이 닫혀 있으면 그 앞에서 전화를 하면 5분 뒤 주인이 나옴. 저녁은 숙소 바로 옆 가라오케에서 먹으며 아침은 일찍 출발하는 사람은 전날 저녁에 오니기리 3개를 미리 만들어 전해주고 늦게 출발해도 되는 사람은 저녁 먹은 곳에서 아침도 먹고 출발할 수 있다. 남녀별실, 세탁, 목욕가능. 예약필수. 맘 좋은 부부가 운영하는 곳이다. 카시와 자카 젠콘야도로 불리우기도 한다. 몇 년 전에는 더 싼 가격이었으니 아저씨가 병으로 큰 수술을 한 뒤 생업이 불가능한 상태라 사정상 가격을 조금 올렸다. 그래도 다른 곳에 비하면 저렴한 가격이다.

add 〒 798-3701 愛媛県南宇和郡愛南町柏602
tel 0895-85-0578 / (H.P) 080-6392-9170
price 1박 2식 4,500엔 (아침은 오니기리 3개) / 1박 1식 (저녁) 4,000엔 / 스도마리 3,000엔

40~41번 스노카와 캠프장 須の川 キャンプ場

화장실 있음. 근처에 유카리 우치우미 온천 있음. 입욕료 500엔. 그곳에서 식사도 가능.

price 이용료 300엔

* 유카리 우치우미 온천 ゆかり内海温泉
add 〒 798-3703 愛媛県南宇和郡愛南町須ノ川286
tel 0895-85-1155
homepage yurariuchiumi.com

40~41번 아라시사카 터널 嵐坂トンネル을 지나서 바로 있는 공원의 휴게소

노숙가능. 화장실과 식수 있음.

40~41번 마츠오 터널 松尾トンネル 위 작은 창고 형 젠콘야도

식수는 안에 있는 물통에 비치. 간이 화장실 있음. 정원은 2명 정도.

40~41번 모리노 야도 우와지마 유스호스텔 森の宿 宇和島ユースホステル

유스호스텔

JR 우와지마역에서 2km, 와이파이 가능. 시가지를 내려다 보는 해발 80m의 고지대 아타고공원(愛宕公園)에 인접해 있다. 유머 가득한 관리인이 운영하는 곳으로 아저씨가 만든 이 지역의 명물 쟈코텐(じゃこてん)을 주제로 만든 우와지마 쟈코텐 노래(宇和島じゃこてんの歌)를 한번 감상해 보시길. CD도 판매하고 있다.

add 〒 798-0045 愛媛県宇和島市大超寺奥丙166-11(愛宕公園)
tel 0895-22-7177
blog blog.goo.ne.jp/yasujiasada
price 싱글 3,600엔 / 도미토리 3,000엔 / 아침식사 620엔

40~41번 헨로야도 모야이 遍路宿 もやい

민슈쿠

40번 절에서 43km 전에 있다. 스도마리로만 운영하는 곳이다. 가족처럼 따뜻하게 맞아주며 간혹 우와지마의 명물 쟈코텐(じゃこてん)이나 아침식사를 오셋다이로 해주기도 한다.

add 〒 798-0020 愛媛県宇和島市高串1-505
tel 0895-22-5508
price 스도마리 3,000엔

40~41번 헨로코야 제21호 우와지마미츠마 へんろ小屋 第21号 宇和島光満

노숙

40번 절에서 47km. 노숙은 가능하나 1명이 할 수 있는 공간임. 100미터 앞에 간이 화장실 있음.

40~41번 미마 민슈쿠 みま民宿

민슈쿠

고급스러운 정원을 갖춘 멋진 분위기를 품고 있는 곳이다. 손님 방은 총 3개이며 식사는 각자의 방으로 가져다 준다.

add 〒 798-1114 愛媛県宇和島市三間町務田７１１番地
tel 0895-58-3231
homepage yadoyamima.web.fc2.com
price 1박 2식 6,500엔 / 스도마리 4,000엔

40~41번 미치노 에키 미마 道の駅 みま

노숙

헨로 길에서 조금 벗어난 지방도로 31번 쪽에 있다. 노숙가능. 비가 와도 걱정이 없는 곳..

 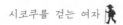

42~43번 효도우 민슈쿠 兵頭民宿

42번 절에서 5,6km. 이곳은 한번 묵으면 꼭 다시 찾고 싶은 곳이 된다. 주인아주머니의 따뜻한 마음 때문일 것이다. 저녁을 먹는 내내 옆에 앉아 담소도 나눠주고 손님을 알뜰히 챙겨 주기 때문에 혼자 이곳에 묵게 되어도 전혀 외롭지 않다. 특히 주인아주머니의 음식 솜씨도 뛰어나고 양도 푸짐하다. 주인아저씨가 돌아가시고 혼자 운영하느라 힘든 점도 많지만 순례자들이 조금이라도 오래도록 더 이어 나가길 바란다는 응원에 힘입어 힘쓰고 있다.

add 〒 797-0011 愛媛県西予市宇和町下川868番地
tel 0894-62-4076
price 1박 2식 5,800엔 / 스도마리 3,500엔

43~44번 헨로코야 제16호 우와 へんろ小屋 第21号 宇和

43번 메이세키지에서 3,5km 국도 56번 길에 있다. 헨로 길 3km에서 56번 도로로 걸어야 볼 수 있음. 이 헨로코야는 레스토랑 토요우켄(東洋軒)을 운영하고 있는 무라카미상이 지역 사람들과 기부금을 협력해 가게의 주차장에 건축한 것이다. 무라카미(村上)상은 걸어서 순례한 경험이 있으며 그때 오셋다이를 받은 것의 은혜를 돌려주고자 우타 선생님의 헨로 코야 프로젝트의 에히메 지부장을 맡아 여러가지 활동을 하고 있다. 이 헨로코야에서 잠시 쉬는 순례자나 노숙을 하는 순례자들에게 가게에서 과자나 음료, 과일 등을 오셋다이까지 하고 있다. 토요우켄에는 비빔밥과 다양한 야키니쿠, 그 외의 다양한 식사도 있으니 노숙을 할 때 이곳에서 식사를 하는 것도 좋을 것 같다. 노숙을 할 경우 식당에 가서 먼저 허락을 구하고 사용할 것. 화장실은 가게 것을 이용하면 된다.

add 〒 797-0046 愛媛県西予市宇和町上松葉222-3
tel 0894-62-6550
homepage **www.to-yo-ken.com**

43~44번 헨로코야 제49호 히지카와 켄류노사토 へんろ小屋 第21号 ひじ川源流の里

43번 절에서 10km, 국도 56번. 70미터 더 가면 터널 길과 산길로 가는 분기점이 나온다. 2명 정도 노숙가능. 간이 화장실 있음. 헨로코야에 초등학교 학생들의 그림 작품이 전시되어 있다.
이곳에서 터널이 나오는 길로 조금 걸어가면 터널 전에 유카사(遊華茶)라는 카페에서 식사가 가능하다. (유카사 매월 월요일 휴무 10시~19시 운영 0896-69-5678) 이곳에서 식사를 하는 순례자들의 사진을 찍어 결원하고 집에 돌아갈즈음 엽서를 보내주는 맘 좋은 아저씨가 운영 중이니 꼭 이용해 보자.

43~44번 오즈 시로마치 게스트하우스 大洲しろまちゲストハウス

게스트하우스

43번 절에서 40km. 오즈시청(大洲市役所)에서 가까운 거리에 있다. 원래 도장 가게의 점포 겸 주거로 사용하던 곳을 새롭게 단장해서 게스트하우스를 만들었다. 젊은 남자가 운영하는 곳으로 예전에 인력거 안내 일을 해 본 경험도 있어 오즈에 관해 무척이나 자세히 알고 있는 안내자이기도 하다. 오즈에 대해 알리고자 게스트하우스를 열게 되었고 주인 덕분에 손님들이 오즈에 대해 많은 것을 느끼고 가게 된다. 번외사찰 7번을 킨잔숫세케지(金山出石寺)에 다녀올 사람이라면 이틀 묵으며 가방을 놓고 다녀오면 좋다.

add 〒 795-0012 愛媛県大洲市大洲249
tel 0893-23-9903
homepage ozu-shiromachi.com　　e-mail ozu.shiromachi@gmail.com
price 도미토리 3,000엔

43~44번 번외사찰 8번 토요가하시 別格8番 十夜ヶ橋 通夜堂

츠야도

납경 필수. 이불 있음. 근처에 오즈노유 온천과 세탁이 가능한 코인 란도리도 있다. 코보대사가 다리 밑에서 잠을 잤는데 지독한 추위에 하룻밤이 열흘 밤 같았다는 전설이 있는 절이다. 절 아래에 있는 코보대사를 만나러 가보자. *오즈노유(大洲の湯)는 매주 수요일 정기 휴일 입욕료 550엔.

add 〒 795-0064 愛媛県大洲市東大洲1808 十夜ヶ橋
tel 0893-25-2530

43~44번 미치노 에키 우치코 후레시 파크 가라리 道の駅 内子フレッシュパークからり

노숙

미치노 에키에서 노숙가능. 식수, 식당, 화장실 있음. 미치노에키 뒤쪽에 다리 건너편 커다란 원두막에서도 노숙이 가능하다. 이쪽이 더 조용하지만 화장실은 미치노 에키 쪽에서 이용해야 하기 때문에 번거로울 수 있다.

43~44번 코쿠리코 古久里来

민슈쿠

우치코 후레시 파크 가리리에서 2.4km 국도 379도로를 따라 걸으면 나온다. 시간이 멈춰 있는 동화 같은 코쿠리코에서 하루쯤 힐링의 시간을 가져보면 어떨까? 시골 생활 속에서 인간성을 회복하는 그린 투어리즘을 테마로 하고 있다. 순례 중 묵기에는 조금 비싼 편이지만 그만한 가치가 있는 곳이다. 맘씨 좋은 부부가 운영하고 있으며 농촌 체험을 위해 묵는 손님도 많다. 목욕탕도 고풍스러우며 옛스럽고 대접 받는 느낌이 들 정도로 멋진 곳이다. 와이파이 가능.

add 〒 791-3351 愛媛県喜多郡内子町五百木636
tel 0893-44-2079
homepage www.dokidoki.ne.jp/home2/kokuriko　　e-mail kokuriko@dokidoki.ne.jp
price 1박 2식 8,500엔 /스도마리 5,700엔 (2명 이상 함께 묵을 경우 500엔이 할인된다.)

43~44번 오헨로 무료 야도 お遍路無料宿

43번 절에서 37.5km 나가오카야마 터널(長岡山トンネル)을 통과하면 바로 보인다. 헨로지도 '오헨로무료야도' 라고 표기되어 있음. 화장실, 이불, 식수 있음. 창고 안 한쪽에 다다미가 놓여져 있음. 건너편 과일 가게에서 제공하는 젠콘야도.

add 〒 791-3351 愛媛県喜多郡内子町五百木1765中屋敷
tel 0893-47-1504
price 무료

43~44번 센닌야도 다이시도 千人宿 大師堂

츠야도

43번 절에서 44km. 다이시도 앞 우동가게나 다이시도 왼쪽 집에서 이곳에서 묵어도 되는지 물어볼 것. 화장실 있음. 이불은 있지만 사람에 따라 제공할 때와 제공하지 않을 때가 있는 것 같다.

add 〒 791-3363 愛媛県喜多郡内子町大瀬東3670
tel 0893-47-0529

43~44번 미치노 에키 오다노 사토 세세라기 道の駅 小田の里セセラギ

노숙

갈림길에서 국도 380번 도로 쪽으로 걷는 노우소노토우 고개(農祖峠) 헨로 길 코스. 노숙가능. 단 계곡 물소리가 시끄러워 잠을 설칠 수 있음.

43~44번 도우야마 다이시도 堂山大師堂

츠야도

미치노 에키 오다노 사토 세세라기에서 멀지 않은 곳에 있다. 우치코쵸 사무소 오다지소(内子町役場 小田支所) 앞의 우동집 코바타 식당(小幡食堂)에서 열쇠를 내어줌. 푸세식 화장실, 식수 있음. 건물이 노후하고 조금 외진 곳에 있어 조금 무섭다.
* 코바타 식당 (小幡食堂) tel 0892-52-2129

price 무료

43~44번 헨로코야 제38호 우치코 へんろ小屋 第21号 内子

노숙

43번 절에서 47.5km. 갈림길에서 국도 379 도로로 향하는 히와타고개(鵯田峠) 헨로 길. 노숙가능. 간이 화장실 과 노천 샤워 호스까지 갖추고 있다. 식수도 가능. 여러 명이 노숙이 가능할 만큼 크기도 크다.

44~45번 국민숙사 후루이와야소 国民宿舎 古岩屋荘

국민숙사

45번 절에서 2.8km. 짐을 놓고 45번 절에 다녀오면 편하다. 픽업 서비스 가능. 가끔 그날 상황에 따라 안될 때도 있으니 픽업을 부탁할 사람은 확인을 바람. 자신이 못 먹는 음식이 있다면 체크인 할 때 이야기를 하면 다른 것으로 대체해서 준비해 줄 정도로 손님에 대한 배려심이 높은 곳이다. 레스토랑을 따로 운영하고 있어서 스도마리로 묵는 경우 식당에서 메뉴 판을 보고 자신이 먹고 싶은 것을 주문해서 먹을 수도 있다.

add 〒 791-1213 愛媛県上浮穴郡久万高原町直瀬乙1636
tel 0892-41-0431
homepage www.furuiwaya.com
price 1박 2식 7,350엔 / 스도마리 4,500엔

44~45번 국민숙사 후루이와야소 国民宿舎 古岩屋荘 옆 버스 정류소 앞 휴게소

노숙

노숙가능. 화장실 있음. 식사와 목욕은 국민숙사 후루이와야소에서 해결할 수 있다.
후루이와야소 온천 입욕료 400엔.

44~46번 미치노 에키 텐쿠우노 사토 상상 道の駅 天空の郷さんさん

노숙

44번 절에서 46번으로 향하는 길로 걷다 보면 1.6km에 있다. 노숙가능. 무료 와이파이 존 있음.
미치노 에키에 뷔페 식당도 있다.

44~46번 묘진 도게 明神峠 위의 묘진휴게소

노숙

노숙가능. 식수, 화장실 있음.

47번 야사카지 츠야도 八坂寺 通夜堂

츠야도

납경필수. 납경소에 문의하면 열쇠를 내어준다. 화장실과 츠야도는 주차장 옆에 있다. 절에서 자전거를 빌려주므로 절에서 조금 떨어진 슈퍼나 온천을 다녀올 수 있다.

add 〒 791-1221 愛媛県松山市浄瑠璃町八坂773
tel 089-963-0271

48번 죠노후치 공원 杖の淵公園 내 휴게소

노숙

노숙가능. 화장실, 식수 있음.

51번 51번 이시테지 츠야도 石手寺 通夜堂

절 안쪽 깊숙이 있는 유치원 강당으로 쓰던 방에서 숙박. 나무로 된 칸막이로 칸이 구분되어 있으며, 절의 인부들과 함께 잔다. 납경필수. 신분증(여권) 검사를 함. 화장실, 식수 있음. 도보순례자만 사용가능.

add 〒 790-0852 愛媛県松山市石手二丁目9番21号
tel 089-977-0870

51번 도우고야 どうごや

도고 온천 본관에서 도보 5분. 도고칸(道後館) 바로 옆에 있다. 같은 그룹 료칸이다. 간단한 아침식사를 8시부터 무료로 제공. 옛날 유명 온천여관을 개조하여 만든 숙박으로 고급스런 료칸 분위기가 물씬 풍긴다. 운영자 시미즈 상은 걸어서 시코쿠 순례를 한 경험이 있다. 그러다 보니 오헨로상이 묵을 경우 친절함이 더해진다. 숙소에 도고 온천 원천에서 물을 끌어온 온천이 있다(남녀 시간제). 시간 관계 없이 사용할 수 있는 샤워실도 있음. 와이파이 가능. 도미토리 외에도 개인실도 있으니 홈페이지 참조.

add 〒 790-0841 愛媛県松山市道後多幸町6-38
tel 089-934-0661
homepage **dougoya.com**
price 도미토리 4,000엔(도미토리는 평일만 가능)

51번 마츠야마 유스호스텔 松山ユースホステル

51번 이시테지에서 800미터. 이곳에 사랑 받고 있는 암반 욕실이 있다. 전나무를 덮고 힐링해 보자. 암반 욕실만 이용하는 사람에게는 500엔이나 묵는 손님에게는 300엔을 받는다.

add 〒 790-0858 愛媛県松山市道後姫塚乙22-3 2
tel 089-933-6366
homepage **www.matsuyama-yh.com** e-mail **info@matsuyama-yh.com**
price 스도마리 싱글룸 3,456엔 / 도미토리 2,700엔
저녁식사 1,080엔 (심플한 저녁식사 540엔) / 아침식사 540엔 (심플한 아침식사 270엔)

53~54번 분카노 모리 공원 文化の森公園

노숙가능. 화장실 있음.

53~54번 호우죠스이군 유스호스텔 北条水軍ユースホステル

유스호스텔

53번 절에서 10.5km. 영리하고 듬직한 개, 왕짱이 손님들을 맞이해 준다. 주인아저씨의 요리 솜씨가 뛰어나며 저렴한 가격에 맘껏 먹을 수 있는 뷔페식으로 식사를 준비해 준다. 아침에는 아저씨가 직접 구운 빵이 나온다. 한국 사람들이 오면 김치나 한국 음식도 준비해 줄 정도로 애정 가득히 손님을 대한다. 이곳에서는 꼭 식사 포함으로 예약하기를 추천함.

add 〒 799-2430 愛媛県松山市北条辻1527
tel 089-992-4150
homepage sp.raqmo.com/suigun
price 개인실 1박 2식 5,490엔 / 스도마리 3,760엔, 도미토리 1박 2식 4,490엔 / 스도마리 2,760엔

53~54번 가마다이시 츠야도 鎌大師 通夜堂

츠야도

경내 원두막이 아니라 본당 뒤쪽에 츠야도가 별도로 있다. 정원 2명. 화장실, 전기 사용 가능. 묵기 전에 반드시 스님께 허락을 받고 사용할 것.

53~54번 미치노 에키 카자하야노사토 후와리 道の駅風早の里風和里

노숙

노숙가능. 가마다이시 헨로 길이 아닌 국도 196번 길을 따라 가면 오오우라(大浦)역 가기 전에 나온다. 해변 길이라 걷기에 좋다.

53~54번 아오키치조우 츠야도 青木地蔵 通夜堂

츠야도

이 츠야도는 여자 귀신이 나온다고 해서 유명함. 이불 있음. 심령 현상에 약한 사람은 묵지 않는 것이 좋겠다.

55번 난코보

노숙

츠야도는 없지만 침낭이나 텐트가 있으면 경내에서 노숙은 가능하다. 납경소에 문의하면 친절히 알려 준다. 이곳은 납경소의 직원 히라타상과 주지스님이 친절하기로 유명한 곳이다. 본당 근처 의자가 있는 곳이니 절에 피해가 가지 않도록 날이 어두워졌을 때 텐트를 치도록 하도록 하자. 이마바리역 근처 시로나미 게스트하우스에서 묵지 않아도 샤워실만 유료로 사용할 수 있다. 이용료 400엔. 사용 시간 15:00~21:30

add 〒 794-0026 愛媛県今治市別宮町3丁目一番地
tel 0898-22-2916

 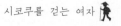

55번 시마나미 게스트하우스 しまなみゲストハウス 게스트하우스

이마바리역 동쪽 출구에서 걸어서 1분. 자전거 여행객들의 메카와도 같은 곳이다. 그 외에 오헨로상에게도 최근 주목 받고 있다. 스태프 여러 명이 합심해서 친절하게 관리하고 있으며 깨끗하고 편안한 곳이다. 손님들의 기념사진을 찍어 방명록 노트를 재미나게 만들기도 한다. 요리도 할 수 있는 공간이 있으며 자전거 대여도 가능하다. 오후 3시부터 22시까지 카페와 Bar를 운영한다. 이마바리에서 유명한 음식점을 추천해 주기도 하니 밖에서 외식하는 것도 좋다. 와이파이 가능. 7月~9月, 11月~2월은 냉난방비 200엔이 추가되기도 한다. 캔슬비 2일전 30%, 1일전 50%, 당일 또는 연락 없이 안 오면 100%.

add 〒 794-0028 愛媛県今治市北宝来町1丁目1-12
tel 0898-35-4496
homepage cyclonoie.com   e-mail cyclo@cyclonoie.com
price 도미토리 2,500엔

56번 타이산지 츠야도 泰山寺 通夜堂 츠야도

화장실 옆에 2층 다다미 침대로 된 츠야도가 있음. 절 근처에 편의점 있음.

add 〒 794-0064 愛媛県今治市小泉1-9-18
tel 0898-22-5959

58번 센유지 슈쿠보 仙遊寺 宿坊 슈쿠보

일반적으로 시코쿠 절의 쇼진요리(精進料理)에는 우리나라와 달리 고기나 생선이 나오지만 이곳만큼은 고기나 생선이 나오지 않는 전통 쇼진요리가 나온다. 허영만 화백도 감탄하고 갔다는 곳이다. 만약 시코쿠에서 딱 한번만 슈쿠보 체험을 하고 싶다면 이곳을 추천한다. 주지스님이 외국인 순례자들에게 열린 마음으로 다가서며 시코쿠 순례길을 세계문화유산으로 등재하기 위해 힘쓰고 있다. 주지스님께서 예불시간이 끝나면 순례자 한 분 한 분 정성을 다해 이야기를 건네곤 한다.

add 〒 794-0113 愛媛県今治市玉川町別所甲483
tel 0898-55-2141
Price 1박 2식 6,000엔 / 스도마리 4,000엔

58번 센유지 츠야도 仙遊寺 通夜堂 츠야도

화장실 아래의 공간이라 호불호가 나뉜다. 츠야도 숙박자는 슈쿠보의 손님들이 목욕을 끝내면 목욕탕을 이용할 수 있게 해준다. 아침예불에 참석해야 한다. 산문 아래의 원두막에서도 노숙가능.

add 〒 794-0113 愛媛県今治市玉川町別所甲483
tel 0898-55-2141

59~60번 미치노 에키 이마바리 유노우라 온센 道の駅 今治 湯ノ浦温泉 노숙

노숙가능.

59~60번 코묘지 츠야도 光明寺 通夜堂 츠야도

이요미요시역(伊予三芳駅)에서 걸어서 10분. 2층 침대가 하나 있고 그 옆에서도 잘 수 있다. 세탁기, 화장실 있음. 절에서 관리를 하기에 홈리스 헨로는 보통 받지 않으며 자기 전에 그날 몇 명이 묵었는지 벽에 걸린 보드에 써야 한다. 숙박 시 반드시 먼저 본당에 예불을 올릴 것! 실내 음주, 흡연 엄금! 근처에 공중 목욕탕(입욕료 350엔, 목요일과 일요일은 쉼)이 있다. 근처에 슈퍼가 있으며 오후 5시가 넘으면 음식을 싸게 판다.

add 〒 799-1301 愛媛県西条市三芳1603
tel 0898-66-4606

59~60번 요코미네지 등산로 초입의 휴게소 노숙

노숙가능. 화장실 있음. 요코미네지는 쇼산지 다음으로 힘든 코스니 비상 식량과 식수를 꼭 챙겨야만 한다. 주변에 먹을 곳이 없으니 저녁과 다음날 아침과 점심까지 먹을 음식을 준비해서 갈 것.

60번 요코미네지 츠야도 横峰寺 通夜堂 츠야도

납경소 옆의 휴게소 건물을 츠야도로 사용 중. 이곳 미즈야의 물은 식수로 사용해도 된다. 이곳에 묵을 예정이라면 저녁과 아침에 먹을 음식을 꼭 챙겨서 갈 것.

add 〒 799-1112 愛媛県西条市小松町石鎚甲2253
tel 0897-59-0142

60~61번 시라타키 오쿠노인 白滝 奥の院 노숙

근처 휴게소에서 노숙가능. 화장실 있음.

 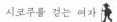

61번 코우온지 香園寺　　　　　　　　　　　　　　　　　　　　노숙

납경소에 부탁하면 경내에서 노숙이 가능하다.

add 〒 799-1102 愛媛県西条市小松町南川甲19
tel 0898-72-3861

61~62번 비지네스 료칸 코마츠 ビジネス旅館 小松　　　　　　　　　　　　　　료칸

60번 요코미네지는 하루가 걸리는 산길 코스이다. 쇼산지 다음으로 힘든 산이다. 59번 절에서 60번으로 갈 시간이
안 되는 사람은 60번 절을 빼고 11번 국도를 따라 61번 절로 향하는 방법이 있다. 이렇게 가는 경우 이 민박에서
이틀을 예약해 다음날 짐을 놓고 60번 절을 다녀오면 편하다. 주인이 료칸 이외에 정육점을 운영하기 때문에 질
좋고 맛있는 고기를 이용한 푸짐한 샤브샤브 요리나 스끼야끼가 나온다. 스도마리보다는 식사 포함으로 예약하는
것을 추천함.

add 〒 799-1101 西条市小松町新屋敷甲363-6
tel 0898-72-5881
Price 1박 2식 5,940엔 / 스도마리 4,100엔

63~64번 쿠스노키 젠콘야도 楠木 善根宿　　　　　　　　　　　　　　　　젠콘야도

키타야마(北山) 집회소와 텐만구(天満宮) 사이에 있다. 작은 가건물 한 채로 된 젠콘야도. 식수와 화장실이 없
고, 위치가 조금 알기 어렵다. 주로 남자 순례자들이 이용함.

tel (H.P)090-3786-3598

64번 마에가미지 前神寺　　　　　　　　　　　　　　　　　　　　　노숙

절 앞 차고 안에서 노숙가능. 납경소에 문의할 것. 근처에 온천(360엔) 있음.

add 〒 793-0053 愛媛県西条市洲之内甲1426
tel 0897-56-6995

64번 JR 이시즈치야마역 JR 石鎚山駅　　　　　　　　　　　　　　　　노숙

무인역으로 노숙가능. 64번 절 맞은편. 화장실 있음.

64~65번 다카하시 다다미텐 하규우안 젠콘야도 高橋 高橋畳店 萩生庵 善根宿

젠콘야도

64번 절에서 12km. 나카오기(中荻) 초등학교 전 순례길에 있다. 원래 이름은 '하규우안(萩生庵)'이지만 다카하시상의 젠콘야도라고 하면 다들 안다. 주차장에 3개의 다다미를 침대 형식으로 만들어 놓았다. 사람이 많은 경우 집 안쪽 방에 재워 주기도 한다. 근처 국도 11호 위의 도시락집(ほっかほっか亭)에서 받는 도시락 오셋타이는 할머니가 순례자를 위해 몰래 돈을 지불하는 오셋다이였는데 지금은 하지 않고 있다. 현존하는 젠콘야도 중 가장 오래된 곳이 이곳이지 않나 싶다. 최근 할머니의 몸이 불편하다고 하니 폐를 끼치지 않도록 주의 하자.

add 〒 792-0050 愛媛県新居浜市萩生737
tel 0897-41-6754 다카하시
price 무료

64~65번 오헨로하우스 요코야 お遍路ハウス 横屋
오헨로하우스

64번절 마에가미지(前神寺)에서 16km 거리. 관리인 카토상은 산티아고 순례길과 시코쿠 오헨로를 걸은 경험이 있다. 숙소의 건너편에는 일본인 남성과 결혼한 한국인 여성, 영자(에이코상)언니가 살고 있는데 일본어를 못하는 한국인이 오면 통역을 도와주신다. 영자언니는 채소 농사도 짓고 있는데 그 채소가 이곳의 식사로 제공되기도 한다. 오랜만에 현지에 살고 있는 한국인과 한국말로 따뜻한 교류를 할 수 있는 곳이라 한국인들에게는 무척이나 좋은 추억을 남길 수 있는 곳이다. 관리인 카토상은 스페인 요리부터 일식 요리까지 요리의 달인. 매달 둘째 주 넷째 주 토요일은 정기 휴일. 숙소 건물 벽에 설치해 있는 헨로코야 제 55호 요코야(ヘンロ小屋 弟55号 横屋)에는 순례자들을 위한 음료수를 아이스박스에 넣어 두어 자유롭게 먹을 수 있도록 접대하고 있다. 와이파이 가능.

add 〒 792-0842 愛媛県新居浜市北内町1-2-12
tel 050-3797-2413 / (HP) 090-2743-8674 (카토상)
homepage henrohouse.jp/ja/houses/23
price 스도마리 2,800엔 | 아침 500엔 / 저녁 1,500엔

64~65번 번외사찰 12번 엔메이지 別格12番 延命寺
노숙

절 앞 정자에서 노숙가능. 식수, 화장실 있음. 근처 와 이자카야(和 居酒屋)에서 식사를 해결할 수 있음. 주인아주머니가 친절하고 맛도 좋다. 그곳의 단골 손님들과 좋은 인연을 맺을 수도 있다.

add 〒 799-0711 愛媛県四国中央市 土居町土居895
tel 0896-74-2339

334　시코쿠를 걷는 여자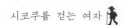

64~65번 츠타노야 蔦酒家   민슈쿠

64번 절에서 28km. 젊은 부부가 대를 이어 운영하고 있는 곳이다. 특히나 젊은 여주인이 순례자에게 대하는 친절은 감동 그 자체였다.

add 〒 799-0711 愛媛県四国中央市土居町土居48
tel 0896-74-2025시
price 1박 2식 7,600엔 / 스도마리 5,000엔

64~65번 유스호스텔 신쵸코쿠지 ユースホステル 新長谷寺   유스호스텔

JR 이요산카와(伊予寒川)駅에서 걸어서 20분 거리. 세토나이카이(瀬戸内海)를 내려다 보는 고지대에 위치해 있다. 신쵸쿠코지(新長谷寺)와 함께 색다른 분위기를 풍기는 유스호스텔이다.

add 〒 799-0431 愛媛県四国中央市寒川町3214
tel 0896-25-0202
price 스도마리 4,000엔

64~65번 도가와공원 戸川公園, 미시마공원 三島公園 내 정자   노숙

노숙가능. 저녁과 다음날 아침에 먹을 것을 준비해가자.
* 때에 따라 금지인 경우도 있다. 주의하자.

65번 산카쿠지 三角寺   노숙

경내 정자에서 노숙가능. 납경소에 문의할 것.

65~66번 니시카와 젠콘야도 西川 善根宿   젠콘야도

65번 절에서 4.5km 정도. 테이블을 만드는 공장 2층에 젠콘야도를 만들었다. 주인아저씨 니시카와(西川)상이 원목으로 하나 하나 정성껏 만든 공간이다. 근처에 슈퍼가 없으니 그날 먹을 것을 미리 준비해 가자. 화장실, 세면장, 이불 있음. 아저씨가 외출 중이거나 퇴근할 수 있으니 묵기 전 미리 예약 전화를 할 것. 주인아저씨가 무척이나 친절하다.

add 〒 799-0122 愛媛県四国中央市金田町半田丙131-4
tel 0896-56-7412 / (H.P) 090-7570-7214
price 무료

65~66번 민슈쿠 타비비토야도 民宿 旅人宿

숙박요금은 순례자 특별 할인 금액이며 스도마리로만 운영하는 민박이다. 늦은 봄부터 여름까지는 래프팅을 하기 위해 온 손님들로 가득하며 민박집에 바비큐 파티를 하며 재미나게 보내는 민박. 순례길에서 조금 떨어져 있는 곳에 있기 때문에 픽업 서비스를 해 주며 슈퍼에도 데려다 준다. 예약을 한 뒤 오후에 65번 절에서 11.5km 지점에 스이샤(水車)라는 식당으로 도착해 전화하면 데리러 와 준다. 스이샤 식당에 도착하기 전 사카이메 터널(境目トンネル) 지나기 전에 데리러 와 달라고 전화를 하고 스이샤로 향하면 많이 기다리지 않고 아저씨를 만날 수 있다. 호탕하고 정 많은 아저씨가 운영하는 곳이다. 번외사찰 15번에 가는 사람은 이곳에 예약하면 편하다. 픽업 서비스는 15번 절로 향하는 다른 곳에서도 가능하다.

add 〒 778-5251 德島県三好市池田町白地本名249-1
tel 0883-76-4727 / (H.P) 090-5275-1951
price 스도마리 3,000엔

65~66번 오카타 민슈쿠 岡田民宿

66번 운펜지 등산 길 5km 전에 있으며 주변에 숙소가 없어 만실일 경우가 많다. 예약을 할 사람은 미리 전화를 해야만 한다. 오카타에서 운펜지까지는 5km지만 산행 코스라 2시간 30분 정도 걸리니 납경 시간을 맞출 수 없는 사람은 다음날 오전에 가는 것이 안전하고 좋다. 주인할아버지가 무척이나 친절하며 식사 중에 다음날 코스에 대한 설명을 자세히 들려 준다. 오카다의 벽면에는 순례자들이 보내준 사진이 하나 가득 장식되어 있다. 또한 총리가 와도 특별 대우 없이 공평하게 순례자들을 대한다. 실제로 전 총리가 시코쿠 순례를 하며 이곳에 묵었는데 입구쪽 가장 작은 방을 배정받았다. 방에는 총리의 사인이 장식되어 있다. 순례자의 신발에 숯을 넣어 주는 등 편히 쉴 수 있도록 배려가 남다른 곳이다. 특히나 식사 시간이 무척 즐거운 곳이니 식사 포함으로 예약하길 추천한다.

add 〒 778-5253 德島県三好市池田町佐野牛頭586
tel 0883-74-1001
price 1박 2식 6,500엔 / 스도마리 4,000엔

66번 운펜지 츠야도 雲辺寺 通夜堂
츠야도

운펜지 츠야도가 2017년 5월 「라쿠~다 하우스 らく~だハウス」 란 이름으로 새로운 원목 건물로 재건축 되었다. 또한 그 옆에 위치한 화장실도 새로운 시설로 재건축되어 츠야도를 이용하는 분들에게 많은 도움이 될 것 같다. 절에서 12월~3월까지는 높은 산에 위치한 환경 때문에 동사의 위험이 있어 되도록 이 기간에는 츠야도 사용을 삼가주기를 부탁하고 있다. 츠야도를 이용하는 순례자들은 경내 청소를 도와주면 절에 많은 도움이 될 것 같다.

add 〒 778-5251 徳島県三好市池田町白地ノロウチ763-2
tel 0883-74-0066

67~69번 제니가타 젠콘야도 銭形 善根宿
젠콘야도

헨로코야 제21호 제니가타(銭形)를 지원했던 다카하시(高橋)상이 제니가타 헨로코야의 바로 왼쪽에 위치한 자신의 사무실의 2층에 젠콘야도를 만들었다. 세면장, 화장실, 이불 있음. 남녀 혼숙. 67번 절 주차장 근처에 젠콘야도를 찾아가는 방법이 적혀 있는 간판이 있다. 순례길에서 조금 벗어나 있으니 순례 지도에서 21번 제니가타 헨로코야가 있는 곳을 찾아가면 쉽게 찾을 수 있다. 사무실에 늘 상주하고 있지 않으니 꼭 미리 예약을 해야만 묵을 수 있다.

add 〒 768-0012 香川県観音寺市植田町346-1
tel 0875-25-6441 / 090-8974-1244
Price 무료

68, 69번 진네인, 칸논지 神恵院, 観音寺
노숙

납경소나 절에 허락을 받으면 매점 평상 위에서 노숙 혹은 경내에서 텐트 사용 가능하다. 식수, 화장실, 전기 콘센트 있음.

add 〒 768-0061 香川県観音寺市八幡町1-2-7
tel 0875-25-3871

68, 69번 후지카와 료칸 藤川旅館
료칸

저렴한 가격에 친절한 료칸이다.

add 〒 768-0060 香川県観音寺市観音寺町甲3082-11
tel 0875-25-3548
homepage ww8.tiki.ne.jp/~fujikawa   e-mail fujikawa@mx8.tiki.ne.jp
Price 1박 2식 5,000엔 / 스도마리 3,000엔

공원의 휴게소, 콘서트 무대에서 노숙가능. 화장실과 근처에 슈퍼 있음. 고토히키 공원 백사장에 그려진 웅대한 '관영통보는 17세기에 유통된 동전이다. 이것을 보면 건강하게 장수하며 부자가 된다고 한다. 밤에는 라이트 업이 되어 더욱 멋지다.

70번 이나리공원 いなり公園   노숙

70번 직전의 강 근처에서 노숙가능. 화장실 있음

71번 후레아이 파크 미노 ふれあいパークみの   노숙

노숙가능. 식수, 화장실 있음. 계단 아래 콘서트홀 같은 곳에서 노숙하는 게 좋다. 단 이곳의 음식 값이 비싸므로 아래 슈퍼 같은 곳에서 먹을거리를 사가자. 온천 또한 시설은 좋으나 비싸다. 온천 입욕료 1,500엔.

add 〒 767-0031 香川県三豊市三野町大見乙74

75번 75번 젠츠지 슈쿠보 善通寺 宿坊   슈쿠보

코보대사의 탄생지로 의미가 깊은 절이다. 본당 지하에 수행의 하나로 여겨지는 가이단메구기(戒壇巡り)를 체험할 수 있는 곳이 있는데 어두운 곳을 약 100m 걸어 둘러보는 체험으로 악행이 있는 자는 그 어둠속에서 빠져나올 수 없다고 한다. 원래는 체험비 500엔을 내야 하지만 슈쿠보에 묵는 사람들은 아침예불 후에 공짜로 체험할 수 있다. 아침예불은 여름에는 5시 30분, 겨울에는 6시. 12월 25일부터 1월 5일까지는 슈쿠보가 쉰다. 순례 시즌에는 인기가 좋은 곳이라 만실일 경우가 많다.

add 〒 765-8506 香川県善通寺市善通寺町 3-3-1
tel 0877-62-0111
homepage www.zentsuji.com
Price 1박 2식 6,100엔 / 스도마리 4,600엔

75번 타케모토 젠콘야도 竹本 善根宿   젠콘야도

타게모토상이 부모님의 집을 순례자를 위해 제공하고 있는데 이곳의 열쇠는 75번 젠츠지에서 관리하고 있다. 열쇠를 받을 때는 납경소가 아닌 슈쿠보 사무실에 가서 문의해야 한다. 신분증(여권) 검사가 있고 사용 신청서를 작성한 뒤 열쇠를 내어 준다. 근처에 온천 있음. 다케모토상은 영어가 유창하며 간혹 고양이 밥을 주러 집에 들렀다 가곤 한다. 혼숙은 절대불가이며 그날 제일 먼저 남자가 도착하면 남자들만, 여자가 도착하면 여자들만 묵을 수 있다. 이불, 세면장, 화장실 있음.

Price 무료

75~76번 카제노 쿠구루 게스트 하우스 風のくぐる ゲストハウス

깔끔하고 멋진 풍경을 창문을 통해 볼 수 있는 게스트하우스이다. 자전거 여행을 좋아하는 주인아저씨와 가족 모두 너무나 친절하다. 방의 이름을 사누키 지방과 어울리게 우동의 이름으로 만들어 놓았다. 주방을 자유롭게 사용할 수도 있으며 500엔을 추가하면 아침식사를 제공받을 수 있다. 와이파이 가능. 픽업 서비스 가능. 캔슬 요금 전일 50%, 당일 100%.

add 〒 765-0012 香川県善通寺市上吉田町306-1
tel 0877-63-6110
homepage **kuguru.net**
Price 도미토리 3,000엔 / 아침식사 500엔

76번 미카사 스카사 게스트하우스 ミカサスカサ ゲストハウス

76번 곤죠지 근처, 곤죠지역 맞은편. 와이파이 가능.

homepage **www.micasasucasa.jp**   e-mail **info@micasasucasa.jp**
Price 도미토리 2,800엔 / 개인실 4,000엔

76~77번 마루가메 게스트하우스 丸亀ゲストハウス

마루가메역에서 도보 1분 거리. 침낭이나 연박하는 사람은 300엔 할인을 해 준다. 전일부터 캔슬 요금 있음. 2015년 10월 10일에 오픈한 깔끔하고 깨끗한 곳이다. 와이파이 가능.

add 〒 763-0022 香川県丸亀市浜町115-13
tel 080-1997-3983
homepage **welkame.webnode.jp**
Price 도미토리 2,500엔

78번 우탄구라 젠콘야도 うたんぐら 善根宿

78번 고쇼지에서 동쪽으로 300m 정도 떨어져 있다. 젠콘야도 중에서 가장 인기가 좋은 곳이다. 부부가 함께 운영하는 곳이라 치안도 안전하고 노숙을 하지 않는 순례자들도 이용할 수 있는 깨끗한 이불이 준비되어 있다. 목욕, 세탁 가능하며, 남녀 별실. 와이파이 가능.(비밀번호는 물어 보면 알려 준다.) 저녁은 근처에서 사 먹거나 슈퍼에서 사가지고 와서 거실에서 먹으면 된다. 다음날 아침과 점심에 먹을 주먹밥 3개를 준비해 준다. 당일 오후 2시까지 꼭 전화로 예약해야 한다. 저녁을 먹을 곳으로 근처 제일교포가 운영하는 야키니쿠 가게인 라쿠엔(楽園)을 추천한다. 한국인 순례자가 오면 무척이나 반기는 곳이다. 만약 묵고자 하는 날 거리가 멀어 올 수 없다면 전차를 타고 우타즈(宇多津)역까지 오면 역으로 데리러 와 준다. 가격과 시설이 너무나 좋아 연박을 하는 경우도 많다. 아침에는 기념사진을 찍어 추억을 남기니 거절하지 말고 꼭 찍도록 하자.

add 〒 769-0210 香川県綾歌郡宇多津町2201
tel 0877-85-5172 / (H.P) 090-3715-2933
homepage **www.utangura.com**
Price 아침 포함 1박 1,000엔

82번 헨로코야 제51호 고시키다이 코도모 오모테나시 고로 へんろ小屋 第51号 五色台子どもおもてなし処　　노숙

82번 네고로지에서 200미터. 노숙가능. 청년자립학교와 장애자시설의 이사장을 맡고 있는 노다상이 녹지 일부를 제공해 주고 150명에게서 기부를 모아 만든 곳이다. 노다상의 오헨로상이 묵고 갈 수 있는 곳을 만들고 싶다는 희망을 담아 우타선생님이 설계했기 때문에 노숙하기 좋게 만들어져 있다. 산속에 이 같은 노숙가능한 공간은 이루 말할 수 없을 정도로 감사한 곳이다. 전기, 물, 화장실 있음. 산 위에서의 노숙이니 저녁과 아침을 준비해서 와야 한다.

add 〒 761-8004 香川県高松市中山町1474

82번 여성전용 헨로코야 女性専用 へんろ小屋

82번절 네고로지(根香寺) 200미터 근처 헨로코야 제51호 고시키다이 코도모 오모테나시 도코로(へんろ小屋 弟51号 五色台子どもおもてなし處) 앞 건물에 위치해 있다. 여성도 안전하게 묵을 수 있도록 기획해서 만든 곳이다. 여성만 숙박이 가능. 침낭 필요. 숙박만 제공하기 때문에 당일 먹을 저녁과 아침을 꼭 준비해 갈 것. 고시키다이 미캉엔 주인인 노다씨에게 연락해볼 것.

tel (H.P) 090-2640-8059 시키다이 미캉엔 주인인 (野田)노다상

83번 소라우미 게스트하우스 そらうみ ゲストハウス　　게스트하우스

고토덴 이치노미야(一宮) 역 근처에 있음. 이곳의 주인 노세상은 오헨로 센다츠상이다. 게스트하우스의 이름도 쿠카이(空海)를 의미하는 하늘과 바다를 넣어 지은 것이다. 오헨로상에 대한 이해가 높으며 순례에 관한 여러 정보도 들을 수 있다. 우천시 100엔 할인. 연박을 하게 되면 200엔 할인. 저녁에 숙박하는 사람들과 함께 파티 분위기로 식사를 할 수 있다. 방은 모두 개인실로 되어 있으며 2인이 방을 함께 사용하는 경우 한 사람당 200엔씩 할인을 해 준다. 와이파이 가능.

add 〒 761-8084 香川県高松市一宮町393-8
tel 087-899-8756 / (H.P) 090-9055-2995 (노세상)
homepage www.sanuki-soraumi.jp
Price 1인 1실 저녁 포함 5,000엔 / 2인 1실 4,800엔 (1인당) / 아침식사 희망자에 한해 500엔에 제공

83~84번 스로 라이후 젠콘야도 スローライフ 善根宿　　젠콘야도

남녀별실. 샤워, 세탁, 취사가능. 이불 있음. 주인아저씨의 선배가 시코쿠 순례를 노숙으로 돌며 다카마츠에는 젠콘야도가 없어 아쉽다는 말을 듣고 자신의 공장 옆에 젠콘야도를 만들게 되었다고 한다. 83번 절에서 국도 175호를 타고 북쪽으로 3km 정도 가다 보면 공장 벽에 젠콘야도라는 간판이 붙어 있다. 당일 오전까진 반드시 예약전화를 해야 하며 오후 6시까지 도착해야만 묵을 수 있다.

add 〒 761-8057 香川県高松市田村町235-1
tel 087-816-7030 / (H.P) 090-6282-4829
Price 1박 500엔

83~84번 리츠린 미나미 젠콘야도 栗林南 善根宿 젠콘야도

순례길에 커다란 입간판이 놓여져 있어서 찾는 것은 어렵지 않다. 노부부 하야시상이 운영하는 곳. 샤워, 세탁가능. 남녀별실. 주인부부가 살고 있는 옆집을 저녁엔 젠콘야도로 낮에는 순례자들이 쉬고 갈 수 있게 오셋다이 음료수 등을 준비해 놓고 기다리신다. 기본적으로 연박은 금지이지만 88번을 결원하고 돌아와 하루 더 묵는 것은 괜찮다. 근처에 고속버스 터미널이 있어 다른 도시로 이동하기 편리하다. 당일 오전까지는 예약전화를 해야 한다.

tel 087-865-0974 / (H.P) 090-1365-1382
Price 무료

83~84번 춋토코마 게스트 하우스 ちょっとこま ゲストハウス 게스트하우스

JR 다카마츠역에서 한정거장 거리에 위치한 쇼와쵸(昭和町) 역에서 300m 거리에 있음. 〈춋토코마〉라는 말은 사누키 말로 "약간의 사이"라는 뜻이다. 여행을 하는 사람들이 만나 조금의 사이, 함께 지낼 공간을 만들고 싶어서 2013년도에 오픈하게 되었다고 한다. 와이파이 가능. 예약은 홈페이지를 통해 가능.

add 〒 760-0013 香川県高松市扇町 3 - 7 - 5
tel 087-899-8756 / (H.P) 090-9055-2995 (노세상)
homepage chottoco-ma.com
Price 도미토리 2,500엔 / 개인실 6,000엔 (2명이 함께 묵을 수 있음)

84번 야시마지 屋島寺 노숙

절 안쪽의 휴게소 또는 상가 거리에 있는 휴게소 또는 전망대 근처에서 노숙이 가능하다. 물, 화장실 있음. 절 안쪽의 휴게소에서 묵을 경우는 납경소에 문의할 것.

85번 야쿠리지 八栗寺 노숙

야쿠리지로 오르는 케이블카 위, 아래 정거장 모두 노숙가능하다. 화장실, 세면장 있음.

86번 88 알베르게 88 ALBERGUE 츠야도

JR시도(志度)역 근처 가스토(ガスト) 패밀리 레스토랑 건너편에 위치해 있다. 2018년 카가와 대학 학생 이토상이 스페인 산티아고 순례 길의 순례자 숙소 알베르게처럼 시코쿠 순례도 외국인들이 저렴하게 묵을 수 있는 숙소를 만들고 싶다는 생각을 가지고 시도지 부주지스님과 클라우드 펀딩을 통해 만든 숙소. 이 클라우드 펀딩에 다음 카페 〈동행이인〉 회원들도 165,000엔(1,650,000원)을 모아 참여 하며 응원을 했다. 이곳의 관리는 86번 절 시도지에서 관리하고 있으며 5시 전에 도착해서 납경소에 이야기하고 열쇠를 받아 가야 한다. 기본적으로 노숙을 하는 순례자들을 위한 공간이라 이불이 없기 때문에 침낭이 있어야 한다. 샤워, 세탁 가능.

add 〒 769-2101 香川県さぬき市志度1102
tel 087-894-0086
Price 순례자들의 자율적인 기부금

86번 타이야 료칸 たいや 旅館   료칸

저녁식사는 제공하지 않고 스도마리나 아침식사만이 가능하다. 세탁물을 내 놓으면 주인아저씨가 오셋다이로 직접 해준다. 료칸이 깨끗하고 좋으며 싼 가격에 제공하면서도 방 안에 차와 과자도 정성껏 준비해 놓는다. 저녁은 근처의 식당에서 사 먹거나 슈퍼에서 사 와서 먹어도 된다.

add 〒 769-2101 香川県さぬき市志度547番地
tel 087-894-0038
blog ameblo.jp/taiya-sanuki
Price 스도마리 3,000엔 / 아침 500엔

87번 오헨로 교류 살롱 お遍路交流サロン **옆 휴게소 & 미치노에키 나가오** 道の駅 長尾   노숙

노숙가능. 물. 화장실 있음. 미치노에키에 식당도 있으며 간단한 음식도 구매할 수 있다.

88번 야소쿠보 민슈쿠 八十窪 民宿   민슈쿠

친절한 여주인이 그동안의 피로를 풀 수 있는 독특한 목욕물을 준비해 주신다. 푸짐하고 맛있는 식사와 편안한 공간. 결원의 기쁨을 나누기에 흠잡을 곳 없는 곳이다.

add 〒 769-2306 香川県さぬき市多和兼割103-5
tel 0879-56-2031
Price 1박 2식 6,500엔 / 스도마리 4,500엔

88번 오쿠보지 산문 앞의 버스정류장 휴게소   노숙

노숙가능. 화장실, 세면장 있음. 근처 식당 있음.

고야산 고야산 게스트 하우스 코쿠우 高野山ゲストハウス・コクウ   게스트하우스

오쿠노인을 지나 다리에서 걸어서 3분. 아침식사를 원할 경우 사전 예약하면 550엔에 먹을 수 있다. 와이파이 가능.

add 〒 648-0211 和歌山県伊都郡高野町高野山49番地の43
tel 0736-26-7216
homepage koyasanguesthouse.com
Price 캡슐형 도미토리 3,500엔

고야산 고야산 무료코우인 슈쿠보 高野山 無量光院 宿坊

아침 6시 예불을 하고 아침식사를 한 뒤 주지스님 또는 부주지스님과 다른 스님들이 함께 모여 전날 묵은 분들과
다과를 하며 담소를 나누는 시간이 있다. 시코쿠와 달라 또 다른 매력이다. 부주지스님은 무척이나 글로벌한 분이
라 다양한 나라에서 이곳을 찾는다.

add 〒 648-0291 和歌山県伊都郡高野町高野山611
tel 0736-56-2104
homepage muryokoin.net
Price 1박 2식 1인 11,880~14,000엔 / 2인 10,800~13,000엔 / 3인 9,720~11,880엔 (음식에 따라 다름)
　　　 스도마리 1인 7,560엔 / 2인 6,480엔 / 3인 5,400엔 * 걷는 순례자 스도마리 특별 할인 5,000엔

오사카 츄오 오하시스 호텔 中央 オアシス ホテル

JR 난카이센-신이마미야(新今宮)역 도보 7분 . 미도선지센(御堂筋線) 사카이스지센(堺筋線)-도부쓰엔마에
(動物園前)역 2번, 4번출구 도보 3분. 오하시스 이외에 츄오 그룹의 여러 호텔이 이 지역에 있으며 가격도 호텔
마다 다양하다.
* 츄오그룹 호텔 홈페이지 chuogroup.jp

add 〒 557-0002 大阪市西成区太子1-9-15
tel 06-6647-6130
homepage www.chuogroup.jp/oasis/ja
Price 싱글 3,700엔~ / 트윈 1인당 3,300엔~

시 코 쿠 를 걷 는 여 자

초판1쇄 2016년 10월 29일 **초판3쇄** 2022년 4월 15일 **지은이** 최상희 **펴낸이** 한효정 **편집** 허나영 **편집**
교정 김정민 **기획** 박자연, 강문희 **디자인** purple, 화목 **마케팅** 안수경 **펴낸곳** 도서출판 푸른향기 **출**
판등록 2004년 9월 16일 제 320-2004-54호 **주소** 서울 영등포구 선유로 43가길 24 104-1002 (07210)
이메일 prunbook@naver.com **전화번호** 02-2671-5663 **팩스** 02-2671-5662
홈페이지 prunbook.com | facebook.com/prunbook | instagram.com/prunbook

ISBN 978-89-6782-046-6 03910
ⓒ 최상희, 2016, Printed in Korea

값 15,000원

이 도서의 국립중앙도서관 출판예정도서목록(CIP)은 서지정보유통지원시스템 홈페이지(http://seoji.nl.go.kr)와 국가자료공동목록시스템(http://www.nl.go.kr/kolisnet)에서 이용하실 수 있습니다.